人文地理学译丛

周尚意◎主编

［爱尔兰］安·布蒂默 著

Anne Buttimer

左迪 孔翔 李亚婷 译

地理学与人文精神

北京师范大学出版集团
BEIJING NORMAL UNIVERSITY PUBLISHING GROUP
北京师范大学出版社

译丛总序

引介：学术交流之必须

　　人文地理学为何？由于当代中学地理教育的普及，中国人普遍知道地理学分为自然地理学和人文地理学。但是许多人并不了解，现代意义上的人文地理学发展历史并不长，它是在 19 世纪近代地理学出现之后，方出现的一个学科领域或学科分支。人文地理学主要分析地球上人类活动的空间特征、空间过程及其规律性。例如，分析某个地方可以发展何种农业类型，哪里的村庄可以变为大城市，历史文化保护区范围要划多大，一些国家为何要建立联盟等。世界上不只是地理学家关注空间和区域问题。例如，著名历史学家 I. 沃勒斯坦在其巨著《现代世界体系》中，就提到了不同时期区域发展的空间格局；著名社会学家 A. 吉登斯也强调空间和地理这两个概念的重要性。

　　早期，一批中国学者将西方人文地理学引入中国。在国家图书馆藏书目录中能查到的最早的、汉语的人文地理学著作是张其昀先生编写的《人生地理教科书》，由商务印书馆在 1926 年出版；最早的汉译人文地理学著作大概是法国 Jean Brunhes 的《人生地理学》。Jean

Brunhes 最早有多种译法，如白吕纳、布留诺、白菱汉，今天中国学者多采用第一种译法。白吕纳是法国维达尔学派的核心人物。《人生地理学》由世界书局在 1933 年出版，译者是国立北平师范大学（北京师范大学前身）地理系的谌亚达先生。

20 世纪前半叶，人文地理学的研究中心在欧洲大陆，德国和法国是重要的学术基地。自第二次世界大战后，人文地理学的研究中心逐渐转移到英美。西方人文地理学在质疑和自我反思中不断前行，发展出丰富的学术概念和彼此补充的学术流派。不过，自 20 世纪 50 年代初到 20 世纪 70 年代末，中国大陆的人文地理学发展只有"经济地理学一花独放"。这是因为有些学者意识到，世界上没有客观的人文地理学知识和理论，而西方人文地理学大多是为帝国主义殖民扩张服务的，因此不必学习之。中国大陆当时的意识形态也没有为人文地理学提供相应的发展空间。许多留学归来的人文地理学者不是转行，就是缄默。感谢改革开放，它给了人文地理学新的发展机遇。李旭旦先生 1978 年率先倡导复兴人文地理学，使其在中国大陆获得了为社会主义中国，为人类命运共同体服务的机会。多年后人们发现，李旭旦先生在"文化大革命"时期默默关注着国外人文地理学的进展。1976 年人文主义地理学的开山之篇《人文主义地理学》（*Humanistic Geography*）在美国发表后，李旭旦先生就积极学习并把它翻译了出来。2005 年，南京师范大学的汤茂林教授整理、补译了李旭旦先生的译稿，并加以发表。

人文主义地理学与经验—实证主义地理学、结构主义地理学等，同属于人文地理学的流派。人文主义地理学的观点是：尽管人们为了不同的目的，各持立场，但是人文地理学研究者可以把握的是，人类作为一个群体具有相互理解和沟通的共同本性。

启动"人文地理学译丛"是北京师范大学出版社对中国大陆地理学

发展的重要贡献。国内目前尚未有相似的译丛，只有商务印书馆的"汉译世界学术名著丛书""当代地理科学译丛"包含一些人文地理学译作。其中一些译作对中国人文地理学的发展起到了极大的推动作用。2014年的春天，北师大出版社的胡廷兰编辑找到我，商议启动这套译丛。她为了节省我的时间，约好在我上课的教八楼门口见面。教八楼前有北师大校园中最精巧的花园。那天早上，她从东边步入花园，青春的身影映在逆光中，格外美丽。一年后，她因病去世。我对她生病的事情竟毫不知情，以致没能与她最后告别。后来，出版社的谭徐锋先生、宋旭景女士、尹卫霞女士先后接替此译丛的工作。本套丛书的译者多为我的同仁、学生，他们认真的工作态度，令我敬佩。

译丛最早的名字是"人文主义地理学译丛"，仅仅囊括人文主义地理学代表人物的代表性著作。当初，我联系了国际上人文主义地理学的代表人物段义孚（Yi-Fu Tuan）、布蒂默（Anne Buttimer）、莱（David Ley）、赛明思（Marwyn S. Samuels)、雷尔夫（Edward C. Relph)、西蒙（David Seamon)等，这些学者都推荐了自己的代表作。后来，为了能持续出版，译丛更名为"人文地理学译丛"。本译丛包括的著作观点纷呈，读者可以细细品读，从中感受人文地理学观点的碰撞。人文地理学正是在这样的学术碰撞中，不断发展着。

周尚意

2019 年深秋

序

　　无数人看过从月球上拍摄的地球影像。今天，我 们可能已对它习以为常，不再有什么特殊的感觉。然而，当它首次出现时，许多人都被地球这个我们唯一的家园的美景震撼到了。地球呈现为一个大理石般的球体，被白色、绿色和蓝色环绕，仿若一座能在贫瘠、黑暗的宇宙中给养生命的肥沃的岛屿。"这个小小的世界……这颗位于银色海洋里的珍贵的石头，这片幸福的国土。"我们突然意识到，这段莎士比亚的名言不仅适用于英格兰岛，也适用于我们生活的这个星球本身。

　　地理学是对作为人类家园的地球的研究。家园！这是一个内涵如此丰富并总能激起心灵共鸣的词语。家园由大气圈包裹着，是大陆和海洋、沙漠和森林。家园是经人类改造而成的农场和花园、乡镇和城市。家园是地方行政区、省、民族国家、亚洲和非洲、北大西洋公约组织和第三世界。家园是社会性的，是所有尺度上的不同类型的人际关系。从家庭内部和邻里之间的亲密接触，到通过电子媒介跨越数千公里的交流，这些环绕着地球的、无数的、无形的连线，为家园创造了一个分享思想和情感的超级护套。最后，也是最为重要的，家园是所有生命体——植物、动物和人类——相互依赖和交往的地方。

　　将地球理解为我们的家园——理解动词"栖居"的内涵——对人文精神而言，是巨大的挑战。学者们试图通过撰写地理学的历史和哲学来记录这一挑战以及我们的反应。有时，他们严格聚焦于中世纪这样的特定时期，或法国之类的特定地方，又或是基于较宽泛的时期而聚焦于在地理学家看来较狭窄的地域。也可能时间过程和空间舞台都很宽泛，这是"地理思想家"的内在要求，但其所考察的却被有意限定在很小的范围内。克拉伦斯·格拉肯（Clarence Glacken）对地理与人文精神的调查当然是最后一类研究的典范。但它是否有可能更具包容性？是否有人能考察整个西方地理研究的历史，不仅包括地理学者，而且包括对地理学发展有影响的哲学家？是否有人能把地理学思想置于知识和社会政治气候的背景下，从而将社会需求与地理事业发展的制度环境联系起来？是否有可能认为地理学拥有一些核心思想，但这些思想发生了很多变化，以至于其在道德或知识层面上的重要性有了戏剧性的改变，甚至逆转？例如，曾被应用于区域内相互依存理论的有机整体学说变成了引致生存空间理论和帝国主义学说的"怪物"。

　　我本会说，是的，这是可能的，虽然可能性不大。但是我阅读了安·布蒂默（Anne Buttimer）的书，它表明所有这些不仅都可以做到，而且依靠一枚小小的指南针就能完成。这项技术当然需要灵感，旨在将重要的命题和主题、个性和历史事件建立在一套固定而又不失弹性的核心隐喻基础之上。这些隐喻包括菲尼克斯、浮士德、那喀索斯，马赛克、机械系统、有机整体、舞台，以及人文主义多变的内涵。

　　请允许我简要地反思"人文主义"这个术语——不仅跟随安的思路，而且阐明我自己对该词多重含义的转化和延伸。作为与"野蛮人"相反

的概念，人文主义意味着高度的文化和智力成就。安给罗马文化贴上了
人文主义的标签，将我们的注意力引向人类的美德——人类尝试改造自
然的雄心。这不仅发生在广阔的地理范围中，也发生在古典时期、文艺
复兴时期、启蒙时代以及现代时期。人文主义也意味着普遍主义："我是
一个人，我认为任何人对我而言都不是陌生的。"［泰伦提乌斯（Terenti-
us）］安的抱负也是普遍主义者的。虽然她的书聚焦于西方，但她非常清
楚其他文化和文明为理解和不断加深对地球作为人类栖息地的认识所做
出的贡献。遵循海德格尔（Heidegger）的认识，人本主义是对现实的
耐心倾听，是让现实自己说话，而不是迫使它生产出浮士德式的真理、
本质或价值。安热衷于将现象学传统引入地理学。人本主义通常与儿童
教育计划或者教育联系在一起。尽管不是每周都有，但在欧洲，自 19
世纪以来，地理学一直都是重要的学校课程。在地理学的发展史上，推
动该课程教学的动力及其（在课堂之外）在一般意义上的公众启蒙运动
中的作用却极少受到关注。安的研究是个例外：对她而言，"教育"是
一个关键词。作为一种自觉的理想，人道主义根植于人文主义。安对地
理学应用的探索不仅旨在优化效率（公交线路的优化和商场的选址等），
而且要使其服务于更好的生活——更为人性化的生活。人文主义的基本
价值也面临挑战。正如安所说，苏格拉底（Socrates）的"认识自己"，
在我们这个时代正面临成为"怀疑自己"的危险，意即"怀疑他者，甚 *xi*
至他人所思或所做的一切"。后现代主义及其孪生的文化相对主义作为
一种解放形式，像是从现代主义的僵化教条中涅槃而生的凤凰（菲尼克
斯）。但是，"涅槃而生"是否名副其实，能否实现其蕴含的崇高的目标
和进步历程？它难道不会成为各种冲突之音导致的某种方向的迷失？毕
竟在我们这个时代，所有人都在宣称什么是错误的，但对什么是正确的
缺乏共同的直觉。

　　本书以作者的采访为基础，从资深地理学家的传记切入。它还展示了人文主义的张力，即对个体的关注和尊重。受体例影响，安自己的学术人生不能被列入这些研究传记之中，这是本研究的一大遗憾。我想要弥补这一遗憾，但并非在这里。我只能告诉大家，她从上面所提及的所有人文主义的内涵上看都是一个人文主义者。因此，这是一本理解地理学作为人文精神表现形式的理想的入门书。

段义孚（Yi-Fu Tuan）

致　谢

　　我欠了很多人情，对数百名参与本书创作以及为 *xiii*
1978—1988 年国际对话项目（International Dialogue
Project）做出贡献的人深怀感激。本书分享的正是该
项目的部分成果。我特别感谢托尔斯顿·哈格斯特朗
（Torsten Hägerstrand），他自始至终都是竭尽全力
的合作者，还参与了稿件的校对。本书的出版离不开
他的付出。我也特别感谢国际地理联合会（IGU）地
理学思想史委员会的同事们，他们从一开始就支持我
关于本书的想法。感谢灵敏尽职的秘书苏珊·克鲁格
（Suzanne Krueger）；感谢多丽丝·尼尔森（Doris
Nilsson），十多年来她的艺术贡献为本书增色不少；
感谢隆德研究中心的工作室人员，尤其是库尔特 - 阿
克利普（Kurt-Åke Lindhe），他为在隆德和其他地方
进行的重要访谈的视频录制提供了无私且高质量的技
术支持。

　　对在各自领域中主动参与采访录音的朋友和同
事，我深表感谢：其中，地理学家有安 - 凯瑟琳·阿
奎斯特（Ann-Cathrin Åquist，瑞典）、奥夫·比尔曼

（Ove Biilmann，丹麦）、弗朗哥·F. 费拉里奥（Franco F. Ferrario，意大利和南非）、玛丽亚-多洛斯·加西亚·拉蒙（Maria-Dolors Garcia Ramon，西班牙）、罗伯特·盖佩尔（Robert Geipel，德国）、阿瑟·盖蒂斯（Arthur Getis，美国）、鲁迪·哈特曼（Rudi Hartmann，美国）、英格瓦尔·琼森（Ingvar Jonsson，瑞典）、安德烈·基尔琴曼（André Kilchenmann，德国）、伊丽莎白·利希滕伯格尔（Elisabeth Lichtenberger，奥地利）、皮特·纳什（Peter Nash，加拿大）、琼·诺格丰（Joan Nogué i Font，西班牙）、克里斯蒂娜·努丁（Christina Nordin，瑞典）、菲利普·潘什梅尔（Philippe Pinchemel，法国）、道格拉斯·波科克（Douglas Pocock，英国）、约瑟夫·鲍威尔（Joseph Powell，澳大利亚）、艾安·普雷德（Allan Pred，美国）、沙洛姆·赖克曼（Shalom Reichmann，以色列）、乔安妮·萨布林（Joanne Sabourin，加拿大）、特里·斯莱特（Terry Slater，英国）、布鲁斯·汤姆（Bruce Thom，澳大利亚）、比利·李·特纳（Billy Lee Turner，美国）和杰里米·怀特汉德（Jeremy Whitehand，英国）；其他领域的参与者有乔纳特·波尔多（Jonathan Bordo，加拿大）、露西·坎迪布（Lucy Candib，美国）、格雷迪·克莱（Grady Clay，美国）、英吉·达恩（Inge Dahn，瑞典）、英吉·L. 费德尔（Yngwe L. Ferdell，瑞典）、凯特琳·弗里德琼斯多蒂尔（Katrin Fridjonsdottir，瑞典）、皮埃尔·吉列特·蒙托（Pierre Guillet de Monthoux，瑞典）、卡尔·古斯塔夫·赫杰普（Karl Gustav Hjerpe，瑞典）、约翰·汉弗莱（John Humphrey，新加坡）、汉斯-埃克·琼森（Hans-Åke Jonsson，瑞典）、托尔·挪威斯坦（Tore Nordenstam，挪威）、利吉亚·帕拉（Ligia Parra，哥伦比亚）、马德琳·罗琳（Madeleine Rohlin，瑞典）、英格·桑登-赫尔奎斯特（Inger Sondén-Hellquist，瑞典）、尤诺·斯维丁（Uno Svedin，瑞典）、卡尔·尤

斯特罗姆（Carl Utterström，瑞典）和埃里克·威伦（Erik Wirén，瑞典）。

　　和其他领域的学者追述自己的职业道路一样，这些录音为 20 世纪 80 年代在隆德大学、科克大学、克拉克大学、巴黎第一大学、得克萨 *xiv* 斯大学和渥太华大学的课程和研讨会增色不少。本书的核心主题无疑受到这些讨论的影响，也因此有所修订。以上学校的同事都为本书贡献了批评和鼓励。在克拉克大学，比尔·凯尔奇（Bill Koelsch）、马丁·鲍登（Martyn Bowden）和鲍勃·凯茨（Bob Kates）提供了有价值的评论；在奥斯汀（Austin），罗宾·道蒂（Robin Doughty）、卡尔·布特兹（Karl Butzer）和特里·乔丹（Terry Jordan）促使我进行反思。在斯坎纳省（Sölvegatan）的隆德大学，比吉塔·奥登（Birgitta Odén）、奥维·洛夫格伦（Orvar Löfgren）、若尼·基弗（René Kieffer）、皮埃尔·吉列特和访问学者埃德蒙·博克斯（Edmunds Bunksé）友好地提供了至关重要的建议。事实上，瑞典地理学的故事很好地诠释了本书所呈现的主题。[①] 在将故事转化为文字的最后阶段，非常感谢渥太华大学的同事和学生们的批评意见，他们是米歇尔·菲普斯（Michel Phipps）、约翰·范布伦（John van Buren）、南希·哈德森-罗德（Nancy Hudson-Rodd）、珍妮特·哈尔平（Janet Halpin）、马克·瓦尚（Marc Vachon）和辛西娅·戴维（Cynthia Davey）。都柏林大学的凯文·惠兰（Kevin Whelan）在编辑方面给予的帮助同样是无价的。

　　国际对话项目的经费支持源自不同的渠道。瑞典人文社会科学研究理事会（HSFR）、瑞典三百周年纪念基金会（RJ）、面向未来研究委员会（SALFO）1977 年至 1988 年为研究和薪酬提供了资助。1986 年，

---

① 瑞典地理学的故事最初被设计为本书的一个组成部分，但现将成为本书的姐妹篇《乘着北极光：论瑞典地理学的形成》（*By Northern Lights: On the Marking of Geography in Sweden*）。

瓦伦堡基金会为在隆德大学图书馆建立项目材料档案馆提供了资助。在克拉克大学，塔希基基金（Tashahiki Fund）和莱尔基金会（Leir Foundation）支持了1980—1981年的项目活动，希金斯家族为1980—1985年的工资和办公经费提供了资金支持。劳辛家族和利普公司为1984年（日内瓦和巴黎）、1986年（巴塞罗那）国际地理学大会（IGC）期间的所有录音提供了人员和经费支持。1988年，国际地理学大会组委会（悉尼）为在当地完成的四个访谈的视频录制提供了资助。1989年，渥太华大学文学院支持了三个访谈的录制。视频录制还得到各种其他渠道的资助（见附录）。在这里，我向所有人表示衷心的感谢！

我最亏欠的是我的丈夫伯特伦布·布罗伯格（Bertram Broberg），他在经典文本核查、插图绘制以及电脑文字处理方面为我提供了许多帮助。

目 录 Contents

第二部分　西方地理学的四种世界观

绪　论

无尽的奇迹

奇异的事物虽然多，却没有一件比人更奇异。

他在冬季狂风的驱使下渡过灰色的大海，

在左右撞击的汹涌波浪间冒险航行。

那不朽的、取之不尽的大地，

最崇高的女神，

他要去搅扰，

用种马的后代耕地，

用犁头年复一年犁来犁去。

还有那些快乐的、无忧无虑的鸟类，

凶猛的走兽和深海里成群的生命，

他一掷那编织得又紧又密的网，就捕捉到了它们。

人真是技术高超、聪明无比！

他征服了一切，用他的技术驯服了

游荡在悬崖和荒野巢穴中的猎物，

驯服了鬃毛蓬松的马匹，

使它们引颈受轭，

他还把那不知疲倦的山牛也驯养了。

他学会了怎样运用语言和思想，像风一般快

以及用法律的思想和模式管理城市，

在寒冷天气和大雨倾盆时

怎样在露宿的地方躲避霜冻和雨箭；

——所有这些他都是无师自通的

他已准备好了，足智多谋的人！

在他未来前进的道路上，

他从没缺少过资源，也从没陷入过僵局

甚至难以医治的瘟疫他都能设法避免，

只有死亡，他也无法免于死亡。

人为大师，无所不能

超越所有的梦想，超越他所掌握的技能——

他继续前进，现在却走向毁灭。

现在又变得一团糟了。

2　　只要他尊重地方的法令和他凭天神发誓要主持的正义，

他的城邦便能耸立起来；

如果他胆大妄为、为非作歹，

犯了罪行，

他就会失去城邦。

无论谁做这样的事，

我都不愿与他共享我的壁炉，不愿与他分享我的思想。①

——Chorus in Sophocles' *Antigone*②，5th C. B. C.

（trans. Robert Fagles，332—371）

---

① 译文参考《悲剧二种》（索福克勒斯著，罗念生译，16～17页，北京，人民文学出版社，1979），略作修改。——译者注

② 《安提戈涅》，古希腊戏剧家索福克勒斯的作品。剧中，俄狄浦斯之女安提戈涅不顾国王克瑞翁的禁令，安葬了反叛城邦的兄长，并因此被处死。——译者注

由于其在征服自然界、生物圈以及空间、时间的过程中所表现出来的智慧和技能，由于其源自语言和思考的力量，更由于其在正确与邪恶的抉择中所表现出来的责任感，人类在希腊文学中备受推崇。[1]人类世界（oecoumene），或者人类所教化的世界，成为一个智力上的难题。它不仅激发了有关事物本质的思考，而且引发了地中海沿岸及更远地区的航海探索之旅。同中国人、美索不达米亚人以及其他早期文明的宇宙学家一样，希腊学者把已知的世界描绘成从家乡到地平线，熟悉程度逐渐减少的若干地带，其光亮度也随着从"文明"到"野蛮"而渐趋暗淡。

随着人类20世纪后期通过卫星开展的对地球的调查，人类世界的影像激发了人们对人类与地球家园之间关系的担忧。对全球环境变化的关注如浪潮般席卷全球。人们不禁回想起《安提戈涅》所描绘的人类图景。有些人聚焦于其中的悲剧意义，但也有些人为其倾覆而幸灾乐祸。西方文明整体上面临着重新定义其在人类圈中地位的令人蒙羞的挑战，地理学应该为应对这一挑战提供较为理想的指导。

理性知识是生命的指路明灯，这是西方世界长期珍视的信念。然而，当代科学的世界是碎片化的，这反映了其赞助者和受众的世界也是碎片化的。人文与科学被置于常常互有敌意的位置上。整个现实的世界已经被探测、说明，并为了改善人类福利而被开发。但不管怎样，专业化研究领域的丰硕成果并未为当下紧迫的问题提供解决方案。本书在探索地理学的故事以及西方世界的人文主义之余，也涉及人类知识圈的这一悖论。

"地理学"和"人文主义"的内涵十分多变，不仅揭示了其定义者以及他们的世界，而且揭示了许多反复出现的事实。对人文主义的诠释与阐释者的世界观及其所处的时代、地方相关。尽管人文主义者的学识具有普遍主义的倾向，但只有被置于其所处的时期、地理和文化背景之中才能得到充分的赏识。有关人性意义的宣言，无论是将人定义为理　*3*

性动物、智人或魔族（明智或疯狂）、政治动物（社会性生物）还是艺术创造者或狂欢者（创造者或追求享乐者），都声称自己具有超越文化、历史和环境背景的一般性——这在地理上几乎无意义，除非与更基础的栖居状态建立联系。几个世纪以来，人文主义者探索了人性的本质、激情和力量，地理学家则研究了人类和其他生命形式共建家园的载体——地球。在人性的各个方面，在理性或非理性、信仰、情感、艺术天赋或政治实力等方面，地理学无处不在。对地球的每一种地理学解释，都隐含着对人性意义的假设。无论是人文主义还是地理学，它们都不能被视为自发的探究领域；相反，每一种有关生命和思想的观点都被生活在不同环境中的人们所分享。它们共同的关注点是地球上的住所，人文主义在字面上的含义就是"地球上的居民"。

栖居意味着什么？不同文明在理解和对待生物圈其他成员的模式上存在很大的差异。在每一种文明中，人文精神都曾通过神话和理性术语来理解地球真实的意义，理性和真理的标准也总是源于其基础神话。每一种文明都有自己的故事。理解我们所处地球的不同认识模式，就需要分享这些故事，这也是为理性阐释和寻找更智慧的栖居方式发现共同、可接受的基础所必需的步骤。

我在本书中所呈现的主要观点源自十年来为寻求研究的共同点所付出的努力。这一共同点可以成为不同科学和人文领域的从业者对话和相互理解的基础。我的中心主题是旅程与认同、故事讲述与诠释、个体经验与社会背景、偶然的事件与更广泛的历史运动。我首要关注的是栖居[2]。栖居是人性最基础的特征，也是学者们在增进西方人的自知之明以及与地球上其他人群相互理解方面可能发挥作用的领域。我试图唤起对理想和实践背景的认知，并提供一组可以阐明不同历史时期知识和生活经验之间联系的解释性主题。和所有的解释一样，这些主题有助于尽量多地展示作者自身在研究被解释的人、地方和事件中的经历。它们随着研究的进展而展开、转化和凝练。

　　1978—1988 年，托尔斯顿·哈格斯特朗和我一直致力于知识整合问题的研究，特别是应对在地理学人文和自然各分支学科之间搭建桥梁的挑战。作为一门研究领域涵盖自然科学、人文科学与社会科学的学科，地理学是一个理想的关注焦点。它始终声称基于综合视角开展对现实问题的研究。20 世纪中期，在瑞典和其他地方发生的自然和人文地理学的制度化分离，促进了对专业性主题更深刻的研究、更有效的分析方法，以及与相邻学科的同事更紧密的联系。在其他条件相同的情况下，通过与自然科学领域同事的合作，自然地理学对岩石圈和生物圈各方面的探索都更加科学了。人文地理学家的研究方法则转向当时在社会科学家中流行的实证主义程序，分析人类圈的各个方面，在其他条件相同的状况下，经常基于空间分析得到区域和城市规划的规范性准则。经过几代人在专业化分支领域的研究，许多地理学家意识到需要更综合的方法。现在全球性议题再次引起关注，地理学家认识到，尽管系统分析研究在"人文"和"自然"的各分支学科中都取得了令人瞩目的研究成果，但人类世界仍存在尚未解决的难题。

　　"整合"这个词最初给我的印象是既模糊不清又令人生畏。与此议题相关的文字，从科学哲学到知识社会学，以及语言和权力、历史和政治等方面的论著，似乎已汗牛充栋。在被考察的文献中，"整合"这个词激起了从颂扬到恐慌的各种矛盾的情感反应。尽管这一概念在艺术、建筑、数学和工程学方面可能具有积极内涵，但它似乎在某些特定的背景中暗示了对专业化研究议题的一种管理的，或者说"自上而下"的解决方案。功能性的专业化很可能是科学发展中不可避免的趋势，具有潜在的无穷价值。在理想情况下，我认为，如果每个专家都能在自己的专门领域中探索知识和经验之间的联系，并以此为基础与其他领域的专家进行对话，那么，最终有可能建立起相互理解的基础以及对实质性问题研究结果的更好的整合。瑞典人文社会科学研究理事会批准了一项国际对话项目的构想并提供了资金支持，本书所分享的正是其中的部分成果。

　　我们实验的核心是与不同领域的资深和退休专家进行访谈并拍成录像。他们在这些访谈中讲述职业经历，重大项目的设想和实践，以及项目灵感被激发、发展和验证的情况。[3]这些录像随后被呈送给不同领域的专家小组，刺激未参与对话的人进行讨论和思考。[4]1978—1988 年，150 位来自不同领域的专家以文本或录像的形式慷慨地分享了他们的职业故事。正是通过研究这些文本，我才发现了本书的阐释主题。

　　《地理学实践》（*The Practice of Geography*，1983）从中选取了一些职业故事，每一个都是独一无二的，但都会对探寻有关创造力与环境、思想与实践的潜在的兴趣共同点有所启迪。由意义、隐喻、环境等主题组成的三部曲，提供了一个识别地理学实践领域的专家共同兴趣点的潜在分析框架。意义指的是职业技能、天赋和工作偏好；隐喻指向认知模式或者基本的世界观，是研究模型与范式的根基；环境不仅包含那些被认为与形成个体的意义和隐喻倾向相关的环境状况，而且包括那些地理学试图通过本学科特有的思想与实践来阐明的、长期存在的公众利益话题（参见第一章）。这三个相互交织的主题既便利了人们欣赏个体职业经历的独特性，又使发现学术实践与社会背景之间关系的一般过程成为可能。

　　正如许多研究者所知，一旦一种观察世界的综合方式变得明确，它就会变成阐明更多现象的镜子。对我而言，意义、隐喻、环境不仅为地理学思想史的课程讲授和研讨提供了令人满意的框架，也为经验和实践问题提供了全新的视角。[5] 这个框架的吸引力在于它的整体性。我开始对它着迷，渴望在不同的背景中验证它，并因那些拒绝它的细节感到焦躁。这一过程本身就阐明了知识是如何被整合的这个问题。这一过程的每一步都存在两种对立欲望之间的张力：一方面，想识别并确认个体职业生涯和事件的完整性和可能的独特性；另一方面，想探寻共同的起点与一般化的模式。当瞥见共同的起点和共享的经验带来更深、更为综合的理解时，这是一个无比喜悦的时刻。其他人可能已经对他们自己的主题三部曲或受欢迎的把握事物整体性的方式进行了更广泛的研究，那我们该如何协商关于"整合"的不同版本的认识？

对职业生涯更进一步的研究和持续的对话促使我反思原始解释框　6 架。作为一个概念性的方案，它的启发价值是毋庸置疑的，即使在被应用于某些特殊案例时让人觉得困惑和含糊。它提供了在上下文中对文本的截面（共时性）解释。历时性呢？研究生活史的主要价值之一就是为瞥见事件的流程、过程的变化以及连续性和间断性提供了机遇，而不仅仅是发现思想与背景在特定时刻的相互关系。对于学者来说，最具启发性的是发现他们的经历与其他人的经历存在共鸣，以及他们对职业生涯中发生的外部事件的态度的异同。[6] 从第一次世界大战前的乐观主义，经过大萧条时期，到第二次世界大战，再到战后重建和区域发展过程中的极大的兴奋，这些人追求职业成就的社会和学术环境经历了许多激烈的变化。他们会如何描述周遭学术环境的变化？这些不同的个体历程能否与历时性的外部事件流动和趋势建立关系？

当思考陷入僵局时，没有什么比强制转移注意力更受欢迎了。对我而言，国际地理联合会地理学思想史委员会秘书，已故的沃尔特·弗里曼（Walter Freeman）的邀请就产生了这样的积极作用。他邀请我研究埃德加·康德（Edgar Kant）的生平和相关书目。后在另一位西班牙同行的邀请下，我在 1985 年于马德里举行的一次研讨会上就地理学中的人文主义历史基础发表演讲。正如先前的注意力转移帮助我澄清并凝练了意义—隐喻—环境的分析框架，这一次的注意力转移开启了我对职业生涯历史的历时性流动以及思想和实践随时间发展这两个问题的研究。一个新的主题三部曲出现了，它就是菲尼克斯 ①（Phoenix）—浮士德 ②（Faust）—那喀索斯 ③（Narcissus）。这是用神话创作而不是用理性模式来解读知识和生活经验的，也是一个可以阐明之前所有故事的、更广阔的综合框架。从历史的角度来看，人文主义的本质信息可以说是一种有助于解放的呐喊，与对知识整合的理性追求存在辩证（也有潜在创造性）的张力。在地球上的所有戏剧中，人文主义可能最好被定义为人性的呐喊。只要正直受到威胁或前景黯淡，人就会发出呐喊（参见第二章）。

纵观发生突破性进展的时刻，对知识和理解的部分整合总会在昔日确定性的灰烬中闪耀出光芒。知识和生活领域中的新发现都可以被理解为菲尼克斯时刻：一个国家的诞生，革命的萌芽，艺术、音乐、文学或者科学解释达到新的认知水平。一旦这些被结构化和制度化，如被整合为某种模式或范例，浮士德就出场了。思想和实践变得规范化、合理化，有时甚至会被当作正统加以维护。最终，就像在我们所处的时代，沉思的那喀索斯可能产生两种反应：一种是对浮士德式社会习俗的爱恨交织，另一种是开放地允许新的选项出现。

---

① 菲尼克斯，意为"凤凰"，是"复兴"的代名词。——译者注

② 浮士德，源自歌德的作品《浮士德》。作品中，才华横溢的学者浮士德不满现实，竭力探索人生意义和社会理想的生活道路。浮士德指善与恶的灵魂冲突，后来成为"规范化"的代名词。——译者注

③ 那喀索斯，希腊神话中河神与水泽女神之子。他非常爱慕自己水中的倒影，最终在顾影自怜中抑郁死去。后来，那喀索斯成了"自恋""孤芳自赏者""自我陶醉者"的代名词。——译者注

一个全新的视角突然开启，不仅针对整合知识的研究挑战，也针对我一直在阅读的、经由"意义—隐喻—环境"这个我偏爱的解释框架筛选过的生活史。将精力投入分析某一研究者在职业生涯不同阶段所完成的主要工作是很有启发性的，但很明显，最吸引人的故事仍是他们生活历程的演变。通过前后十年间在瑞典非正式和正式的邂逅，从广阔的西方历史到个体的生活故事，由菲尼克斯、浮士德和那喀索斯组成的基本戏剧单元在不断与之产生共鸣。

如果我能在一开始就有所体悟，也许过去十年的工作会更为顺利。回想起来，起初就有一些菲尼克斯式的气氛：人文学者与社会工程学（或温和的技术统治论者）之间有关地理学和生活经验的潜在对话前景似乎的确是令人兴奋的挑战。在面对面的交流中，或在可以自发提出各种问题的地方，发起对话是很容易的。证明对话也是研究项目的一部分，但完全是另一项任务。浮士德式的协议要求小心学科领域之间潜在的"禁止侵入"的标志。早几年过程和产品之间的张力似乎是难以克服的，但现在我们可以用神话的方式来阐明，就像菲尼克斯和浮士德之间的张力。整个对话的努力可以被解释为那喀索斯对赫利孔山（Helicon）水域的造访①。

那喀索斯从朝圣之行中焕然而归，已经瞥见被泄露的整个剧本。即使还不太肯定，但他已经理解了学术史及其语境的变迁，并准备好迎接未来会发生的一切，甚至新一轮的菲尼克斯。

本书的第一部分介绍了两套解释主题：意义—隐喻—环境（第一章）和菲尼克斯—浮士德—那喀索斯（第二章）。第二部分基于学科思想和实践发展的一般性社会与知识背景，探讨了地理学思想更为恢宏的

---

① 赫利孔山是希腊神话中女神缪斯住的地方，此处指陷入某一种境况中（如矛盾）无法自拔。——译者注

8 转折。在西方知识史上，四个根本隐喻是主角。接下来的章节分别追踪了它们是如何随着时间的推移而形成意义与环境的兴趣点的：世界呈现为马赛克拼图（第三章），呈现为机械系统（第四章），呈现为有机整体（第五章），呈现为事件语境舞台（第六章）。[7] 结论回到有关研究专业化和知识整合问题的探讨，并将其与地方和全球化视野之间的张力联系起来，指出需要超越西方神话和隐喻的范畴，理解其他文化解释他们所处生物物理环境的本质和意义的方式。[8] 本书还就地理学在阐明地球居所在当前所面临的挑战中能发挥的潜在作用得出了一些结论。附录包含了国际对话项目（1978—1988）记录的完整清单，具体的引用情况在正文中以序列号的形式加以标注。

　　本书有关地理学与人文精神的故事应该能引起我们这一代人的共鸣。我们这代人在 20 世纪 60 年代还是学生，也见证了在过去几十年间发生的大事件。在那令人兴奋的菲尼克斯时代，"对话"是一个意味深长的词语；空气中弥漫着新生活的气息，人们急于质疑一切，并渴望尝试新的方式。这种解放的活力很快就被制度化和规范化了，浮士德式的栅栏束缚着相对离散的领域。20 世纪 80 年代，许多人确实变得愤世嫉俗甚至幻想破灭。那喀索斯正在萎缩。与此同时，新的挑战浮出水面。看来，现在正是从制度化的结构包裹中解放出来的时刻，我们这代人用热情和确信所创造的浮士德式框架已经不再适合理解人类和地球的挑战。这无疑是地理学家必须在数个世纪里持续学习的课程。西方世界的人文精神引领着我们去超越那些为保证"免于"压迫而建立的适当的结构，并将我们的精力引向"自由"地栖居。作为耶日·安杰耶夫斯基（Jerzy Andrzejewski）20 世纪的小说《灰烬与钻石》（*Ashes and Diamonds*）的题词，塞浦路斯·诺尔维特（Cyprian Norwid）的诗歌

回响着菲尼克斯的希望:

它是否只意味着灰烬和黑暗里的动荡

然后急坠入暴风雨中的深渊

还是在灰烬中闪耀着一颗宝石

预示着破晓和无敌的光芒?

第一部分

菲尼克斯、浮士德与那喀索斯

PART **01**

第一章

意义、隐喻与环境

一、地理学实践中的人生旅程

> 奇怪的是，当尝试将外部世界与内部世界联系起来时，我需要 *11*
> 某些外在的压力。只有这样，人们才能发现那个明显的切入点。这
> 也正是你可以从这两个方向审视自己的切入点。
>
> ——Hägerstrand，PG：256

自传无疑是开启对话的某种强有力的刺激物。每个人的故事最终都是独一无二的：每个人都在不同的环境中演进，并对创造力和环境之间的相互作用表现出不同程度的好奇心（Koesrler，1978；Chargaff，1978）。读者可能会批判性地思考自己的人生旅程，知识渊博的历史学家可能会由此质疑那些惯常被认为理所当然的有关事件与环境之间相互作用的认识。对故事的讲述者来说，自传也为他们提供了一个自我发现的机会。对这些故事的诠释无疑会折射出读者长久保持的好奇心[1]。根据绪论所概述的目标，本章描述了一种解释地理学家职业经历的方式。

国际对话项目面临的主要挑战是阐明知识整合的议题，尤其要重点

关注地理学各人文和自然分支之间的关系。无论是在学术界，还是在社会上，研究领域的功能专业化明显地与思想和生活中普遍存在的碎片化有关。与其正面遭遇这种复杂的局面（以及与此有关的所有管理学和哲学上的议题），不如先尝试理解学者们的生活方式、研究实践与社会环境间的相互作用。毕竟，专业化似乎是无法改变的事实，并存在明显的不断增强的趋势；取得研究前沿的成果明显比取得与当前社会问题或知识整合议题相关的成果更有价值。专家不仅仅是知识分子阶层的成员，他们每个人都拥有属于特定学科的生活方式，拥有一种包含情感、道德、审美情趣、文化偏好以及优先选择某种思想方法的专业性职业（Geertz，1983；Bourdieu，1977）。除非理解赞助者和受众基于意识形态以及所

12 处的地方、时代对特定专门知识的态度变化，否则我们无法理解学者们的思想和实践。在叙事方式的选择上，我希望能发现某些有助于相互理解的经验基础，以及某些对学科思想和实践进行批判性评估的共同基础。搭建学术与社会之间，以及不同文化、语言和民族传统之间的桥梁，是开启对话的第一步。

那为什么不像地理学自身的发展那样，从家园开始呢？地理学家往往特别关注人类的意向、期望与环境之间的相互作用，并由此展开其职业之路（Löffler，1911；Schouw，1925；Taylor，1958）。我们是一个混杂的群体，从冰川地貌到环境感知，我们的研究兴趣各不相同，许多人甚至感觉与其他学科的同事交流比我们内部的交流更容易。我们那些一直倡导更能整合学科实践的模式的资深和退休同行，在职业生涯中都经历了多元化的背景环境：战争与和平、萧条与繁荣、移民与领土边界的修正，每个国家提供的各自不同的系列挑战。他们的专门知识通过自身教师、测量员、探险家或研究人员的身份受到各国的欢迎，他们也以其精力、技能和奉献精神尽力完成了这些任务。随着每一个国家世界

地图的所有细节被逐渐填补，以及国内事务、工业布局和行政区划等难题得到解决，地理学家的传统任务似乎变得可有可无。不论这项工作是否已完成，它都可以被分配给法律、人口统计学、经济学或行政事务等其他领域的专家。因此，20 世纪后期，地理学作为一门综合性的学科，见证了许多子学科的出走和更名，也面临着认同危机和诸多分支学科的碎片化。

虽然对话项目扩展到许多领域和主题，但首要关注的仍是来自资深地理学家的文本。源自历史科学和批判理论，特别是经由威廉·狄尔泰（Wilhelm Dilthey，1913—1967）和尤尔根·哈贝马斯（Jürgen Habermas，1968，1976）融会贯通的解释学方法似乎是最合适的。

> 生命的无限财富展现在特定的人通过他们与他们所处的环境、与其他的人以及与事物之间的关系所形成的个体存在之中。一个独立的个体同时也是个体间渗透结构的交叉点，既依托于这些结构，也由此延伸到他们的生活之外。这些结构既是独立的存在，也能通过其内容、价值和目标实现自主地发展。[Dilthey,（1913）1967，7：134]

狄尔泰提出了"生活情趣共同体"的想法。作为人文科学从业者 *13* 进行客观规律研究的（文化科学）前提，这一想法着重于两方面的重要挑战：其一，发现一种便于主体交流和相互理解的语言；其二，承认个体的生活故事可以成为在知识与经验之间建立历时性联通的样本（Habermas，1968：140—186）。要深刻理解以上两方面挑战，哪里还有比职业故事更好的数据源呢？基于生命旅程的对话过程具有内在的教育价值，也为探索更喜欢科学主义和更青睐人文主义解释模式的人之间的共同基础提供了充足的机会。不过，大量证据表明，"为了把握不可分割的个体意义，对解释学的理解必须不可避免地采用一般范畴"（Habermas，1968：159）。[2]

我正是从这些职业故事以及更广泛的科学哲学阅读中，发现了本章主要阐释的主题：意义、隐喻、环境和尺度。[3]意义指的是职业偏好和工作技能；隐喻指的是认知方式；环境不仅涉及与学者的研究领域选择或研究实践风格的形成密切相关的因素，也涉及该学科作为一个整体所关注的人类（社会）利益。就像雅努斯（双面门神）一样，这些主题指向两个方向。它们充当着地理学实践的探照灯，一方面强调了学术实践与环境、偏好、才能、个体目标之间的持久张力；另一方面强调了外部挑战与环境之间的持久张力。[4]尽管它们在分析和凝视中表现得很清晰，但在实践中，它们常与特定时期和环境的视野交织在一起（PG：62—66，186—195；NL）。这些主题也会在学者的职业旅程中交织和变化，有助于我们识别个体和社会目标之间的冲突。它们指向不同研究领域从业者所关注的共同特性，并形成了一个评估处在 20 世纪晚期不断变化的环境中的地理学实践的框架。

二、意 义

为什么是地理学？ 1914 年，一个十二岁的瑞典男孩乘坐"一艘满载回乡的俄罗斯人的纯黑色的船舶"，从英格兰南部度假归来。他问自己："人们怎么会愚蠢到发动一场世界战争？"他的结论是："他们根本不了解彼此的历史和地理。"于是他选择了地理学作为职业（William-Olsson in PG：155）。约瑟夫·伊格莱西斯（Josep Iglésis）

则是在家乡徒步旅行时发现了自己对地理学的兴趣："我不仅仅是一 *14*
个开路的人……我问了自己很多问题，并由此建立起对加泰罗尼亚[①]
（Catalonia）坚定的兴趣和热爱。不是停留在抽象的术语层面，而是伴
随着去接触它并了解其详尽细节的强烈愿望。"（Iglésis，GGS2）对威
廉·米德（William Mead）而言，是艾尔斯伯里山谷（Vale of Ayles-
bury）最先激发了他的灵感：

> 我仍能回忆起时光暂停的每一时刻（无论是近期还是很久之
> 前）。那是一片绿色的美景，阳光穿透六月初的薄雾。最棒的就是
> 骑车下坡进入温暖山谷时漂浮的感觉，或是沿着骑行的道路，感
> 受路边青草轻触你搁在脚镫上的脚趾。这正是在干草被收割之前，
> 也正是在马修·阿诺德（Matthew Arnold）所说的"仲夏的盛况"
> 消逝之前。那一刻，地方感完全源于个人的身体感受。（Mead in
> PG：47）

景观探索中的审美诉求以及对地方归属的情感，在吸引人们投身
地理学实践的诱惑物中高居榜首。这个领域为人们提供了将家园与地
平线、微观世界与宏观世界连接起来的机会。毫无疑问，长途旅行以
及对世界及其文化的冥想，为克拉伦斯·格拉肯种下了对地理学产生
好奇心的种子，但卡尔·索尔[②]（Carl Sauer）的一次偶然邀请将他送
回伯克利大学，使他拥有了该学科的正式教职："当他告诉我能进具体
哪一间办公室时，我确信我会（加入这个系）。"（Glacken in PG：28）

[①] 加泰罗尼亚，濒临地中海的一个地区，现属西班牙。——译者注
[②] 卡尔·索尔，美国地理学家。他主张通过观察地面来研究地理特征，重视不同文化
对景观的影响，认为解释文化景观是人文地理学研究的核心。他创立了美国人文地理学的
景观学派。——译者注

阿德尔·布伦楚迪（Aadel Brun-Tschudi）透露："我必须承认，我作为地理学家所完成的大部分工作都源于偶然，源于他人的邀请。"但是她确信："对我而言，地理学就是我的职业。"（Brun-Tschudi，G1）沃尔夫冈·哈特克（Wolfgang Hartke）主动表示："我本想成为银行家或医生，也还有其他选择……我想做一个大城市的市长。原因嘛，是因为我虽然是一个很渺小的普通人，但却想与城市的所有人都有些沟通。"（Hartke，G6）"我成为地理学家的概率很小。即使做了医生，我也会有像做地理学家一样的科学兴趣。是什么影响了我呢？是两段不愉快的情感波折，与父亲打了一架，离开了家。这些就是让我成为社会地理学家而非古典地理学家的原因。"（Hartke，G1）

范登·伯格（G. J. van den Berg）说："在最开始，我意识到地理学只有像人文地理学或社会地理学，才能真正有用。"哈特克评论道："地理学一直存在很多黑箱，但只要人们越努力让它切实有用，它就越能更好地服务于人类。"（Hartke in PG：235）罗伯特·W. 凯特（Robert W. Kates）说："尽管人们对深奥学科的研究是非常让人信服而又不可思议的"（Kates，G23），但"我宁愿将我的精力放在能有所助益之事上"。对许多地理学家而言，这种对社会关系的关注也许是无趣的，他们的核心愿景是将地理学带入正统的科学的行列。理查德·乔利（Richard Chorley）说："我相信直言不讳。""我的意思是，如果要利用甚至操纵地理学去创造我们想要创造的世界——就让我们这样说吧，我们不能自欺欺人地认为自己正试图客观地观察过程的运作以及由此产生的各种形式的结果。"（Chorley，G25）然而，对很多人来说，并不是地理学作为一门科学的地位，也不是其与社会问题解决存在的实际或潜在的关联，才使得该领域具有作为职业的吸引力的。约翰·莱利（John Leighly）写道："我一直把教学看作我的首要职责，出版原创性作品和写作都是我在闲暇时做的事。"（Leighly，G14）也有不少人认为，地理学最重要的使命是开启了探究和思考人类与自然之间关系的巨大挑战："创作学术作品的个人价值是某种艺术形式的回报，是在一个常常看似混乱、空虚、混沌的世界中履行创造出新事物的使命。"（Koelsch，1970：32；Spate，1960）

当人们反思其职业生涯，或含蓄或明确地找寻贯穿其经历的主线和意义时，他们的思考往往转向其投入毕生精力的实际工作。如果你有存在主义倾向，对口头和书面陈述的详细审查会导致这样的信念，即工作就是工作本身，可称之为"职业意义"；如果你是功能主义者，可称之为"社会角色"；如果你是唯物主义者，则可称之为"劳动"，这也是各行各业的人被强加的一项共同特征。对学术的认识也不例外：教师倾向于理解教师；研究者赏识科学般的严谨和发现；社会活动家和规划师毫不费力地就能找到彼此的共同兴趣（或关注的要点）；知识渊博的作家则会品味来自任一地方的文学创作所包含的艺术。一个解释地理学思想和实践的中心主题是意义。从资深同行的职业故事来看，从所谓职业意义中，我们可辨识出四个不同的星群（图 1-1）：

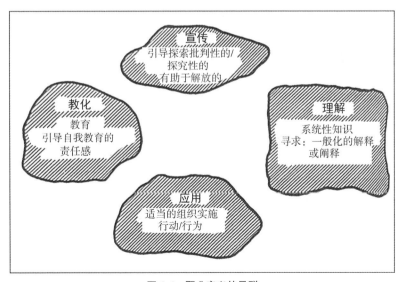

16

图 1-1 职业意义的星群

宣传（字面意思：诗性）[5]，意味着激发地理意识，批判性的反思、发现，以及创造力。它引起了人们对文化与景观、地方感、自然象征主义、思想史等人类与物质地球关系相关主题的好奇和探索。它可能采取的形式包括思想碰撞、语境模拟、对语言和力量的推测以及对应用地理学规范的探讨。宣传维度应当较好地引起对所有其他实践环节展开批判和解放行动的兴趣。

教化（字面意思："教育""培养"），意指授课、讲座、设计与指导野外考察以及为学生解惑。它可能在教材、教师手册、研讨会的组织以及课程改革的策略中得到体现。通常，那些把教化视为职业核心意义的人也承担了信息流通中的归档、编辑及其他工作。

理解（字面意思："思维的系统性组织"），主要表现为增进分析的精确、客观程度以及发现科学规律。例如，它可以是土壤样本、交通网络或环境感知等研究。科学的理解寻求的是解释而不仅仅是描述；对空间系统和空间功能性组织一般规律的归纳，被认为远比诸如对特定地方和区域的理解更有价值。其目标在于使地理学成为一门科学学科。这并不意味着人文主义者避谈归纳，但更确切地说，其目标确实有所不同。人文主义者追求的是清楚地阐述和解析，而不只是对因果关系的说明。

应用（字面意思：工作、行动），致力于表现地理学在说明、解决社会和环境问题中的作用。这些问题具有重要的研究价值。一些应用地理学家关注的是这些问题的空间和环境方面，与解决问题相比，他们较少关注学科的正统性。应用地理学的实践者经常以社会价值作为评判标准，这与他们的学术同行所采用的评判体系仅有部分重叠。有的应用地理学家也在大学、研究委员会或社会生活中承担行政责任，这也正是听从了应用的召唤。

职业意义还包含许多其他在个人看来对自己的地理学实践非常重要

的元素，例如继承家庭传统；感受登山、徒步旅行和旅行所带来的审美乐趣；对地图的遐想；参与战争，追求和平，争取国家独立，保卫民族的或帝国的旗帜，等等。这样的动机并不完全适合上述划分四类职业意义的评估准则。为促进国家间和不同文化间的比较，我建议根据宣传、教化、理解、应用这四类职业关注的任务群，组建一套适用于不同语言和不同专业的一般主题。它们也可以被认为是反思公众态度、研究资助、个体能力或天赋等内外境遇的社会理论。由此，它们可以为在任一特定时间就学术实践中的优先事项进行学科内部和跨学科的讨论提供共同的基础。

当然，很少有人仅仅被归入其中某一个星群。大多数人在他们职业生涯中的不同时刻承担着不同星群的使命。价值观会随着人的生命历程的变化而变化。大多数地理学家不仅对不断变化的选择持开放态度，而且对以创造性的方式组合不同的活动持开放态度。一名 1937 年进入隆德大学的学生曾确信，在这世上，他最不可能从事的工作就是教育。四十年后，当被问及地理学在未来社会中的作用时，他强调了其在教育中的作用（Hägerstrand，G9）。对于大多数地理学家而言，教育即便不是一种选择，也是一份责任。尽管有时会让人觉得乏味，但很多人都承认，教育作为对研究和其他类型活动的补充非常有价值。格拉肯表示："本科生是初生牛犊，能够提出最难的问题。他们大多数时候都是活泼的，虽然偶尔会有些懈怠。这是一个优势，因为教授的文字和作品往往已经不能让人难以忘怀了。"（Glacken in PG：33）1978 年，范登·伯格在一个有关创造力与环境的研讨会上谈道："我从我的学生那里得到了灵感、支持和挑战，尤其是当他们从事田野工作时……学生是滋养和支持我个人成长的重要背景。"雅克琳·博热 - 加尼埃（Jacqueline Beaujeu-Garnier）建议："无论是在大学生活，还是投身于公众生活，年轻的地理学者都应该将这一学科视为一门研究与教学相整合的学科。"（Beaujeu-Garnier in PG：151）总之，宣传、教化、理解、应用为文本解读提供了适宜且清晰的分类方法，但在学者们的生动实践中，各类使命之间并不是必须全有或相互排斥的。

18　　使命的区分也关乎职业实践中另一个重要方面，即话语模式。那些在报告厅或在指导学生野外考察中表现优异的人，可能既没有时间、精力，也没有动力，以书面形式交流那些在面对面的、特定环境中以口述形式阐释的深受欢迎的想法。在中世纪以前，许多地理学家仅以口语形式践行宣传和教化的使命。就理解而言，一些人倾向于可视化思维，对以图表或数学模式表现复杂问题或寻求解决方案充满兴趣。在推导形式上，有些用的是三段论，有些用的是地图或统计数据，还有一些倾向于具有文学风格的比喻或修辞。就应用而言，首选的方式可能是行动和实验、政治劝说和参与。地理学的实践见证了价值标准的许多变化，包括表达方式上口头和书面的对比，描述方式上制图和数学的差异，推理方式上文字或图形的选择，以及研究是对象牙塔还是超级市场的关注。回头看，这些变化完全是戏剧性的，涉及研究范式、理论和方法的变化。话语模式本身既反映了内部学科实践者的偏好，也反映了赞助者和受众等外部主体的倾向性。就个人而言，当然不能断言其时间和精力在不同使命间的分配纯粹是个人的选择。在大多数情况下，这与外部定义的机遇或管理设计有关。在大学部门或政府机构中担任地理学家的职位，意味着要担负起由普遍接受的劳动分工所规定的职责。20 世纪 80年代退休的一代人必须将教学和研究结合起来，其中一些人还有额外的外部咨询工作。因此，他们通常很难找到时间和空间进行阅读思考。在学科成长的早期，地理学家不得不成为能做各种事情的人。沃尔特·弗里曼（Walter Freeman）坦言，20 世纪 40 年代后期在都柏林圣三一大学工作时，"我就是地理学"（Freeman，G7）。在几乎所有职业生涯故事的后期，影响最显著的往往是那些与研究资助和资金可获得性相关的因素。

意义，这个解释性的主题，为探究个人的职业、天赋、偏好与外部对其完成的使命所给予的工作定义之间的相互作用提供了渠道。从外部视角来看，我们不难观察到在学科发展的过程中，这些不同使命的地位及国家对其投入的变化。毫无疑问，关于人文主义者、教师、科学家和规划师的地位与需求，每所学校都有自己随时间而波动的记录。教育部可将其作为竞争有限资源的预算参考；从实践者的视角来看，它们可以被视为对职业意义的补充和强化的焦点。

一项对 20 世纪在瑞典的大学获得讲师职位的人所撰写的地理学博士学位论文的考察[6]，揭示了以下模式（图 1-2）[7]：与其他国家一样，19 第二次世界大战以来瑞典日益增长的对地理学科学研究与实际应用的需求，必然削弱了教学和批判性反思在人们心目中的地位。[8]

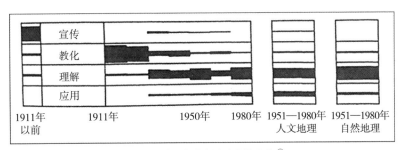

	宣传			
	教化			
	理解			
	应用			
1911年以前	1911年	1950年	1980年	1951—1980年 人文地理	1951—1980年 自然地理

图 1-2　地理实践中关注点的变化 [①]

上述不同类型的意义指向两个方向：社会结构和地理实践的存在价值。它们表明了地理学家作为认知主体的个人经验及其在各种背景下被普遍接受的角色和使命。其中，一种视野通往探索地理意识、职业选择、

---

① 基于对 1880—1980 年瑞典博士学位论文的研究。

能力和好奇心的源起；另一种面向地理学在大学和社会中的地位的制度安排。除了专业性任务定义的世界，还有各行各业的人对知识共同特征的分享，即现实的根隐喻。它为地理学家间的相互理解提供了另外的潜在基础。

三、认知风格与隐喻

> 和所有地理学家一样，我热爱地图。但我学术生涯中的巨大冒险在于试图超越地图。我发现，世界简直就像云纹一样丰富多彩。（Hägerstrand in PG：239）

在寻找自己概念体系的源泉时，哈格斯特朗将其职业生涯描述为"一段终其一生的婚姻"。"自从被卷入学科的学术层面，我就一直承受着吸引和排斥之间张力的煎熬。"（Hägerstrand in PG：218）彼得·古尔德[①]（Peter Gould）则把地理学称作"一个美丽诱人的姑娘"，并承认自 15 岁起自己就和它有了一段充满激情的风流韵事（P. Gould，1985：xv）。社会人类学家卡尔·古斯塔夫·伊兹科维茨（Karl Gustav Izikowitz）将自己的生命历程比作"一棵被修剪过的树"。树干从特定的苗床生长出来，树枝和轮廓则是在不同的风和天气中形成的。在后来的几年里，他思考着树冠的形状为何如此不均匀。"只有立在受保护地点的野生树木可以在没有树冠的情况下存活，这显然是很罕见的。雄心是一种肥料，但如果施加过量，植物是会生病的。"（Izikowitz in GN，

---

① 彼得·古尔德，美国宾夕法尼亚州立大学地理教授，关注空间分析和意象地图。——译者注

108）神学研究者安东尼·帕多瓦诺（Anthony Padovano）用地理学术语总结了自己的生命历程："开始时的场景是这样的：一个小男孩孤零零地站在肯塔基州乡村的铁轨边。接下来每一个画面都是运动的：一次去伯明翰的旅行，一条通往罗马的道路，一次去往狂热的纽约城的汽车之旅，一段返回达灵顿的归程，匹兹堡湍急的河流，盘旋在西雅图城市上空的飞机，以及通向荒野的水道。"（Padovano in Baum，1975：233）

个人传记中的明喻和隐喻是多样而迷人的（Schouw，1925；Christaller，1968；Taylor，1958）。心理学家和博学多识的历史学家会思考具有不同学科背景、在不同历史阶段和环境中成长的个体之间的差异。作者讲述自己的生活故事的方式与其已出版的作品所偏好的认知风格具有显著的一致性。在某些情况下，这种一致性很惊人。威廉·沃恩茨（William Warntz）认为："和所有事物的发展一样，职业也只有被置于某种坐标系中才能度量其变动的方向和速度。如果选择和描述得当，坐标系将被证明远比其中任何特定的路径更为有趣，也更为重要。"有人高兴地看到："（学科研究的）范围已扩大到包含对所有社会能量及其相互作用的调查。"他的目标在于建立一个统一的社会科学，并表明它和自然科学都不过是"具有同一普遍逻辑的相互关联的同构实例"（Warntz in Billinge et al.，1984：135）。

有些人将职业生涯视为环境的产物，把每个阶段理解为各种外部和内部影响因子互动的偶然产物。还有人将其生命历程视为由许多支流汇成的河流，河流最终将汇入某个宇宙的大洋。一位退休的地理学家画了一条带箭头的垂直指向的线，中间用标点符号标注出职业变化、婚姻、项目开始、战争爆发等重要的时刻。另一位则将职业生涯描绘成森林中的人行道，并用卡通式插图描述了自己的研究兴趣集群以及促使其地理学实践进程发生变化的意外刺激因素。还有地理学家描绘出河流的

21 流域，汇聚起标有不同思想流派标签的山谷，并用星号定位了那些对其研究方向产生重要影响的个人、书籍和论文。一些地理学家倾向于用图片进行交流，也有一些偏好文字。通常，作者在发表的作品中表现出的明显认知模式，也会折射在讲述自己的人生故事的过程中（Nash，1986）。

可以构想的是，每个学者都会在对职业历程的讲述中形成独特的隐喻风格（Polanyi，1958；Gardner，1983）。然而，有必要留心对促进发现过程的隐喻和为交流研究结果而使用的隐喻做出区分。听觉、触觉、嗅觉和视觉都在地理意识的塑造中扮演着重要角色，而隐喻风格的探索与学者的童年经历密切相关。一位学者在学术期刊上发表的文章可能并不能反映他或她对该学科的理解，但却能折射出其对读者将领会文章中的哪些内容的认知。为了理解学者们已发表的作品，我们需要理解那段时期该学科流行的以及编辑所青睐的认知模式。

描述地理学思想和实践的传统模式，一般是通过研究的方法、认识论和实质性焦点等描述该领域的特征（J. N. L. Baker，1963；Dickinson，1969）。语境法指出了学科实践的制度和意识形态特征（Stoddart，1981）。上述每一种方法都对阐明学科思想有特殊的启示，也都在实质上为功能性专业化程度的提升提供了证据，并最终造成了不同探究领域之间的交流障碍。这使我们回到了整个项目开始的那个问题。要识别认知模式的潜在共同特征，我们需要某些替代方法。

正如我将在第二部分中论述的，隐喻为阐明某一连续时期知识分子的时代精神提供了独特的、有价值的路径，能比对范式、理论或模型的详细审查揭示更多的问题。在众多对现实的潜在隐喻中，史蒂芬·佩珀①（Stephen Pepper）的世界假设（World Hypotheses）理论所呈现

---

① 史蒂芬·佩珀，美国哲学家，认为根隐喻是人们观察和认识世界的方法。——译者注

的四个根隐喻（形式主义、机械主义、有机体主义及语境主义）提供了一种在地理学实践中识别不同认知模式的方法（Pepper，1942）。[9]这四种世界观中的每一种都设计了一种对现实的不同解释，都可被视为研究调查所涉及的一整套理论、范式和模型的根源。我们可以大胆地说，这一方法阐明了多元论。佩珀指出，这四种根隐喻中的每一种都有自己的"真理理论"和探究的类别，因此，在其中一个框架内取得的研究成 22果不应遭受通过另一个框架提出的批评。这种方法不仅为梳理不同理论和方法的相对优势与局限性提供了平台，也为那些周期发布的学科作为整体的"权威"文件的可信性提供了平台（图 1-3）。

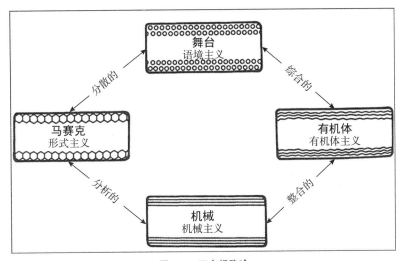

图 1-3　四个根隐喻

　　马赛克，或地图，追求尽可能准确地表现各类感官感受到的现实，其认知结果基于符合论的真理理论[①]（参见第三章）。地图表达的是分散的世界景象：现实被理解为各种模式或形式拼接的马赛克。在每种模式之下，形成过程都在起作用，如侵蚀的周期循环、潮水的涨落、人口转

①　符合论认为，只要命题和事实相符，就是真的。——译者注

变及生产模式的转换等。作为最能体现地理学的分布学传统的根隐喻，马赛克是四个隐喻中运用最广泛的。相较于综合，它更强调分析，更适合于现状描述或有民主倾向的研究。它为地理学与关注形式、分层和分类的许多其他学科（无论是心理学、生物学、社会学、艺术史，还是大脑研究等）之间的有益交流奠定了基础（Judson，1980）。[10]

与马赛克一样，机械主义也关注分析的严密性，并追求精确且可测量的数据，以此作为其描绘世界图景的基础（参见第四章）。其对现实的整体描绘是经过整合的：相互存在因果关联的系统以及系统间的相互作用是机械主义最主要的好奇心源泉。这一根隐喻的认知结果基于因果调整的真理观。机械主义是地理学"空间—系统"研究的根隐喻，最好的例证是人口迁移的"推拉模型"、城市和供水系统中的正负反馈过程、商品流动中的重力模型。[11]从意识形态的角度来说，社会改革者和革命者经常用机械主义的模型表达他们感知到的社会现实中存在的不公平和低效率，以及他们对未来社会的想象（H. White，1973）。

有机体[12]是基于有机体主义者世界观的根隐喻，其认知结果基于一致性的真理观（参见第五章）。它寻求对现实的综合解释，强调多样性的统一以及在一个有机整体中基于辩证的张力产生最终的解决方案。有机体隐喻将现实作为一个整体。这一认识是大多数人类文明的共识，但西方（后黑格尔时代）对这一隐喻的应用必须被视为特例，因为它反映了西方历史特殊的文化和政治环境。[13]从意识形态的角度来说，这种隐喻方式适用于主张君主专制者与无政府主义者、革命者与保守派、唯物主义者与唯心主义者。从美学角度看，它适用于人文主义者、诗人、画家、科学家和规划师。

舞台（字面意思为沙滩）是地理学中语境主义导向所提出的根隐喻（参见第六章）。它描绘的世界图景是一个各种自发的以及可能独一无二的事件发生的舞台。舞台的根隐喻试图通过阐释每一起事件的特殊背景，为那些独特的案例提供综合的解释。其认知结果基于可操作性的真理观，正如美国的实用主义为每个案例基于特定的条件进行评估和判断创造了条件。[14] 至少在北美，人们可能相信语境主义对相当数量的地理学家而言，是其探寻模式从"旁观者"向"参与者"转变的内在动机（Rowles，1978；Kearns，1988；Folch-Serra，1989）。由于有助于揭示思维方式和话语模式的文化相对性，它也可以被看作研究人员对解释学更为敏感的征兆。

这四种世界观有助于阐明我们所仔细端详的那些作品的作者在认知模式上的差异，但其程度却是因人而异的。这种图式为人们把握知识潮流与同期意识形态和物质环境之间的某些联系创造了条件，但在宏观（外部或社会）层面比在特定个体层面上更为有效。佩珀的作品并没有就每个作者的认知方式形成刻板印象的意思。他指出，大多数有创造力的学者都会在职业生涯中利用不止一种根隐喻。只有极少数教条主义者才会自始至终倾向于坚持某一根隐喻。人们可以假设，不管他们的专业是什么，那些对同一根隐喻表现出持久偏好的人更容易相互理解，并会对知识主张提出更有针对性的批判。佩珀提出的隐喻模式如其所展现的，为戏剧化地分辨不同认知模式创造了可能性。这部戏中的角色不是作者，而是不同思维模式的载体。这些思维模式的受欢迎程度在西方社会历史的不同时刻是不一样的。

在这一分析框架中，吸引人的并不是认知结果、真理理论或纯粹的认识论偏好。更具吸引力的是这些隐喻本身，是其具有的探索潜力。隐喻不仅吁求理智，也吁求情感、审美意识、记忆和意志。马赛克、机械主义、有机体主义和舞台展示了四种通过与生活经验的不同关系而形成的世界图景（Shibles，1971；Ricoeur，1975）。这些隐喻也表明，认知模式的根本性偏好难以仅仅从大脑方面进行解释。海登·怀特（Hayden White）从他对 19 世纪历史学家的研究中得出结论："选择这一种而不是那一种预期的最佳理由，从根本上说是审美或道德，而不是认识论。"（1973：xii，426—434）在地理学科中，接受或拒绝某种特定的范式、模型或方法，与特定根隐喻的审美、情感和道德内涵有关，也与纯粹的认识论推理有关。

在任何一种传统中，不同类型根隐喻的演替都会引起人们对内部环境和外部环境相互作用的质疑。地理学者的职业生涯故事也揭示了其不同类型根隐喻演替和相对偏好的重要线索。正如第二部分所描述的，四个根隐喻在学科历史中始终可以共存，尽管其中一个可能在特定时期内占据主导地位（图 1-4）。[15]

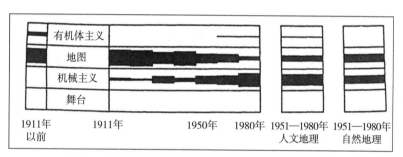

图 1-4　20 世纪地理学研究中占主导地位的根隐喻变化 [①]

在对瑞典的博士学位论文的研究中，20 世纪初有机体主义的消亡及语境主义事实上的缺席，可能使其学术传统与西方其他学派表现出显著差异（NL）。国际上也存在类似的倾向（Söderquist，1986；Sörilin，1988）。20 世纪 20 年代的美国见证了努力清除有机主义论者作品的一致行动，并由此开创出一种独特的、基于归纳和经验主义方法的美国研

---

① 　基于对 1880—1980 年瑞典博士学位论文研究的研究。

究传统。莱利观察到："索尔不相信戴维斯[①]（Davis）的地貌学更多建立在演绎而不是野外观察的基础上。""我从未读过森普尔[②]（Semple）小姐的作品，直到后来……索尔早在芝加哥时就认识她。在来伯克利之前，他已经放弃了她对'地理影响'的机械解释。"（Leighly in PG：83）整整一代的野外勘测员、地图制作者以及分布学爱好者都在着手消除地理环境决定论以及外部输入的任何与帝国政治相关的世界观的痕迹（PG：62—65）。弗雷泽·哈特（Fraser Hart）回忆道："我们强调了具体的问题，经验主义的、实用主义的，但几乎不曾招募那些可能对更为抽象的问题和理论问题感兴趣的人。有哈特向[③]（Hartshorne）就足够了。《地理学的性质》（*The Nature of Geography*）在战前就出现了，所有思想健全的研究生都会在自己枕头下放一本。不少人读过这本书，引用它也成为我们最喜欢的室内活动之一。哈特向无疑是我们引用得最多但理解得最少的作者。"（Hart，1979：111）

　　第二次世界大战的到来亟需学者们对许多地方开展分布学的研究，这也体现了地理学科的战略使命和知识贡献。当这些学者结束战争期间的使命，回归学科原本的研究时，他们中的许多人变得对过程和功能而不是模式和形式更有好奇心。有些人甚至声称，系统分析和运营研究是通向更美好的未来的有远见的路径（PG：186—195）。据哈罗德·布鲁克菲尔德（Harold Brookfield）回忆，迟至 1959 年，他在新几内亚

---

① 威廉·莫里斯·戴维斯，美国地理学家、地质学家、地貌学家以及气象学家，被称为"美国地理学之父"。——译者注
② 埃伦·丘吉尔·森普尔，美国地理学家，地理环境决定论的代表人物。她致力于研究地理环境对人类体质、思想文化、经济发展与国家历史的影响，强调自然地理条件的决定性作用。——译者注
③ 哈特向，美国地理学家。他继承了传统地理学的区域观点，是区域地理学理论的继承者。在 1939 年出版的代表性著作《地理学的性质》中，他明确提出地理学的研究对象是地域分异。——译者注

进行田野调查时才仔细思考了概念性问题。"我不时地读哈特向的著作。记得在一个周日的下午，我突然意识到分布学的研究方法对我的研究没有任何意义。如果只有分布学才是地理学的话，那我就不能算是一个地理学家。"（Brookfield in Billinge et al., 1984：28）当然，也有一些人坚信分布学是其研究的方向。沃恩茨自信地认为："我们的研究促使人们将地理学视为一般空间系统理论（全球尺度），同时也成为社会物理学团体雄心勃勃地扩大初始工作领域的一部分。社会物理学团体促使人们对各种社会现象中存在的可被观察到的数学规律进行机械论的解释。"（Warntz, 1984：145）托尔斯顿·哈格斯特朗强调了乔治·伦德伯格[①]（George Lundberg）的著作《社会学基础》（*Foundations of Sociology*, 1939）中的一句话："所有领域科学研究的终极目标都是一样的，那就是针对事件的进展得到可验证的一般化规律。"他也坦言："如果地理学能在这一方面取得令人欣喜的成就，由此谱写的新歌在我听来会很可爱。"（Hägerstrand in PG：248）

26　　对于关注客观事物分析和以经验为基础的命题的人来说，马赛克和机械主义的根隐喻具有很强的吸引力。尽管存在根本性的差异，但它们为地理学研究提供了互补而非竞争的分析思路。事实上，可以说，正是这两种思路的结合，以及数学与统计学方法的辅助带来了中世纪的变革，从而使我们进入欧洲人所说的"新地理学"和美国人所说的"计量革命"。系统理论和区位分析这对紧密关联的概念变得炙手可热，这在盎格鲁美洲尤其明显。理查德·乔利和彼得·哈格特[②]（Peter Haggett）的著作取代了哈特向的作品，成为最值得引用的正统思想的源泉（Chorley

---

① 乔治·伦德伯格，美国社会学家。——译者注
② 彼得·哈格特，英国地理学家。——译者注

and Haggett，1967；Gregory，1978）。20 世纪 60 年代，雅各布·布罗诺夫斯基（Jacob Bronowski）宣称："社会在重压下像气流般运动。平均而言，个体会服从于压力；但在某些情况下，个体可能就像气体中的某一原子，逆气流而动。"（Haggett，1965）在对中世纪地理学转型的反思中，乔利后期更多地重点研究了概念上而不是方法层面上的变革："你不能围绕一组技术去建立一个学科的核心，如区位分析。因为一旦其他学科发现了空间自相关的特性，那地理学该怎么办？"不同于后来区位分析的许多狂热爱好者，乔利基于自身的背景及对地理学自然和人文分支学科的双重兴趣，坚信整个学科应该有一个核心，一个经由系统分析的理论解析构成的核心（G25）。

然而，下一代学者很可能再次偏好不同的根隐喻。唯物主义者、马克思主义者和结构主义者的批判倾向于使用各种机械主义的隐喻（Harvey，1973；Castells，1977；Peet，1977）；人文主义和现象学的论述则偏爱各种形式主义的隐喻（Ley and Samuels，1978；Seamon，1980）。战前和战后一代学者最显著的差异在于，地理学家已经成为学科内不同分支领域圈子的成员，而离他们最近的重要研究群体可能属于其他学科。此外，在职业选择方面，宣传和教化远不如理解和应用吸引力大。

在描述生命历程的各种符号模式中，最具启发性的是树（图 1-5）。对职业历程的树状描述可以揭示从业者在整个职业生涯中潜在的和实际经历的连贯过程。[16] 它还可以让我们从基于四个根隐喻所设计的访谈提纲中得到戏剧化的、完全不同的领悟。

27

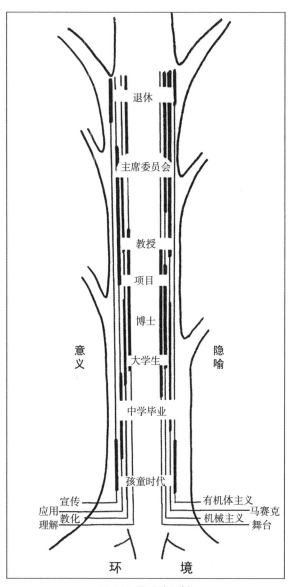

图 1-5 职业生涯树

例如，从家庭和童年的环境来看，年轻人可能会产生学术生活很有吸引力的印象，因为它培养和奖赏学术美德。随后，老师、同伴以及外部事件或机遇都可能促使其从事应用型的工作，学术部分则被推迟到等待下一个机会的来临。此外，一位有魅力的教授或工作伙伴，一本书或一次研讨会，都可能为"系统"或有关现实的机械主义概念提供令人信服的观点。由此，一个人相当多的教学和研究精力可能被投入到对这类概念的相关研究实践中。在以后的学术生活中，这个人可能回归其他在其活跃的学术岁月里处于蛰伏状态的隐喻以及有关现实的概念体系，也可能发现新的隐喻和新的有关现实的概念体系。显然，许多地理学家只有在陷入僵局、发生冲突或激烈反抗当时的所谓正统学说的时候，才会提出他们最具创造性的想法。对于一些地理学家而言，这有助于增进国家意识；对于另一些地理学家而言，这是摆脱某些甚至所有的实用主义责任的机会，从而使其可以自由地在树林中漫步或环游地球，并在此过程中进行独立的思考。

有机体主义的方法试图揭示作者在思想和实践演变进程中的某种连贯性，强调那些对立的力量在持续的辩证过程中实现整合的时刻，而不是记录某些特定事件发生的精确位置和日期。[17]语境主义者倾向于关注对作者的职业生涯而言明显具有重要意义的特殊事件，然后进一步梳理这些事件发生背景的线索和脉络，并尽可能全面地解释每个事件对作者职业发展的价值。[18]形式主义者和机械主义者也更关注对职业生涯时间、地点和环境的准确记录。[19]学科训练往往塑造了一个人诠释职业旅程的方式。[20]我们可以清晰地看出，通过接受倾向于理解或应用等职业需求的学科训练，相较于口语或书面表达等形式，学生更喜欢接受图形描述和表征等方面的挑战。对于那些看上去热衷于戏剧化展现个人经历独特性或特定地方创造力的学生而言，这样的训练却似乎让人厌恶。相反，他们更倾向聚焦于职业生涯中的特定事件或特定作者的行文风格。

　　语言、历史和制度化结构的变迁明显地塑造了个体职业生涯树成长的那片森林。不同于树的是，大多数地理学家具有流动性：他们所记录的地方、事件、人物和思想往往大尺度地跨越了国家和语言的限制。因此，只有结合他们职业生涯的展开环境，我们才能充分理解他们在职业意义和根隐喻上的偏好。

四、环　境

29　　　　　一个人的生命旅程可被视为"环境碎片"之谜。这些碎片彼此接合，都有助于阐明即将到来的最后一块碎片。（Jaatinen in CC：65）

　　斯蒂格·贾蒂宁（Stig Jaatinen）写道："地理学家如果没有机会用自己的感官亲自体验不同的地方和自然，就会感觉自己像一条躺在干涸土地上的鱼。"他指出，最能激发自己研究兴趣的是奥兰群岛①（Aland Islands）。"奥兰群岛就像拉普兰德②（Lapland）一样，是能'让人上瘾'的景观。"（CC：65）这与马克斯·韦伯（Max Weber）的说法相比，是如此坦率。马克斯·韦伯认为："城市及其自身都是艺术史上产生的重要现象……它同样产生了现代意义上的科学。"[Weber,（1919—1921），1958：234]安瓦尔·萨达特③（Anwar Sadat）在深思后提出：

①　奥兰群岛，位于芬兰的西南沿海波罗的海波的尼亚湾入口处。——译者注
②　拉普兰德，位于挪威北部、瑞典北部、芬兰北部和俄罗斯西北部，有四分之三处在北极圈内。——译者注
③　安瓦尔·萨达特，埃及政治家，推行"积极中立""不结盟"政策。——译者注

"人类的乡村是其内心的宁静之所，但若有人在身后将门关闭，就再也无法享受内心的宁静了。"面对 20 世纪 70 年代末与以色列签订的和平条约带来的挑战，萨达特依靠"内在的力量……在开罗中心监狱的 54 号囚室中产生了这一认识"（Sadat，1977：303—305）。从童年到老年，创造力和环境之间有着千丝万缕的联系。加斯东·巴什拉（Gaston Bachelard）也记述了空间的诗意和空间分析的潜在价值 [Bachelard,（1958），1964；Tuan，1982]。在创造过程的关键阶段，特别是在初始和综合的阶段，对环境的感知和情感具有特殊的意义（CC：119—142）。

当今天，我的资深同行被问及选择地理学作为其专业和职业的原因时，大多数人论及了他们童年所处环境的真实特征。正是由于与他们所处地理环境的直接接触以及对其文化历史的探索，或者出于对国家地位发展的情感牵连，许多人形成了对现实的地理感知（Vilà Valenti，G37；Kostrowiciki，G59；Hoosson，G60）。威廉 - 奥伊森（William-Olsson）回忆起他在伦兹伯格（Lundsberg）的学生时光："（在伦兹伯格）最美好的经历莫过于米瓦兰森林和湖泊风光、它那北欧人享有的可以滑雪的冬天和北极光，以及那里诚恳的人民，包括小农场主、烧制木炭的人和炼铁工人。"（William-Olsson in PG：156）

对孩童时期环境的记忆有着不同的形式。有些人更多留下的是视觉记忆，有些人则对听觉、嗅觉和触觉有更多的回忆。很少有人强调童年时代那些与感官和情感体验无关的、纯粹的知识刺激物或好奇心。威廉·米德注意到："对过去场景的记忆是与色彩密不可分的。色彩的不和谐也会分散回忆的注意力。"擅长视觉记忆的人应该被带到美国西部开阔的空间和高原，挪威西部的大瀑布或者外海上，这也许是自然而然的。"相比之下，洞穴和飞机客舱环境是令人不快的。我骑在马上比坐 *30* 在汽车这种令人感到压迫的盒子里更快乐。"（Mead in PG：58）

职业意义和根隐喻的选择无疑会受到孩童时期日常生活方式的影响，如父母的职业。许多地理学家都是专业人士、教师、公务员、商人或外交官的子女。对他们而言，地理学意味着对地球上未知领域的探索或为人类提供教育服务。也有一些"圈内人士"，如亨利·恩贾尔伯特（Henri Enjalbert）。作为塞加拉（Segala）一个农民家庭的第三个孩子，恩贾尔伯特说："我知道怎样用镰刀收割庄稼，如何修理联合收割机。我也用过手动犁和多组铧犁拖拉机。在墨西哥的旅途中，我总能轻松地与农夫聊天，因为我知道玉米的习性，也知道它适合在怎样的土壤上种植。"（Enjalbert in PG：127）人们喜欢的研究焦点也受到环境体验的影响。"个人对某一研究主题的选择可能源于闪电似的灵感。当他在工作环境中感到舒适时，往往更容易产生这种灵感。布兰查德（Blanchard）就曾在阿尔卑斯山和魁北克有过这样的经历。在一个与当地居民难以融洽交流的环境中工作，结果常常相当令人失望。追求所选工作的最佳保障是能对研究对象有积极的情感依恋。"（George in PG：124）对卡尔·布特兹（Karl Butzer）来说，选择西班牙作为考古学和生态学研究案例地的初始吸引力不仅与其色彩和地中海气候有很大关系，也受到该工作环境的社会特性的强烈影响（Butzer，G63）。地中海世界确实对来自北欧和中欧的地理学家具有巨大的吸引力，甚至对那些从未去过地中海的人也是如此（Hard，1973；Claval，1986）。

那些超越个体经验，"渗入个体，却又延伸到个体生活之外的结构是什么"[Dilthey，（1913），1967]？作为一门在不同的环境中实践发展的学科，地理学（结构化）的"内容、价值和目的"又是什么？霍拉西奥·卡佩尔（Horacio Capel，1981）和奥拉维·格兰诺（Olavi Granö，1981）都概述了在社会和科学对这些环境挑战的普遍反应而设定的外部目标的影响下，地理学制度化和实践定位的方式。在整个20世纪地理学的探究活动中，是否有人认同或明或暗地存在某些他们为之服务的基本的人类利益？

作为一门学术性学科，地理学的建立是经过深思熟虑的政治行为。这在每个民族的传统中都是被客观记录的事件。从那一刻起，人们可以合理地假设，该学科的实践者被期望为其所在国家教育和研究方面的利益持续地做出贡献。因此，探究环境影响的一种方法就是去探索那些地理学著述 *31* 看上去主要为其服务的公共利益集团。当然，这并不是否认个体独立追求的所谓纯粹学术的价值。他们中的许多人的确都有全球性的诗意想象。这也不是否认在个体性的实践中形成的潜在的独特性。它主要试图通过跨文化比较，发现地理学国际化实践中外部挑战的痕迹（图 1-6）。

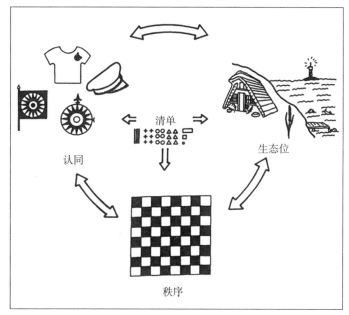

图 1-6　持续存在的环境关注点

在不同的传统中，地理学著述所服务的公共利益可以被识别为四个不同的星群：认同（国家、区域或地方认同）；秩序（空间的、结构的或行政的秩序）；生态位（资源、生存空间或人口基数、人口潜力）；

清单①（与某人的世界相关的信息与知识交流）。这些术语的真实内涵在不同文化和不同时期中有所不同，但其涉及的基本的人类利益实际上是具有普遍性的（Cassirer，1946，1955；Habermas，1968；Lefebvre，1974；Berque，1982）。

认同（Identity）包括人类在发展自我认同的符号、认知模式以及想象其所处地方在世界上的形象时所表达出的长期兴趣。在地理学文本中，这些兴趣早期主要由地域性研究的作品来推动，尤其是那些强调区域"个性"的作品、景观所镌刻的文明、乡土课程（家乡区域的研究）、国家地图集等。后来主要体现在有关地方感、地方形象以及空间感知的研究中。

秩序（Order）包含了在空间、时间和社会层面对管理和"维护"集体生活的兴趣。这些兴趣体现在有关交通、城市结构和土地利用、边界划分和领土的行政区划、人口分布、居留地以及中心地等级体系等问题的研究中。

生态位（Niche）意味着对生物生态的生存与扩张的研究兴趣，并由此界定领域和范围。毫无疑问，这些兴趣很明显地能在为普遍优化农业、林业和经济增长而开展的自然资源、气候和土壤调查中得到体现。最近有关领土权和人际距离的研究再次体现了地理学研究长期存在的某些优势。

清单（Inventory）指的是人们对自己或者他人的土地相关信息的兴趣。探险家、地图集制作者及旅游指南的编制者提供了关于地球表面和人类的"智慧"与科学知识。当前，地理信息系统的设计师面临着类似的挑战：给出可理解的和可靠的有关地方、资源、事件和过程的清单。

---

① 清单，意指知识清单或知识列表。——译者注

20 世纪中叶，许多重要的地理学文本都试图将上述所有兴趣点结合起来。经典的区域研究就是如此。随着主题性专业研究的兴起以及从描述到解释的相关努力，研究通常聚焦于某一方面的兴趣。随着一个世纪以来受众和赞助者的变化，优先的兴趣领域也发生了明显的变化。由于民族国家作为地理学研究主要的赞助者越来越居于主导地位，这也促使人们倾向于通过价值观和国家利益标准来设置和淘汰其所研究的问题（图 1-7）。[21]

33

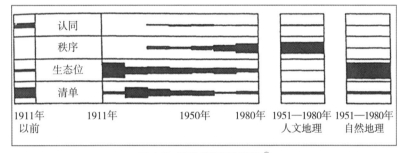

图 1-7　地理学和国家利益 ①

20 世纪初，作为地理学训练的第一块基石，"家园研究"所体现的一个主要价值在于增进爱国情怀和区域认同。在北欧，乡土课程教授的也是认同与生态位之间的联系。当时的生存空间理论对其最终的地缘政治后果一无所知（E. Kant，1934；Buttimer，1987）。地理学家在西班牙复兴中的作用则明确指向民族精神的重建（Gomez-Mendoza and Cantero，1992）。如果不将其置于 20 世纪上半叶法国地方和区域生活的背景下，法国小地域研究的经典传统就很难被理解。当然，在 20 世纪前几十年里，认同与生态位之间的联系也引起了其他许多学派的关注：

　　每个人都想知道他应该关注什么。一旦他知道这一点，这方面

———————
①　基于对 1880—1980 年瑞典博士学位论文的研究。

的研究价值就会提升，研究内容就会更为丰富，重要性也会相应增加。因此，增加对家乡知识的了解会增进人们对家乡的情感，并使其变得更为温馨，同时具有更丰富的内涵。随着知识的增长，人们的视野会变得开阔，家园也将呈现为某个大的区域整体或者祖国的一小部分。对家乡的热爱会由此扩展到所有的土地和人民。(Nelson, 1913, trans. T. Hägerstrand)

随着作为学科中心目标的古典地域描述传统的消亡，以及自然和人文各分支学科的分离，人们对认同和生态位的研究兴趣开始让位于对秩序的研究兴趣。此外，两次世界大战不仅破坏了人类所认同的国家形象，而且使许多人远离了单一的教育学或书面成果的追求，转而投身于实践应用工作。对地理学家而言，无论是为了应对相关科学的挑战，还是为了适应新的职业取向，空间秩序和功能组织的问题都被置于更重要的位置：

我在里尔①(Lille)度过的十三年，增加了我对经济和社会问题的敏感性，这也刺激了我的许多后续研究。马克斯·索尔(Max Sorre)成功地为我植入了思想的种子，里尔则为我提供了可以使种子开花结果的肥沃且多样化的土壤：当地常见的"雇主协会"的传统和偏见、煤矿工人和纺织厂女工所经受的严酷的生活方式，一个19世纪意气风发的先锋地区突然面临以煤炭和纺织为基础的经济的消亡；一个切断注定要和谐共生的欧洲人民之间联系的、荒谬的、人为划分的政治边界，不同时期、不同种族移民的融合以及教会和政府关于教育问题的竞争。这些是当时我头脑中的处于转型

34

---

① 里尔，法国北部最大的城市，也是法国第四大城市。——译者注

期的世界的形象，我不能确定未来会怎样。（Beaujeu-Garnier in PG：143）

第二次世界大战后，初期一代的欧美学者将人文研究的兴趣主要置于与秩序相关的研究领域：区域发展、城市重建、土地利用模式的合理化、行政边界的调整等。空间组织中的区域复兴和功能理性精神成为联结许多不同语言和文化背景研究者的纽带。在北美，这种新的精神迅速引发了地理学实践的一场变革。理查德·莫里尔（Richard Morrill）回忆道："这些信息简直就是我们需要的用以抨击美国中西部传统堡垒的救世主。它们能使其改变信仰。"（Morrill in PG：201）在这种对理性秩序压倒一切的热情中，几乎没有人停下来思考这些新的结构、计划与认同和生态位方面的其他人类利益有怎样的关联。第二次世界大战结束后，国家与区域认同的相关议题被淡化。有关生态位的议题也近乎销声匿迹，直到20世纪60年代后期出现对生态问题的关注浪潮。那时，许多学派中地理学领域的自然和人文分支学科已经成为制度性的现实，很少有人能够有底气地处理秩序与生态位、经济与生态秩序等问题。

其他派别的批评开始动摇地理学对秩序的过度关注。但是，这究竟服务于谁的利益？管理当局还是"人民"？国际资本还是劳动力？人文主义者试图揭示野心勃勃的合理化计划对日常生活的影响，这是前一代人乌托邦梦想的骄傲和荣耀；唯物主义者则再次以秩序的话语指责这一代人向权力妥协。整个20世纪70年代，感知研究以及对价值观的强化意识重申了地理学和人类利益所面临的挑战。

从人类利益优先的视角审视环境，打开了对地理学实践进行探索和反思的巨大潜在空间。现在，我们仍需注意这三个解释主题的交织方式：

不同的隐喻或认知模式是如何与不同类别的职业意义相联系的？又是如何与持久的人类（环境）利益相联系的？

五、尺度与整合

35　　　意义、隐喻、环境构成的三部曲为人们理解学科思想和实践提供了基于背景环境的框架，这也是开展各种实证研究的启发性框架，同时为来自不同专业研究领域的研究人员开展批判性对话夯实了基础。这一框架对知识整合的普遍问题带来了怎样的深刻见解？它有助于阐明在特定时刻或时期，实践性、技术性和理论性知识兴趣之间的相互作用。迄今，它仍是阐释共时性研究的最好的框架。这个框架并不完美，缺少一个关键性因素，即时间和空间的规模尺度。瑞典博士学位论文的研究兴趣所关注的空间尺度揭示了以下模式（图 1-8）：[22]

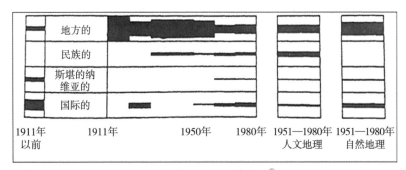

图 1-8　地理研究的尺度范围[①]

　　虽然这个学科的自然和人文分支之间存在重大差异，但第二次世界大战以来，国家尺度研究的重要性日益增加。这或许是大多数西方学派

---

①　基于对 1880—1980 年瑞典博士学位论文的研究。

的特征。四个根隐喻所适用的探究范围存在显著的差异，它们对时间，即"过去、现在、未来"的看法也存在差异。

例如，个体根据他们的职业承诺所采用的隐喻风格似乎存在一致性：有机体和舞台的隐喻风格是宣传和教化常用的职业技能；机械主义和马赛克则适用于理解和应用。不同的根隐喻为不同类型的环境利益服务的方式似乎也存在一致性：在有关国家或地区认同的论文中，有机体主义者的文章更受青睐；在有关秩序的研究中，机械主义或形式主义的模型更受欢迎。正如沃恩茨和其他人所指出的，有机体主义或机械主义的整合框架确实趋向于包含更广阔的（国际的、全球的）兴趣视野；马赛克和舞台发散性视角则趋向于聚焦地方和特例研究（Warntz，1964）。这样的一般化概括也存在许许多多的例外。例如，有机体主义不仅激发了对地方的综合描述，也激发了对全球尺度的综合描述：个例可以被当作他者的缩影。马赛克作为形式主义方法的根隐喻，也在国家地图集中得以应用——这无疑是地理学家在阐明区域和政治认同问题上最显著的贡献。要理解知识整合的问题，就需要理解在这些思想和实践领域中，某一领域的变化是如何通过其他领域产生广泛而长久的影响的，不管这种变化的刺激因素来自内部环境还是外部环境。

即使是结构主义者，其对研究实践形成过程中内部和外部因素相互作用的质疑也需要考虑尺度问题。在我们所研究的职业描述中，反复出现的问题是，研究风格在多大程度上是根深蒂固的思维习惯或"研究范式"的产物，或者仅仅是实质性挑战及物质环境的作用（Fleck，1935；Kuhn，1970；Teich and Young，1973；N. Smith，1979）。来自地理学和其他学科的证据显示，一旦针对特定难题的解决方案的研究模型变得明确，并被确立为"正常的科学"，它们就会寻求更广泛的应用领域。在马赛克框架内进行的研究很好地解决了地理学空间秩序的问题。一旦这种分析技术被应用于人口分布、资源、定居点类型或行政边界、道路、学校或产业的位置确定等方面，得到优化，它就会被巧妙地应用到其他问题上，如区域认同和地方感。德温特·威特利斯（Derwent Whittlesey）将"相继占用"这个隐喻拓展到随时间变化而发生的景观变化研究（Whittlesey，1929）。20 世纪 60 年代，地理学家会论及感知的"机制"，这与之前有关工业区位和零售业机制的研究所使用的术语类似。看来，一个根隐喻一旦流行起来，并且其分析程序得到优化，就会具有持续的吸引力，无论它探究的是什么领域的问题。

值得注意的是，那些经历过偶然的意识形态取向变化的研究者，往往会坚持他们过去的根隐喻。但也有些倾向于作为客观的"局外者"的研究者，在谈到文化景观时滔滔不绝，之后就像潜在的"局内人"一样撰写出关于景观品味和环境感知的文章。某些"产业组织体系"的知名37　权威学者，也会就"统治制度"或"贫困/统治周期"布道。形式主义的分类方法适用于就"日常生活的空间"和"表征的空间"展开认识论层面的探讨；机械主义的方法则适用于学科变革和转型方面的论述。

但是，唯物主义者可能会争辩说，这不是思想层面的问题，而是有关技术发展及其对人类地理经验和学科实践影响的问题。第二次世界大战前，分布学的研究实践和对区域资源的详尽清单并不能为其中一方制定进攻或防御战略提供准确的信息。例如，在战争阴影下发展起来的运筹学研究创新和空中"野外"探险，无疑造成了地图投影和对世界认识的那些根本性变化。最终，许多应征入伍的地理学家以及战后国家国防相关部委研究资助机构中的官僚常用的根隐喻发生了一些根本性变化（PG：185—195）。

第二次世界大战以后，无论是战胜国还是战败国，其地理学流派中的系统思想拥护者比比皆是。基于机械主义的根隐喻，人们不仅可以依靠另一种真理理论和独创方法分析社会问题，而且可以用一种"革命性"方法的种子应对人类和世界在经历了迄今为止难以想象的大屠杀之后所面临的挑战。对20世纪40年代后期和50年代初的许多年轻地理学家而言，职业的意义在理解和应用层面得到体现。他们满怀信心地被曼海姆（Mannheim）的理念感染，即追求科学目标的知识分子不受意识形态或乌托邦的迫害（Mannheim，1946）。

20世纪60年代至70年代初期，语境主义的转向已经很明显，并促进了对地理学所传承的几乎所有思想方式和实践成果的批判性反思。英美地理学界的档案显示，英美地理学界对形式和过程的隐喻（马赛克和机械主义）存在明显的偏好：探究风格以分析为导向（无论是经验主义者还是理性主义者的修辞风格），并且其所宣称的导向都是"纯粹的"或"应用的"；在意识形态层面，英美地理学界表现出平民主义或注重管理的倾向。在国家学术界或管理当局不断转变优先资助领域的背景下，这种模式能否反映本学科所声称的在认同、秩序和生态位方面所取得的成功？以下的循环解释的确存在：思维和实践方式（各种思想）清楚地反映了赞助者和受众的生活方式（生活的种类）和世界观。

无论是在时间上还是在空间上，尺度的范围都很难用客观的笛卡儿①（René Descartes）式的方法来描述。文化价值和意识形态的承诺以充满情感的方式描绘了这些视野。帝国主义国家的地理学家在地理学文本生产中最多产，已经为其研究主题贴上了标签，为其模型和子领域 *38* 申请了专利。但我们不清楚的是，其他国家的地理学家——前殖民地的或后殖民地的、独立的或联合的、拥有古老文化传统的或忙于创造新文化传统的——是否已经明显脱离了前帝国主义国家所设定的趋势。20

---

① 笛卡儿，法国著名哲学家、数学家、物理学家。他是西方近代资产阶级哲学奠基人之一。——译者注

世纪后期，许多地理学家面临的巨大挑战是如何权衡学科正统（和国际知名度）的利益以及社会在朝向文化和经济方面发展的共同利益。[23]

意义、隐喻、环境和尺度，这些主题可被分解成一系列需要进一步探究的复杂问题。变化着的外部环境以及这些问题中任何问题的内部发现都会通过其他问题接受反馈，并随着关注视野的变化而变化。这四个解释性主题都有其内部和外部指向：对内指向认知主体的职业轨迹，对外则指向作为国家资源的一种政治经济产品的地理学实践。如果贡纳·奥尔森（Gunnar Olssonis）是正确的，那么，雅努斯所关注的就是创造力（Koestler，1978；Olsson，1984）。这一框架为基于特定文本考察职业意义、认知模式和环境相关性的对应关系创造了条件。它推动了对特定时期或产品的共时性研究。从本质上讲，它无法提供使职业生涯转变和中断的线索，那些突然发生的变化当然源于社会宏观环境在价值层面上的巨大变化。为了理解地理学的实践，我们需要将其置于西方思想史更广阔的框架中。下一章，我们将应对这一挑战。

第二章

西方人文主义戏剧

在雪莱（Shelley）《解放了的普罗米修斯》（*Prometheus Unbound*） 39
中，阿西亚（Asia）吟诵道：

> 谁在统治？最初是天和地，
>
> 光和爱；然后是萨登，
>
> 它挑落了"时间"的王座，留下后者嫉妒的影子
>
> 地球上最初的生灵便由他任意播弄，
>
> ……
>
> 于是普罗米修斯，
>
> 把智慧，也就是力量的源泉，给了朱庇特，
>
> 只附带了一个条件："让人类自由"，
>
> 为他披上广阔天国的盛装……
>
> 他给了人类语言，语言创造了思维，
>
> 这正是考量宇宙的标尺；
>
> 科学则撼动了天和地的王座，
>
> 它们的地位被动摇，但却仍未被从王座上挑落。①
>
> ——Shelley，1820

① 译文参考《解放了的普罗米修斯》（雪莱著，邵洵美译，59～60页，北京，人民文学出版社，1957），略作修改。——译者注

从普罗泰戈拉（Protagoras）到蒲柏（Pope），从蒙田（Montaigne）到马塞尔（Marcel），西方学者曾经声称："人类的研究完全是为了人。"地理学家的研究可能会完全符合这个口号。它提醒所有人，现代人是陆地上的物种，其研究主要基于特定的环境——尽管人类已经创造出多元的文化，并受神话和象征物的启发。伯特兰·罗素（Bertrand Russell）认为，文明可以从他们最关注的事物中得到最佳的理解。在他看来，中国试图掌控集体生活，印度努力掌控意识，西方则显示出征服自然的持久渴望（Nakamura，1980）。征服自然被视为西方科学和技术发展的驱动力，犹太教、基督教的传统则经常被认为是以开发的态度对待自然资源的意识形态渊源（L. White，1967；Leiss，1974；Passmore，1974；Doughty，1981；Kay，1989）。这种全球性的声明既揭示出人类本性在文化解读中的重要差异，也掩盖了那些存在于每个文明内部的张力（Kirk and Raven，1962；Glacken，1967）。

地中海世界以及古希腊和古罗马文学促使人们考察引导性神话和西方人文主义的语境基础。人文主义的地中海模式拓宽了几乎所有欧洲人文主义者的学术视野，地中海世界本身由于拥有地理多样性也经历了文化历史的变迁兴衰，对那些今天在地理学领域重新被命名为人文主义观点先驱的地理学家具有巨大的吸引力。亚历山大·冯·洪堡（Alexander von Humboldt）、卡尔·李特尔（Carl Ritter）、乔治·帕金斯·马什（George Perkins Marsh）、维达尔·白兰士（Vidal de la Blache）、埃伦·丘吉尔·森普尔、费尔南·布罗代尔（Fernand Braudel）、阿尔弗雷德·菲利普索（Alfred Philippson）、马克西米利安·索尔（Maximilien Sorre）、约翰·科特兰·赖特（John Kirtland Wright）、克拉伦斯·格拉肯等，都在地中海世界开展了案例研究。在推断创造的本质时，古希腊的思想家坚持深刻洞察思想、自然与人类社会相互作用时明显存在的联系。格拉肯确定了三个永恒的主题，即被设计的地球、环境对人类的影响以及人类作为环境的改造者。这些主题已经渗透到西方有关人类与环境的思想中，所有这些又都可以追溯到古希腊（Glacken，1967）。

西方世界对人类精神的描述必然会提到反复出现的、著名的普罗米修斯的神话。正是普罗米修斯为人类从众神那里偷取了火种。在公元前5世纪演出的《被缚的普罗米修斯》（Prometheus Bound）中，埃斯库罗斯（Aeschylus）描述了这个潜在的像路西法（Lucifer）和亚当（Adam）一样敢于违反规则，最终受到处罚的英雄。"这一切你都知道了，我也没什么可说的。"普罗米修斯回答道：

> ……我要说的，你们早已知道。
>
> 且听人类所受的苦难，且听他们先前多么愚蠢，我怎样使他们变聪明，使他们有理智。
>
> 我说这话，并不是责备人类忘恩负义，
>
> 只不过表明一下我厚赐他们的那番好意。
>
> 他们先前视而不见，听而不闻；
>
> 好像梦中的形影，一生做事七颠八倒；
>
> 不知道建筑向阳的砖屋，不知道用木材盖屋顶，
>
> 而是像一群小蚂蚁，住在地底下不见阳光的洞里。
>
> 他们不知道凭可靠的征象来认识冬日、开花的春季和结果的夏天；做事全没个准则；
>
> 后来，我才教他们观察那不易辨认的星象的升沉。
>
> 我为他们发明了数学，最高的科学；
>
> 还创造了字母的组合来记载一切事情，
>
> 那是工艺的主妇，文艺的母亲。

41　　　　　我最先把野兽驾在轭下，给它们搭上护肩和驮鞍，使它们替凡
人担任最重的劳动；

我更把马儿驾在车前，使它们服从缰绳，成为富贵豪华的排场。

那为水手们制造有麻布翅膀的车来航海的也正是我，不是别的神。

我为人类发明了这样的技艺，

我自己，唉，反而没有巧计摆脱这眼前的苦难。[①]

（Aeschylus, *Prometheus Bound*，442—471）

续作《解放了的普罗米修斯》和《盗火的普罗米修斯》（*Prometheus
the Fire-Bearer*）已经遗失。也许存在以宿命论的术语来解读这个神话
的倾向，即人类对生活和景观的技术掌控能力是朝向一个不计后果的结
局发展的。雪莱和歌德等人并不认为必然会产生这样的后果（Berman,
1982）。事实上，正如查理德·科尔尼（Richard Kearney）所指出的，
根据《新约》，这个神话的结局会彻底改变（Kearney, 1988）。[1] 回
顾地理学及人文主义的故事，我们可以发现另一种对基本神话的诗意
阐述。

本章认为，西方人文主义的本质精神可以被看作在生活或思想的完
整性需要被认定的时代和地方发出对人性的呼唤（解放的呼唤）。这种
典型的普罗米修斯式的激情，在西方思想和生活的不同阶段，都遵循着
一种能被菲尼克斯、浮士德和那喀索斯符号化的循环模式。这一三部曲
能与第一章中基于职业生涯故事和专业实践传统的描述产生共鸣：宣传
（创造力和人性、人文主义）、教化（教育和人文精神）、理解（认知的
人文主义模式）和应用（适当的行动、关注人类社会或人道主义）。如

---

① ［古希腊］埃斯库罗斯等：《古希腊戏剧选》，罗念生等译，23页，北京，人民文学出
版社，2008。——译者注

果说第一章构建了一个对职业生涯进行共时性考察的框架，那第二章将拓宽视野，构建一个对地理学和人文主义从希腊—罗马时代到 20 世纪所发生的转向进行历时性考察的框架。

一、菲尼克斯、浮士德、那喀索斯

　　菲尼克斯为西方历史上那些解放的时刻，也就是新的生活从灰烬中诞生并期待一个崭新开端的时刻，提供了一个合适的符号。在个体的职业生涯以及国家、文化团体、学科的发展进程中，我们至少可以辨认出两种对解放的呼唤。一种是在被压迫、被遗忘或被约束的视野中寻求自由，另一种则是试图刷新对理解、存在与变化过程的认识（图 2-1）。当学院、教会、国家、垄断组织或工人阶级试图垄断思维和生活时，某种人文主义者的抗议就会出现。苏格拉底曾以寓言驳斥了诡辩名家信口开河的唯我论回答。皮科·德拉·米兰多拉（Pico della Mirandola）也在 15 世纪挑战过教会的教条主义，这为两个世纪后詹巴蒂斯塔·维科[①]（Giambattista Vico）重新诠释文化的历史铺平了道路。18 世纪的学者猛烈抨击了启蒙运动的理性主义主张，这也预示着与歌德和浪漫主义者相联系的那些解放思想的杰作的诞生。19 世纪的克尔凯郭尔（Kierkeg-aard）、尼采（Nietzsche）、陀思妥耶夫斯基（Dostoeviski）、圣埃克絮佩里（Saint-Exupéry），20 世纪的加缪（Camus）与萨特（Sartre），都恳求关注被遗忘或被忽视的人性这一维度。

42

[①]　詹巴蒂斯塔·维科，18 世纪意大利著名的语言学家、法学家、历史学家和美学家。他明确提出人类社会的历史是人类自己创造的，对人类社会历史的研究不仅应该作为一门新科学存在，而且应该在一切学术研究中占最重要的地位。——译者注

图 2-1　菲尼克斯：对人性的强烈呼唤，在召唤生活和思想的新视野中不断重生

　　当然，对人类自由的颂歌并非总是理所当然地源自反抗的情绪。人文主义者的全部曲目中最甜美的歌曲往往是无缘无故地出现的。艺术、文学、科学、音乐、精神生活或政治中出现的新奇想法往往是对全球关注的问题的意见表达，慷慨地流露出对知识、生活和美的激情。布鲁诺（Bruno）、塞万提斯（Cervantes）、歌德、雪莱、德日进（Teilhard）、聂鲁达（Neruda）以及其他许多人都带来了超前于他们的时代的信息。其共同点是，他们当时并未立即得到赏识，而是经常被忽视，甚至不得不在声音被听到前成为殉道者。菲尼克斯从昔日梦想的灰烬中升起，如果思想风气对接受新事物的冲击极不友好，它就不得不再度浴火重生。

　　因此，菲尼克斯的关键点在于解放思想。它激昂的呐喊所包含的远 43 不止对知识分子自由或社会改革的呼吁。西方历史上的人文主义运动力图重申人性的道德、审美和情感维度。有时，他们侧重于那些被暴政压制的维度；有时，他们会唤起对那些被遗忘或沉默的维度的怀旧情绪；

其他一些时候，他们会指向迄今未被探索的领域。能成功吸引读者的往往是以确认先前曾被忽视的东西的强烈欲望为基础，生产出新的正统观念和结构。

这就进入象征性图景的第二个阶段：浮士德。西方模式的特征是，一旦新的想法出现，人们就会把精力直接投入为其自主存在和认同而建立的结构、制度和法律保障方面。歌德笔下的浮士德，这一努力追求崇高目标的人类灵魂（为崇高事业而努力的人类精神），无愧为这一阶段的核心符号（图 2-2）。

图 2-2 浮士德：始终在为人类进步建构"他崇高事业中的人文精神"

对于开拓精神来说，最珍贵的往往是思想本身，以及它所预示的思想和生活的新前景。当前社会利益沟通或关联的细节可能是简单乏味的，因此，菲尼克斯热情欢迎那些触发事件的援助之手，并且也是在由解放的热情最能被感受到的各种新运动的架构联系中成长的。当这个想法连同它的法律和制度基础被社会普遍接受时，质变就发生了。开拓精神逐 *44*

渐消退，后一代人会将精力尽可能多地投入结构的保持和复制中，以延续最初的解放理想。浮士德亦然，他一刻不停地在为人类的利益进行建造。一旦他停下来凝视着自己的成就，说出"停歇片刻吧，世界如此美好"，诱惑者靡菲斯特（Mephistopheles）就将伺机偷走他的灵魂。[2]最终，最初的解放思潮与寻求固化甚至进一步推动的结构化之间的张力出现了。纵观诸多不同取向的人文主义精神运动，我们有可能辨别出某种社会思潮或基本精神，以及寻求某种结构，以探索人文主义的前世今生。苏格拉底的辩论会变成了某种学术组织；地下洞穴群变成了教廷；工人和农民之间的互助网络变成了联合工会和合作社；具有某种共同的民族认同意识的人构成了具有地理界限的民族国家。

　　个体或团体在思考日常经验中出现的精神与信仰、梦想与现实之间的张力和明显矛盾时，会出现某种反思的情绪。它被符号化为那喀索斯，一位前往赫利孔山沉思的朝圣者（图2-3）。典型的此类情形是理想化构思计划和创新运动变成了笨拙的结构和自我延续的官僚机构。

图2-3　那喀索斯：理想与现实之矛盾中的彷徨与沉思

在赫利孔山，那喀索斯有两个基本的选项：凝视自己在希波克拉尼（Hippocrene）水池中的倒影或倾听女神的话语。与菲尼克斯和浮士德一样，其间也存在矛盾。精神和信仰、社会思潮和结构之间的张力，可能会引发批判性的反思、档案研究及对身份认同的追求。有些人可能坚持通过珍视自我形象来解读语境，对现状进行重申。有些人可能变得忤逆，寻找各种理由来谴责祖先。这个反思的时刻可以让我们深入洞察导致当前困境的所有过程，更好地理解历史和事件的戏剧性及其背景。由此，那喀索斯随时可能准备摆脱常规方式的束缚，并为新的选择铺平道路。事实上，历史表明，菲尼克斯的重生必须经历前所未有的痛苦死亡。历史也充分证明了人类的韧性和再次尝试的勇气。

这种人类经验的循环在西方历史中反复出现，故事中也存在这种带有线性序列的线索。我们从未在这些循环中发现人类或地球处在与以前相同的状态中。历经几个世纪，一些旋律和未解决的矛盾持续到了 20 世纪。周期性和线性的描述能帮我们将 20 世纪后期的挑战置于更广阔的历史框架中（图 2-4）。[3]

二、人文主义地理学

近几十年来，"人文主义地理学"这一术语在地理文献中得到了广泛的应用，其内涵也是多方面的（Tuan，1976；Ley，1983；Daniels，1985；Rowntree，1986，1988）。可被归入这一范畴的词因国家或语言传统而异。在某些情况下，社会、文化、人文的术语实际上是可以互换的（Racine，1977；Relph，1981；Claval，1984；Ballasteros，1984；

46

图 2-4　菲尼克斯、浮士德、那喀索斯：西方故事中的周期性重复

Godlund，1986）。对其他领域的学者来说，"人文主义"已经成为历史地理学、政治地理学和文化地理学等已确立的子领域中新方向的前缀（Daniels，1985；Brunn and Yanarella，1987；Rowntree，1988）。

有些人认为，人文主义意味着一种在科学客观主义主导的时代对人类主体的回归（Ley and Samuels，1978；Mackenzie，1986）。有些人强调人类的态度和价值观，有些人则强调文化遗产；有些人注重建筑和景观的美感，有些人则注重地方在人类身份认同中的情感意义（Bowden and Lowenthal，1975；Meinig，1976；Seamon and Mugerauer，1985；Pocock，1981，1988；Rowntree，1986，1988）。许多人都在解决社会或环境问题上提倡人类的同情心和参与，有些人 47 也提醒人们注意 20 世纪早期的和平朝圣者卡珊德拉[①]（Cassandra）对环境滥用的警告（Thomas，1956；Buchnan，1968；Bunge，1973；Santos，1975；Guelke，1985）。鉴于环境破坏以及文化与政治的激进变革，人类和地球受到广泛关注（White，1985；Johnston and Taylor，1986）。无论从何种意识形态立场来看，人文主义的观点论据通常都基于这样一种信念，即很多人认为，人文地理学一定还有比第二次世界大战后"科学改革"中出现的由物质驱动的机器人上演的死亡之舞更恐怖的东西（Ferrier，Racine and Raffestin，1978；Ley and Samuels，1978；Ley，1980；Daniels，1985；Folch-Serra，1989）。

有些人对这种人文主义转向持怀疑态度，认为这是一种倒退的记忆缺失，是对现实问题的回避，是对神秘事物的退避，或者仅仅是对现状的无力的批评（Entrikin，1976；N. Smith，1979；MacLaughlin，1986）。前代学者怀疑，对人文主义的关注最终可能削弱地理这门学

---

① 卡珊德拉，希腊、罗马神话中有预言能力的特洛伊公主。卡珊德拉亦意味着预言。——译者注

科的特性，从而导致地理学的崩溃（Wooldridge and East，1952；Leighly，1955）。现今的疑虑不仅反映出结构主义和其他哲学流派教条主义的反人道主义潮流，而且反映了地理学自身内部的分裂。今天，环境敏感论的倡导者哀叹的是地理学自然和人文分支的制度分离。人文地理学是由在两次世界大战争期间进入该行业的个人发起的解放运动的产物。他们从地质学和历史学的亲缘纽带中寻找自由，也被环境决定论的重影所困扰。他们主张对空间而不是环境进行实质性的关注，同时关注以实证主义为灵感的方法论程序，以及与其他科学家的积极互动。第二次世界大战以后，人文地理学家宣称自己是社会科学家，历史和人文学科仅是少数人的喜好和追求。然而，正是由于对马什、维达尔·白兰士、布罗代尔、赖特和达代尔（Darnel）等学者作品的重新发现，以及人们对环境感知中文化差异认识的提高，20 世纪六七十年代才出现了对"人文主义"运动的热情（Darnel，1952；Lowenthal，1961；Tuan，1976；Relph，1974；Harris，1978）。

20 世纪 80 年代初，对人文主义项目的乐观主义情绪大多已经消退。对人文主义的批评来自四面八方："现实主义者"认为前代科学家的 *48* 作品都是离奇有趣、理想主义的。很多人对西方遗产的矛盾和悲剧大失所望，谴责人文主义是罪魁祸首，是自吹自擂的狂妄之源，是一个早该被摒弃的神话（Ehrenfeld，1978；Relph，1981）。批评家的理由之一是，15 世纪早期意大利文艺复兴时期确定的西方人文主义起源的传统实践包含了现代主义的种子。通过联想，人文主义亦被归指为西方人性中的普罗米修斯式冲动。当然，对于资本主义长期以来在全球经济中占据主导地位的生产和再生产权力结构的作用，马克思人文主义者颇有微词（Santos，1975；N. Smith，1979；Harvey，1984；MacLaughlin，

1986）。结构主义批判者则进一步从研究中消除了人的意向性和能动性。后现代主义者在迷宫般的反射镜中构建文本，再现场景，以排除任何关于人类意图或生活现实意义的假设（Jameson，1983；Said，1983；Kearney，1988）。20 纪 80 年代，地理学中一些批判性思维的特征是一种被囚禁在自己的文化世界、幽闭恐惧症和虚无主义以及"用脑袋撞语言天花板"的感觉（Olsson，1979；Dematteis，1985）。人们开始意识到，西方知识遗产在许多方面反映了西方特有的社会历史。

即使这段学科历史相对短暂，但人们依然可以观察到知识生活中的周期性运动。回过头看，20 世纪 60 年代对很多人来讲都是一个菲尼克斯时代。那时，到处都是新的生活。十年过去了，人们看到浮士德式的意志在整个 70 年代创建了新的分支学科、社团和专业团体。20 世纪 70 年代末 80 年代初，社会风气与结构之间出现了许多矛盾，并引发了批判性反思情绪。有些人开始怀念过去，有些人重申现状，还有些人在设想新的曙光（Rowntree，1988；Ley，1989）。

三、地中海的沉思

希腊的思想遗产是多层面的，也是持久的。在苏格拉底之前的时代，希腊思想中关于本体论的推测被断言是以整合的方式包含了人类与地球。自然（整个身体和生活现实）和人类（思想、真理）是赫拉克利特（Heraclitus）和恩培多克勒（Empedocles）的世界观的组成部分（Kirk and Raven，1962）。柏拉图（Plato）认为精神和物质、思维和存在、形而上学和唯物主义之间存在根本区别，并且最终会分离。这之后被视为西方知识观的特点。对人类品质中智力的赞颂和将人类看作比

49   地球上任何其他物种都更高级的看法可归于该学派。然而，在著名的苏格拉底传统中，亚里士多德（Aristotle）和柏拉图的世界观存在本质上的差异（参见第三章）。是否存在一个对自然的智慧运作有计划的神匠，或者说世界是否是一个正在形成的剧场，因为大自然本身具有持续创造的潜力？经过几个世纪，犹太教、基督教、阿拉伯哲学和地理学对人性的定义仍然与古典希腊思想的基本原则相呼应。

　　并非所有的人文主义分支都坚持延续古希腊文学。19世纪早期的德国和新英格兰的浪漫主义者深受古典文学的影响，并从中获得大量的灵感（Bunksé，1981；Kohak，1984）。马克思人文主义学派和萨特存在主义学派则认为，没有必要利用古典文学资源为他们的理论打基础。基督教人文主义学派注重对灵魂的永恒救赎的追求。希腊文化是对其具有启发意义的文化之一，强调美德、怜悯以及对真理的热爱。关于人文主义知识方法（理解）的文献特别揭示了希腊文学典范中的爱恨关系，以致几个世纪以来柏拉图和亚里士多德相继被尊崇和贬抑。

　　据说，"人文主义"一词源于古罗马（Heidegger，1947）。西塞罗（Cicero）认为，与野蛮主义者相反，人道主义者代表着文明的罗马公民。他们的文学和文化博大精深，并在文明生活中承担重要责任。无论好坏，人文主义都与古罗马精神密不可分，因为它是一种通过古希腊式（尤其是古希腊末期）的教育赢得的文明的胜利（Heidegger，1947）。与这一立场形成鲜明对比的是泰伦提乌斯的口号："我是一个人，我认为没有什么是与我格格不入的。"圣奥古斯丁①（Saint Augustine）等人对所谓普世主义的呼吁，成为他所定义的人文主义的核心。直至18世纪，在欧洲人文主义的所有后续发展过程中，人们在定义人性时都倾向

———————————

①　圣奥古斯丁，天主教圣师，古罗马帝国时期天主教思想家，欧洲中世纪天主教神学、教父哲学的重要代表人物。——译者注

于将其与非人性或野蛮相区别。这与普适人性文明参与者的呼吁相反。

　　典型的提议是，人文精神的实现需要人文学科、哲学、文学、修辞和艺术方面的教育，最好是基于希腊模式的教育。人文主义者宣称，教育不是灌输。许多人赞成古典教育，因为它鼓励对自我发展和人道行为的责任感。有些人极力强调宣传一种唤起好奇心、批判性思维和创造发明的艺术。至于个人和社会的行动与行为，以及对人类团体、民主、公民权利、道德自由的本质的争论，我们也能在古希腊与古罗马传统中找到典范。就人类在地球上居住的方式而言，古罗马也遗赠了"阿卡迪亚"［如维吉尔（Vergil）的田园牧歌］和"帝国主义"［如塞内卡①（Seneca）或西塞罗的文学］景观模型之间的紧张关系。这种紧张关系被记录在近期关于人文主义和自然的相关著作中（Pepper，1984）。

　　几乎没有其他任何地中海的思想遗产可以与贯穿欧洲所谓黑暗时代的阿拉伯学者的思想遗产相抗衡。当柏拉图的思想在地中海的北部、西部海岸以及众多半岛的精神生活中起主导作用时，亚里士多德的思想在地中海的南部和东部海滨结出了丰硕的思想果实，并不断从亚洲中心地带延伸到大西洋沿岸的伊比利亚半岛。在以耶路撒冷为中心的世界观框架下，基督徒变得麻木了，阿拉伯水手、朝圣者、商人和制图师却在不断地认识更广大的人类世界。12 世纪，如果没有科尔瓦多（Cordoba）和其他摩尔城（Moor）的阿拉伯人、犹太人和基督徒之间密切的交流，地理学可能永远无法成为文艺复兴中菲尼克斯阶段的一部分。然而，对于许多西方人文主义者来说，希腊—罗马的经典著作远比摩尔文学②有意义。

① 塞内卡，古罗马时代著名斯多葛学派哲学家。——译者注
② 摩尔文学，指阿拉伯文学。——译者注

四、人性（宣传）

文学史学者一般认为，14、15世纪的佛罗伦萨学派是西方现代人文主义的源头。艺术史学者认为，彼特拉克（Petrarch）或弗拉·安吉利科（Fra Angelico）是人文主义的典范。探险家认为，航海家亨利（Henry the Navigator）是人文主义的典范。也有人认为，但丁（Dante）和列奥纳多·达·芬奇（Leonardo da Vinci）是人文主义的典范。可以肯定的是，中世纪黑暗时期出现的菲尼克斯精神，预示着冒险时代的来临（de Santillana，1956）。既导向过去又面对未来的文艺复兴，包含了中世纪稳定性的原型和个人作为新力量与无限视野探索者的设想（Eco，1986）。在这里，人性解放的呼声是关于宗教实践的改革。这一改革涉及《登山宝训》[①]（*Semon on the Mount*）与重新发现希腊经典，回归本源。1486年，皮科·德拉·米兰多拉出版了《论人的尊严》（*An Oration on the Dignity of Man*），从本体论上宣称人类本性应是自由的和可靠的。[4]

文艺复兴时期学者在艺术、建筑、音乐、绘画、哲学领域的壮举，

51 颂扬了那些被遗忘、被压迫或是被迫保持缄默的人性。对于游戏者而言，这意味着田园牧歌式的春日时光中令人欢欣的事物，即使它们是转瞬即逝的。对于工匠而言，这意味着技术所创造的奇迹、可塑性艺术以及共济会[②]所倡导的思想。对于政治动物（政治活动中的活跃参与者）而

---

① 《登山宝训》指的是《圣经·新约·马太福音》第五章到第七章里，耶稣基督在山上所说的话。——译者注

② 共济会，字面之意为"自由石匠"，出现在18世纪的英国，是一种带宗教色彩的兄弟会组织。他们自称宣扬博爱、慈善思想以及美德精神，追求人类生存意义。——译者注

言，这意味着王子和统治者将自身所处的世界标榜为华丽的别墅。对于全人类而言，将人类身体视作宇宙中的微观世界这一想象，作为一种洞见引导我们探索点金术和药学、地理学和占星学之间的联系（Glacken，1967；Mills，1982）。阿拉伯学者对其医学、制图学和数学天赋的重新发现为自然研究开辟了新的领域。13 世纪，多明我会修士恢复了托勒密（Ptolemy）的《天文学大成》（*Almageste*）。这本书激发了哥白尼（Copernicus）、伽利略（Galileo）等人的想象力，促使他们将世界构筑为"完美的工艺品"，并且在宇宙学及天文学的背景下重新定位地球本身（Hasr，1964）。对于地理学家来说，15 世纪是创造性发现非常引人注目的时期之一（Broc，1986）。很少有作品能比得上世界地图[1]，它作为一种窗口使人们看到了基督教已知世界之外的人类文化的多样性。1409 年至 1570 年，先是雅各布斯·安杰勒斯（Jacobus Angelus）翻译了托勒密的《地理学指南》[2]（*Geographie*），之后奥特里乌斯[3]（Ortelius）出版《寰宇全图》[4]（*Theatrum Orbis Terrarum*），彻底改变了欧洲人对世界的印象。在神话故事对地球大小、形状以及异域文化的严重误解的刺激下，葡萄牙、意大利、法国、西班牙和荷兰的探险家们进行了航海壮举，开拓了空间和距离视野之外的新世界。中世纪正统的、有限而封闭的世界被人们探险、征战或皈依信仰所带来的广阔世界所取代（图 2-5）。

---

[1]　世界地图（mappae mundi），指关于中世纪欧洲的世界地图。——译者注
[2]　该书谈到了地理位置的确定问题，提出了一种等间距的坐标网格，用"度"来进行计算。——译者注
[3]　奥特里乌斯，弗兰德学者，地理学家。——译者注
[4]　《寰宇全图》1570 年首次出版，包含 53 幅地图，每幅地图均附有详细注释。——译者注

52

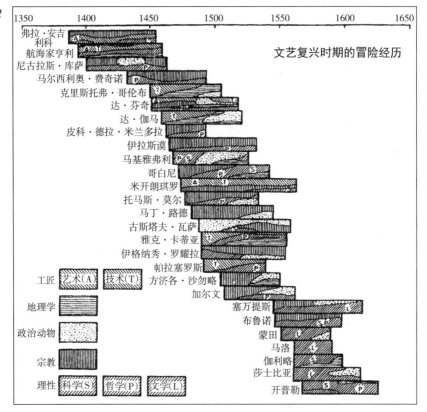

图 2-5　文艺复兴时期的冒险经历 [1]

　　在一个半世纪内，一部分引人注目的杰出人物青史留名。达·芬奇成为艺术、技术和哲学领域的先驱；米开朗琪罗（Michelangelo）和弗拉·安吉利科留下了绘画和雕塑领域的珍品。学者们便于沟通的期望也因印刷术的发明得以实现，他们最终能通过本国语言而非拉丁语进行交流。基督教会的改革也使人们看到了从梵蒂冈霸权中解脱出来的希望。

　　由于意大利人文主义者对世界的好奇心的增强，经典作品被重新发

---

[1]　对工匠、探险者和积极参与政治、宗教、知识生活的人来说，这是一个解放的时刻。要注意到早期菲尼克斯的多元化利益，浮士德及其批评者日益专业化以及多元化的重新出现，即新凤凰诞生之前那喀索斯的"暮色渴望"。

现并广泛传播。尽管这些人文主义者对世界地理仍存在误解，但他们仍从哥伦布（Columbus）和卡蒂亚（Cartier）的航行中获得了启发（Broc，1986）。地理好奇心的进一步觉醒很可能源于后来的航行、贸易和航海所引发的人员和思想的流动以及工匠、旅行者、商人的视野的扩宽（Braudel，1966；Broc，1986）。关于航海的相关描述被翻译成多国语言，使得不像学术型人文主义者那样精通拉丁语的人也能通过阅读生成对地理的好奇心（Matos，1960）。文艺复兴是"对当时所有学术前沿的一场迅猛的冲击，为众多交错着的、无法把握的创新行为所推动，并在不到三个世纪的时间里，在科学时代无休止的急流浪潮中迷失了方向"（de Santillana，1956：9）。

那是一个诗意的时代。它为宇宙学、制图学和人种学开辟了更加宽阔的学科视野，同时见证了景观设计方面的卓越发展和资本主义的崛起（Cosgrove，1984）。它几乎在所有方面都对当时浮士德式的结构提出了颠覆性的挑战。未知领域的新知识挑战着正统，同时破坏了已建立的权威力量，特别是教会的权威。15—17世纪，人文主义的解放诉求针对的是宗教信仰问题。它主要关注的问题是使人与上帝、人与世界和解。世界的轮廓不再被认为是有限的。人文主义者的主旋律是，人类作为一个潜在扩张的宇宙中负责任和具有创造性的推动者，可以通过自己的活动实现这种和解。

当浮士德式的利益在神学以外的问题上发生冲突时，解放的活力经历了一场浴火的考验。桑蒂拉纳（de Santillana）在文艺复兴后期关于戏剧的讨论中描绘过：

> 血腥的宗教斗争导致三十年战争的高潮和大屠杀，但欧洲从未有道德上的好转。在这段时间里，神学家在议会和宗教会议中像磨刀的猴子一样忙碌。在诅咒和反诅咒中，在争取正义和宽容的斗争

中，在主张和平和对宇宙宗教信仰的肯定中，从伊拉斯谟（Erasmus）
延续到伏尔泰（Voltaire），到处都充满了积极的内容和福音所希望
的内容。（30）

反人文主义的抗议也来自教会人士。西班牙和意大利宗教法庭的恐
怖事件是众所周知的，但对人文主义的最明显的谴责来自宗教改革领袖
路德（Luther）和加尔文（Calvin）。他们公然抨击伊拉斯谟。[5] 其中，
关键的阻碍是关于原罪的教义，其对人文主义而言是一种诅咒。我们可
以由此领会到为何 18 世纪，达朗贝尔（d'Alembert）、拉美特利（de
Lamettrie）和狄德罗（Diderot）等热心的科学人文主义先驱会强烈地
感到有必要将人的思想从教会的压迫中解放出来。在这种情况下，就像
在之前和之后的许多例子中一样，压迫者的外壳在随后的信条和结构中
变得清晰可见。《百科全书》（Encyclopédie）以一种世俗的教义问答的
形式出现，是信徒对现实的真实认识的总结。后来，奥古斯特·孔德
（August Comte）宣布了他关于实证科学和一个受过特别训练的专家社
会团体所建立的新社会的计划书，但这与那些他认为有害的神学内容并
没有多大区别。

　　文艺复兴末期迎来了那喀索斯阶段。蒙田讽刺文化的目光短浅，呼
吁西方学者要有批判性的自我认知。他对基督教徒、伊斯兰教和其他宗
教的态度令人震惊，他写道："每一个人都可被称为野蛮，不论他的所
作所为如何。因为事实上，除了我们所居住的国家的习俗、观点中的范
例和模式外，我们并没有什么关于真理和理性的检验。总有完美的宗教、
完美的政府、在各方面都完美的举措。"（1：31，152）

　　蒙田与尼古拉斯·库萨（Nicolas of Cusa）是文化相对主义的先驱，
也是西方世界对自然的人类中心态度的批评者："所有想象都如此荒谬，

就像这个悲惨而可怜的生物。他并不完全是自己的主宰，却是造成所有伤害的凶手。他被称为世界的主宰者、世界的帝王，却无力去真正了解这个世界的一丝一毫，更不必说去掌控这个世界了。"（Montaigne，1603，bk. 2：chap. 12）

与伽利略同时期的马洛（Marlowe）也曾在《浮士德博士》（*Doctor Faustus*，1604）中讽刺地写道：

> 他的蜡制的双翅让他高飞，
>
> 之后便消融，天空倾覆了他；
>
> 从天空掉落的他堕落到恶魔的运动中，
>
> 此时他已拥有学识的天赋，
>
> 滥用被诅咒的巫术，
>
> 对他来说，没有什么比魔法更甜蜜的了，
>
> 与天赐的福相比他爱魔法更甚。
>
> 这个男人现在在他的书房中！

（Marlowe，1604：206）

约翰·多恩（John Donne）1616 年宣称："所有一致性都消失了。"在莎士比亚（Shakespeare）的《暴风雨》（*The Tempest*）中，普洛斯彼罗①（Prospero）预想到：

> 那高入云霄的楼台，金碧辉煌的宫殿，
>
> 宏伟的庙宇，以至整个地球，

---

① 普洛斯彼罗，莎士比亚戏剧《暴风雨》中的男主角。在一次出海的时候，他被弟弟篡权陷害。普洛斯彼罗与小女儿掉落海中，漂流到了一座岛上。他在岛上学会了魔法，并最终用魔法降服了弟弟。——译者注

地面上的一切，都将烟消云散，

也会像这虚无缥缈的热闹场面，

不留半点影痕。

55   当文艺复兴运动转向启蒙运动，即菲尼克斯阶段转向浮士德阶段时，学者所关注的内容变得更加具体化和专业化，创造力的浪潮从地中海席卷北部地区（Buttimer，1989b）。上一代的学者们争论过人类灵魂寻求永久救赎的问题，后文艺时期的学者们辩论的内容则聚焦于理性和人的智力。同样，在文艺复兴后期，尽管不是用亚里士多德或形而上学的术语，但其他人类品质也受到赞扬。弗朗西斯·培根（Francis Bacon）强调工匠的重要性，为实验科学和工程学奠定了基础。霍布斯[①]（Hobbes）的《利维坦》（Leviathan，1620）引起了人们对政治动物的关注，为传统的公民权利和责任观念的革命性变革播下了种子。进步的火炬，以及对人性和自然的新的、令人信服的定义，都基于可检验的假设而非传统教条中伽利略式的科学探究精神。它直接引导了笛卡儿和牛顿学说的胜利（Koyré 1957）。其后关于人类和陆地家园的认识论问题优先于本体论问题："什么"和"为什么"的思考优先于"怎样""什么时候"和"在哪里"。

五、人文主义者的认知模式（理解）

      启蒙运动预示着人类理性和生活的新前景。笛卡儿的"我思故我在"

---

① 霍布斯，英国政治家、哲学家。他创立了机械唯物主义的完整体系，指出宇宙是所有机械地运动着的广延物体的总和。——译者注

是一种关于人性和人类知识的陈述（Descartesm，1937）。自 17 世纪以来，这种信条一直是人文主义批判的主要目标。维科提出了一种可供选择的科学方案 [Vico，（1744），1948；Kunze，1984]。维科认为，笛卡儿的理性在历史上被用以表达常识语言和多元文化行为时，不能真正解释人类所具有的独创性，也不能解释人类在道德事件中实践智慧的判断。它暗示了人类的想象力、幻想和感知在一定程度上是"非理性的"，因此在科学实践中是不被接受的。根据维科的观点，笛卡儿的方法难以从本质上解释历史。笛卡儿所追求的那种认知清晰度，只能属于造物主，而不是他自己的创造物。因为人类未参与自然的创造，所以永远无法清楚地认识自然。人类只能知晓历史，因为历史是由人类自己创造的。"哲学家试图通过自然界来获取知识，却忽视了对民族世界或人类创造的历史的反思。"（Vico，1744：4，par. 331）

在维科认知世界的方法中，人文主义者的认知模式寻求的是人类及 *56* 其团体中的创新特质，以及辨别不同事物间关系的能力。我们应该从这种对隐喻思维的敏锐洞察力中寻找答案。对维科来说，这可以解开人类文化和历史的秘密（Nicolini and Croce，1911—1941：1，par. 183；Mills，1982；Kunze，1984）。维科肯定了这样一个原则，即认知模式不可避免地隐含对存在本质的假设。这一系列思想将在冯·赫尔德[①]（von Herder）和后来的米什莱[②]（Michelet）的作品中结出丰硕的成果，也为 20 世纪法国人文地理学家提供了主要的灵感来源。

18 世纪的英语世界折射出人性不那么使人乐观的形象。神学者和道德家对人类长期的不纯动机、自欺欺人和非理性进行了猛烈的抨击。这让人想起罗马时代的尤维纳利斯（Juvenal）和普罗提斯（Plautus）。

---

① 赫尔德，德国哲学家、路德派神学家，诗人。——译者注
② 米什莱，法国民族主义和浪漫主义历史学家。——译者注

当时的散文及诗歌充斥着"人吃人"的主题。奥利弗·戈德史密斯（Oliver Goldsmith）绝不是 18 世纪最傲慢的作家，他揭示了他那个时代所特有的对人性的悲观态度：

> 对作为理性的人类思维；
>
> 逻辑学家定义得很模糊，
>
> 他们说，理性属于人类，
>
> 如果可以的话，让他们证明吧。
>
> ……
>
> 我尽可保持自己的观点，
>
> 那个人和他的所有方式都是徒劳的，
>
> 这位吹嘘的自然之主，
>
> 既是弱者又是犯错的人。
>
> 这种本能是一种更可靠的指引，
>
> 理性夸耀凡人的骄傲，
>
> 那些野蛮的野兽远远超过他们。
>
> 野兽之神。

（Goldsmith，1887：194）

本能比理性更能指引人，该观点后来激发了北美的自然主义者和实用主义者。面对文化的人为因素以及激情、情感和理性之间复杂的相互作用，个人寻求普遍的庇护。蒲柏认为，在创造者的伟大设计构想中，如果事物能够趋利避害，那么其潜在的创造力就会爆发。他在《人论》（*Essay on Man*）这部 18 世纪英国广为流传的书中，分享了他对人类激情和理性之间张力的认识：

热情，如元素一般，生来就是为了斗争的，　　　　　*57*

然而，它被混合、它变柔软，在他的工作中联合：

这些，足以锻炼和采纳；

但是什么组成了人类呢，人类会灭亡吗？

每一个个体都在寻找那么几个目标，

但是天堂的伟大目标虽只有一个却包含了全部。

那就是，对抗人的愚蠢与任意妄为，

那就是，对所有邪恶都报以否定态度。

（Pope，Epistle 2：Ⅲ，235）

从地理学的角度来看，相关问题是人类模式如何阐明不同形式的集体生活和家庭伦理关系。例如，人类能否在游牧、定居和商业等不同类型的生活方式中找到一些普遍的规律？布封（Buffon）在其著作《自然史》①（*Historie naturelle*）中记载了生活和社会组织对环境条件的依赖。在此基础上，他极力维护君主制。孟德斯鸠（Montesquieu）在《论法的精神》（*De l'esprit des lois*，1748）中阐述了环境决定论的观点，回应了蒲柏处理人类对战争热情的管理方式。波利比乌斯（Polybius）、马基雅弗利（Machiavelli）、让·博丹（Jean Bodin）的著作中也出现了同样的观点。还有人为国家未来的统治者提供了一些切实可行的建议：当有害物质达到平衡状态时，可能会产生有益的结果。

这是一个"人文主义"理论，它与当时关于自然和宇宙的最前沿的"科学"理论并非完全不可调和。洛夫乔伊②（Lovejoy）以及其他学者

① 《自然史》，一部博物志，包括地球史、人类史、动物史、鸟类史和矿物史等几大部分，综合了无数的事实材料，对自然界做了精确、详细、科学的描述和解释。它破除了各种宗教迷信和无知妄说，把上帝从对宇宙的解释中驱逐了出去。——译者注
② 洛夫乔伊，美国哲学家，批判实在主义代表人之一。——译者注

认为，美国宪法所传达出的人性与政治生活的平衡类似于牛顿力学中的平衡力（Lovejoy，1961；Warntz，1964）。17世纪，殖民学校的地理教育折射出了机械主义的时代精神。瓦伦纽斯①（Varenius）的《普通地理学》（*General Geography*）充分阐述了牛顿物理学的基本原则，为号称"使用地球仪"的地理学科和宇宙科学提供了基本的范例。显然，1787年美国宪法的起草者从这些学科中汲取了知识。

在美国和法国革命浪潮以及欧洲"发现"未知的陆地和民族之后，亚当·斯密（Adam Smith）的《国富论》（*Wealth of Nations*）关于人性猜测的焦点转移到了社会领域。科学人文主义者的著作和行动，反映了一个更美好世界和人类进步的乌托邦式革命愿景。然而，关于批判本体论的问题仍然存在。例如：社会性是人类天生固有的，还是后天习得的？政治动物是否存在普遍特征，这些特征是社会性的产物吗？人类是本能地生成那些被古典人文主义所赞颂的同情、慷慨和善良，还是将其视为猎物、对手，与其产生竞争和冲突？亚当·斯密认为，工业革命折射出个人利己主义。美国宪法则秉持了启蒙运动时期的信条，即可以通过政治制度确保普适的价值观。

在欧洲，人们仍对这些生硬的信条有所质疑。伏尔泰在《老实人》②（*Candide*，1759）中优雅地讽刺了启蒙运动中人类的理性。浪漫主义作家从牛顿科学的机械确定性和包罗万象的解释力，或更重要地，从"黑暗的撒旦磨坊"③中，寻求拯救人性。正如文艺复兴前期，有些人

①　瓦伦纽斯，德国地理学家，率先将地理学分为普通（通论）地理学和特殊（专门）地理学。——译者注

②　《老实人》，伏尔泰的著作。这部小说批判了17世纪德国哲学家莱布尼兹。莱布尼兹认为，世界上的一切现实都是自然的安排，是完全协调的，因而是尽善尽美的。伏尔泰则辛辣地讽刺并揭露了旧政权、旧制度的腐败和不合理。——译者注

③　"黑暗的撒旦磨坊"，出自英国早期浪漫主义者威廉·布莱克。这是一种隐喻，暗讽资本主义对劳动的剥削，将那些轰鸣的工厂变成"魔鬼的磨坊"。——译者注

试图从稳定、封闭的中世纪世界中寻求解放，浪漫主义者则尝试从启蒙运动包罗万象的机械确定性中解放人性。席勒[1]（Schiller）、布莱克（Blake）、弥尔顿（Milton）、济慈（Keats）、德莱顿（Dryden）和蒲柏的讽刺作品或伟大悲剧，为人性中非理性的特质而歌唱，如激情和欲望、道德和审美，以及言行之间的矛盾。同样，自然是如此神秘，以致人们很难用自然科学的理论和方法对其进行深入研究。用谢林[2]（Schelling）的话来说，它是"神圣且基础的力量，是伟大的生物链"（Lovejoy，1936）。歌德在《浮士德》中将时代精神拟人化，解开了宇宙间和谐的谜团：

> 万物怎样交织而成整体，
>
> 又怎样相互作用并彼此依存！
>
> 天庭诸力怎样上升下降，
>
> 黄金吊桶又怎样一一传送！
>
> 它们以散发天香的翅膀，
>
> 从天空贯穿人间，
>
> 和谐地响彻宇宙！
>
> 多奇妙的一出戏剧！可惜，唉，不过是一出戏剧！
>
> 我到哪儿去把握你，无穷的自然？
>
> 哪儿找得到你们，胸腔？
>
> 你们是众生之源，天地之所系，
>
> 憔悴的胸怀所向往的地方，
>
> 你们迸涌着，你们滋润着，

---

① 席勒，德国启蒙文学的代表人物，"狂飙突进运动"的代表人物。——译者注

② 谢林，德国哲学家，德国唯心主义发展中期的主要人物。——译者注

我难道是枉然的渴慕？[①]

（Goethe，1808：26）

59　　　对于那些花了毕生精力致力于信息的基本汇编或地图技术完善的地理学家来说，笛卡儿的立体几何学和牛顿的机械理论为合理描绘地球表面提供了新的领域。许多人相信18世纪《百科全书》中乐观的承诺，并设想运用科学理性在社会应用的方面改善人类生活条件。正如教皇亚历山大四世1494年划定将葡萄牙和西班牙分开的托德塞拉斯界限（the Tordecellas line），以确定新世界的合法领土。19世纪早期，伊曼纽尔·康德（Immanuel Kant）界定了特定领域求知欲的合理范围（参见第三章）。地理学家应该关注空间和外部感知；历史学家则应该关注时间、内部感知以及情感与人类经验所蕴含的意义。

　　在康德思想的影响下，地理学的两位先驱亚历山大·冯·洪堡和卡尔·李特尔超越了康德的认识论，对地理学科的发展做出了巨大的贡献。洪堡的《宇宙》（Cosmos）远非对人性的空想或科学与人文学科间界限的忧虑，甚至在今天，它仍是充满人文精神的、无与伦比的地理学典范。洪堡和另一位近代地理学开山大师卡尔·李特尔一起颠覆了地理学的地理信息特征汇编、分类以及地图化等传统方法。对于他们而言，对地球及其多样化景观全貌的研究囊括了文化圈和生物圈。他们的著作在一定程度上体现了柏拉图和亚里士多德在存在论上的认识差别：李特尔的《地球学》（Erdkunde）将地球景观解读为人类的杰作，洪堡的《宇宙》认为宇宙本身就是被生命气息所激励的"神圣力量"。但是，两者都强调对地表事物的整体研究，也都否认了康德将地理学简单地划分为时间、过程、因果联系等反映现实的地图制作过程。洪堡潜心于探索人

[①]　［德］歌德：《浮士德》，绿原译，13~14页，北京，人民文学出版社，2013。——译者注

类内在化的自然和景观的各种形式。作为环境感知领域的先驱，洪堡颠覆了康德对地理学的固有认知，强调地理学不仅仅是对地球表面物理事象的描述。

在 19 世纪的文学和哲学领域，自恋情绪也是显而易见的。人们对科学与人文主义认识方式的对比提出质疑，并探索了那些在思想和生活中被遗忘或忽视的要素。叔本华 [①]（Schopenhauer）曾说"世界是我的意志"，强调西方对待真理的基本"权力意志"。赫尔德、歌德、荷尔德林（Hölderlin）以及黑格尔（Hegel）的基本理论不仅反对笛卡儿科学主义的感知威胁论，也否认人类历史意识的局限性。尼采力图将激情、意识和美学重新引入人性。从典型的人文主义范式来说，尼采的《查拉图斯特拉如是说》（*Zarathustra*）和《悲剧的诞生》（*Birth of Tragedy*）反映了希腊神话中阿波罗（Apollo）和狄俄尼索斯（Dionysus）之间的根本张力。[②] 尼采认为，东方知识体系中的阴阳学说与希腊神话中的阿波罗和狄俄尼索斯相互汲取养分（de Lubac，1944）。苏格拉底因为否认狄俄尼索斯并宣扬理性传统而饱受批判。其中，理性传统通过希腊神话中的阿波罗式的思维和生活方式主宰了西方世界。尽管克尔凯郭尔的思想受到了苏格拉底的影响，但他却认同尼采对黑格尔"普遍人性论和历史决定论"的批判。他指出，黑格尔的理论使个体成为被动的机器，丧失了心灵、灵魂和人格。尼采、克尔凯郭尔、海德格尔、加缪、萨特以及 20 世纪的存在论者面临着一个巨大的挑战，即在人性、人文知识以及人类行动等层面上唤醒人类对情感、意志、审美、激情的意识。

19 世纪末 20 世纪初的科学家，如孔德、达尔文、马克思和弗洛伊

60

---

① 叔本华，德国哲学家，第一个公开反对理性主义哲学的人，开创了非理性主义哲学的先河，也是唯意志论的创始人。——译者注
② 尼采将古希腊文明描述为两种不断斗争的派系。在尼采看来，阿波罗属于原则上的个人主义。带着优雅、冷静以及对外表美观的重视，人得以将自身与朴实的自然界区隔开来。狄俄尼索斯则代表了酒醉、非理性以及无人性。——译者注

德（Freud），摒弃或者说超越了人文和科学认知方式之间的对立，并以浮士德式的热情进行探究，最终对作为地球物种的人类进行了全新的阐述。在当今这个对国家、教会或学术权威所宣扬的教条或民族中心主义观念不再那么宽容的世界，这些观念蕴含着潜在的解放意义。达尔文将想象力释放到人类作为自然进化一般过程的参与者的概念中。这是要通过科学观察而非根深蒂固的文化信仰来探索的现象。对于马克思而言，重要的不是定义人类而是解放人类：一种在具体的生活、工作和历史环境下使自身得到解放的"类存在物"[①]。随后，弗洛伊德探索了混乱的人类心智，开启了一个未被探索过的人性领域，并再一次对人性做出了普适的定义。自由的概念和人类个体使自身思想和行动的创造者的传统观念受到挑战。

对人性的本体论和认知模式的认识论问题的质疑引起了 19 世纪地理学家勒克吕（Reclus）和克鲁泡特金（Kropotkin）的注意。然而，对于多数人而言，更为迷人和更加耗费精力的是那些可以在自然科学框架内探索的，关于地球、大气层和海洋、气候和生物生命动态的新观点。当帝国主义国家试图殖民和开拓遥远的国度，并向小学生传授"世界地理"时，大量关于文化和外国生活方式的新信息不断涌入。自洪堡和李特尔时代以来，地理学的赞助者和受众的性质也发生了根本性的变化。其中，最引人注目的是环境决定论。这一主题与原罪一样，是任何有自尊心的人文主义者都不愿意碰触的。

浮士德已正式出现在戏剧性事件中。当民族国家为学科知识创建了大学教授职位，并通过限定科学和人文领域的范围来制定正式标准时，认识论的区别则体现在制度的分离上。浮士德式结构反映了笛卡儿式

---

① 类存在物，见于马克思《1844 年政治经济学哲学手稿》。——译者注

（或韦伯式）的理性，其内容和功能最终实现了康德关于实证科学的理想，保证了大学生活中的功能专业化。在科学与人文学科相互竞争的知识主张之间摇摆不定的地理学面临一个特别具有挑战性的局面。

六、人文学科（教化）

12世纪巴黎教堂学校（Cathedral School）中的一场关于大学功能的伟大辩论吸引了人们的注意。其中，最有影响力的声音来自克莱沃的伯纳德①（Bernard of Clairvaux）。他认为大学教育的功能应是对整个人的塑造，即道德教育和智力教育是并重的。修辞学大师阿伯拉（Abelard）认为，重点应放在智力身上。阿伯拉输掉了战斗但赢得了战争。西方大学采用了阿伯拉的观念，并在法律上和现实中付诸行动，即将知识的形成视作大学教育的主要目的。鉴于这一基本选择，理性最终要求每个领域都有适当的位置、自己的特殊议程与话语规则。

人文科学由一系列知识领域组成，其核心是人文研究，即历史、文学、艺术、修辞学和古典文学研究。15世纪，英格兰的威廉·卡克斯顿（William Caxton）在"人文"与"神性"之间做了明确的区分。前者把人类本身视为研究对象，认为人类不是自然的一部分（自然是生物学的关注对象），也不是神圣恩宠的对象（神性是神学的关注对象），而是现实本身。对于当时的社会科学来说，在哪里划出边界还不是一个问题，但这在后来却变成了一个有争议的问题。文科教育的传统、教化证 *62* 实了知识和道德目标的重要性。它试图在文学、修辞学和艺术等具有启

---

① 伯纳德，法国修道院院长，也是西多会秩序的主要改革者。——译者注

发意义的专业领域中培养学生，促使学生发展出一种仁慈的态度。纽曼（Cardinal Newman）在他的《大学的理念》①（*Idea of a University*）一书中阐述了这两个目标（Newman，1852）。

人文学科所包含的知识领域的具体范围也因国家而异。西方大学关于人文主义的大多数纲领性声明都明确称回归希腊和罗马源头可以促进人文学科的发展。柏拉图精神和物质的差异、《斐德罗篇》②（*Phaedrus*）与"柏拉图洞穴"的寓言、苏格拉底的英雄挑战渗透到道德和自然哲学的文本中。西塞罗关于文明与野蛮人的悖论，不仅被用于激励学生，也被用于加强帝国潜在公民的文化和民族认同。泰伦提乌斯—奥古斯丁式（Terentian-Augustinian）的口号"人所具有的我都有"，也成为那些渴望自由化、多样化和国际友谊的人的座右铭。

然而，制度性框架需要的只是一种对知识的普适态度。每个领域都要培育自己的基础，完善自己的技能，并在浮士德计划过程中确立自己的身份，以促进国家在启蒙运动后的进步。人文学科，尤其是 19 世纪的人文学科，被定义为与自然科学截然不同的学科。能产生共鸣的知识不包括说明性文字和科学知识。工业、商业、城市化和经济增长被认为是某种"非人类知识"，至少是让人文主义者感到无趣的。技术被视作邪恶的化身，而非对人类创造的解放性呐喊。人文主义学者在自然和景观的直接感官体验中寻找真理，许多人也将注意力转向古典戏剧和错综复杂的历史。

从 18 世纪晚期开始，那些忽视大宪章（magna carta）为人文学科划定的浮士德界限的学者，提出了将地球作为人类家园的最令人兴奋

---

① 《大学的理念》几乎涵盖了纽曼所有有关大学的思考。他在书中提出了很多欧洲高等教育面临的重大问题，如宗教在大学中的地位、大学中的道德观、人文教育与职业教育的冲突、学术社区的特征、文学的文化作用以及宗教与科学的关系等。——译者注

② 《斐德罗篇》，柏拉图对话录里讨论爱情和美的一篇，涉及灵魂问题。——译者注

的新观点。自然史学家、植物学家、探险家和诗人拒绝以排斥自然科学或神学的方法研究人类（Linnaeus，1734；Hutton，1795）。伯纳特（Burnet）的《地球理论》（*Telluris Theoria Sacra*，1680—1690）加深了人们对地质时代的理解（G. H. Davies，1968；S. J. Gould，1987），约翰·雷[①]（John Ray）对水循环和上帝智慧的思考最终为地球水体循环和人体血液循环的革命性理论铺平了道路（Mills，1982）。维多利亚时代预示着文化自信和文化优越性浪潮的来临，强调对帝国公民进行适当的人文主义教育。它见证了人们对人文主义和贵族义务问题的热情。然而，在科学技术的前进道路上，许多人文主义者站在了谨慎甚至反动的立场上。

现在，地理学在新兴国家和自诩为帝国的大学和学校中也享有学术地位。它把自己定位成一门科学——不仅是一门研究地球的科学，也是一门令人激动的实践艺术。作为在南北极地区、亚洲中心地带、非洲丛林或者北美大草原和荒漠中探险的人，地理学家的形象是有魅力的；作为资源、生活、城市和港口的测量员、会计师、记者，他们的形象也是有魅力的。在离家更近的地方，地理学家是能够综合其他学科的见解，为学龄儿童提供关于世界和人民，以及他们的家乡、国家富有启发性想象的大师形象。然而，在作为正式学术领域被建立的前夕，地理学致力于被列入科学而不是人文科学。创始人面临的问题是开拓一个有关地球表面分化的合理研究领域，并把人类作为这部戏剧的构成要素之一。它该如何面对或规避两个强有力的正统观念：一方面是地质学和新达尔文主义的自然科学，另一方面是神学或神学版本的历史和自然？作为大学里的一个系，地理学的被接受或许与它的调查方法关系不大，而与影响

---

① 　约翰·雷，英国博物学家，代表作为《造物中的神的智慧》。该书对当代人们探索人与自然关系的自然神学进路、环境伦理运动具有很大的启示意义。——译者注

创始人和受众的时代精神关系更大。

尽管公开宣布要成为一门科学，但 20 世纪初的地理学还是见证了许多与人文科学的创造性邂逅。其中，人文地理学中的维达尔学派是一个榜样，它成功地吸引了当代政治和教育的兴趣（Claval，1964；Buttimer，1971；Berdoulay，1981）。"地理学是关于地方而不是关于人的科学"是维达尔经常被引用的名言。但是，这门学科保留了历史和地质学基础。法国地理学把新的研究方法引入区域生活，用艺术编织的叙述揭示了文明和生物圈动态的相互作用。该学派与洪堡、李特尔、拉采尔（Ratzel）等人开创的时间和生态学观点紧密相连。与环境决定论不同，它强调人们在不同地区培养生活方式的创造力。对于自然规律的决定论来说，这是很有价值的，因为它阐明了地形、气候和水文学的动力学机制，并把它们与历史的偶然事件并列。从历史上看，它并不意味着官方记载的国王、王子或精英的历史（伟大的传统）；相反，由赫德和米什莱阐明的民间历史（小的传统）更接近地理学精神。

人文地理学激发了更多的深入研究，如地方感、区域性、景观形态发生和生物生态学（Hardy，1939；Dardel，1952）。它的思想风格和实践的成功可能是由于符合 20 世纪初法国乡村生活的现实，并与人们所认为的法国现实相吻合。人文地理学对涂尔干（Durkheim）学派批判者的有效辩驳意味着通往社会学的大门将一直紧闭到 20 世纪中叶（Febvre，1922；Berdoulay，1981）。综合的价值和"描述的艺术"是不严谨的分析方法。景观的概念与人为解读、表意与法理、学术与应用的张力中存在一些知识的创新思维，但很少有哲学反思或自我批判。人文地理学提供了一个适合 20 世纪早期法国现实国情的模式，因此，在许多人看来，一旦这些经验主义的现实发生改变，就很难超越这一传统。

在学科形成的早期，地理学与人文学科之间的其他许多门就已经被打开了，并且在整个 20 世纪允许学科间继续发生富有创造性的相遇。例如，班斯（Banse）关于区域精神的想法，格拉诺（J. G. Granö）的《莱茵地理学》（Reine Geographie），北欧与波罗的海的当地历史，都阐述了在地理描述中保持强烈的人文主义精神的价值观（J. G. Grano，1929；E. Kant，1934）。在北美，纳撒尼尔·谢勒（Nathaniel Shaler）和赖特的作品脱颖而出，成为开创性的范例（Koelsch，1979；Livingstone，1982）。伯克利学派的记录得到广泛赞誉，其创始人卡尔·索尔一直宣称地理学是地球科学，而不是社会科学（Leighly in PG：80—90）。然而，在解决 20 世纪的人文主义问题之前，历史记录中还有另一种需要注意的问题，即对人类状况的关注。

七、人道主义（应用）

在西方传统中，人的创造力通常与解决问题和改善人类状况的愿望 *65*联系在一起。正是在这种情况下，意识形态冲突是最引人注目的。列奥纳多·达·芬奇的发现是明确为王位和强者服务的；制图和航海领域的突破性发明已经变得可行和合理，因为它们服务于国家和商业巨头的扩张野心。长期以来备受推崇的艺术和建筑作品都诞生于统治阶级的自负和虚荣，但大量文学、工程和音乐的杰作也试图激发人们对贫困和社会不公的认识。

地理学的应用历来面临科学人文主义和人道主义关于人类生存状态的长期对立。这种紧张关系最终可以追溯到苏格拉底时代以及斯多葛派①和伊壁鸠鲁派②对于创新的分歧。18世纪，科学人文主义者致力于解放人性。借助于笛卡儿的理性，人文主义可以摆脱迷信、目光短浅和教条主义的陷阱。早在18世纪中期，人道主义学院派耶稣会教士就开始在瓜拉尼人的传教区开展应用地理学的开拓性工作。达朗贝尔和其他人共同编撰的《百科全书》肯定了人类理性比教会权威更具优越性。孔德则自封人文主义大祭司。从18世纪到20世纪，科学家和工程师们一直设想通过合理地改造地理景观、交通路线、居住环境与工业布局来促进人类社会的发展。

从人文学科的角度看，人们听到了另一种声音。欧洲和美国工业革命之后的压迫与痛苦引起了人们对实际生活条件和不同形式的人道主义的关注。黑格尔传统的门徒也越来越敏感地认识到社会不公正和不平等的问题。从更直接受经济和政治影响而迅速转变的地区来看，19世纪的小说和风景艺术中出现了关于环境经验和各地区与地方的日常生活条件的敏感描述。维多利亚时期的英格兰、后革命时代的法国、后期的沙俄和新英格兰都在其地理环境中产生了生动的、富有刺激性的对环境的见解。就像恩格斯和马克思精辟阐述了更科学的社会历史理论，巴尔扎克（Balzac）、左拉（Zola）、狄更斯（Dickens）和哈丽叶特·比切·斯托（Harriet Beecher Stowe）这些小说家所传达的信息在刺痛公众良知方面是同样有效的。

66

人文学科的所有分支学科均未参与这一问题。许多人对这种参与表示怀疑，认为它远远超出了适当的人文主义学者的范围（或有失尊严）。

---

① 斯多葛派，唯心主义学派，认为世界理性决定事物的发展变化。所谓世界理性，就是神性，是世界的主宰，而个人只不过是神的整体中的一分子。该派主张泛神论，重修行和禁欲。——译者注
② 伊壁鸠鲁派，主张承认必然性和偶然性，重视内因，宣扬无神论。该派偏向于唯物主义，认为人生的意义即享乐。——译者注

学术与社会行动主义之间的冷战在学术圈愈演愈烈。在激进分子那里，意识形态也陷入徘徊的僵局。人道主义援助的自由实践、帮助穷人自救的慈善行为，受到青年土耳其科学人道主义者，特别是社会主义信念者的武断谴责。马克思、孔德和孔多塞（Condorcet）的门徒认为，应该将重心放在社会重建上，以消除他们所认为的贫穷和不公正的根源。在这方面，他们依靠科学工具和社会工程所提供的最佳技术消除外界强加给个人的约束。19 世纪末 20 世纪初，从无政府主义者到保守党支持者，从有神论者到无神论者，人们听到许多关于人类命运的声音和许多对学者潜在贡献的主张。

对于这种呼吁，地理学家通常从生活的外部性方面做出回应，如道路、边界、工业区位或居住结构等的合理性。对生活质量、社会不公、贫困或疾病的关注，或多或少会被认为是社会工作者、社会学家或传教士的工作。然而，从洪堡那里获得灵感的 19 世纪地理学家，如克鲁泡特金和勒克吕，他们不仅热切关注日常生活条件，更重要的是相信人们有极具创造性的潜能，能以合作的方式解决自身问题（Reclus，1877；Kropotkin，1898，1902；Breitbart，1981；Dunbar，1981）。弗雷德里克·勒普（Frédéric Le Play）及其同事对法国农村工人阶级家庭进行了详尽的实地调查，这无疑为近一个世纪以后的基恩·白吕纳（Jean Brunhes）和皮埃尔·德方丹（Pierre Deffontaines）的人文关怀提供了灵感——就像 20 世纪英国和美国的农村社会学家那样。

随着对人类生存环境的密切关注，19 世纪的地理学家在西班牙复兴运动期间发起了一项令人印象深刻的研究和教学计划（Gomez-Mendoza and Cantero，1992）。在这个因外国财产流失和国内资源（尤其是水资源）管理不善而变得衰弱不堪的国家里，通过创造性地运用隐喻

性的智慧，地理学像凤凰一样获得新生。地理学教化和应用综合计划设

67 想，灌溉系统的改造和精简，可能促使西班牙土地再生，当地教育和特

定地区生活条件的改善也可能促使西班牙精神复兴。在拉丁美洲和盎格

鲁—撒克逊国家，在改革宗和非改革宗的基督教世界，以及在欧洲的

资本主义和社会主义政权中，人道主义主张具有本质差异的假设确实

很吸引人（Merleau Ponty，1974；Teilhard de Chardin，1955，1959；

Lebret，1961；Corbridge，1990）。

　　在北美，19 世纪和 20 世纪初的知识和社会风气完全不同。实用主

义者支持人文主义的常识性方法。关于人性的先验理论，人们持不可知

论和敌对态度，只是假设世界各地的人都分享了共同的人性（参见第六

章）。普罗泰戈拉和蒲柏的古老口号"人是万物的尺度"，现在意味着对

思想和生活的彻底的经验主义态度。惠特曼（Whitman）和梭罗（Tho-

reau）已经设法使人性从 19 世纪历史文化的固化中解脱出来。和他们

的浪漫主义前辈一样，他们呼吁回归自然简单的本性。与后来的欧洲的

存在主义者一样，美国的实用主义者对生活经验和日常生活的具体现实

知识的好奇心提倡一种开放的态度。有学者认为，这有助于使知识更

好地服务于社会 [James，（1907），1955；Dewey，1925；S. Smith，

1984]。

八、20 世纪的语境转向

　　明确认识语境、环境和社会环境在塑造思想、语言、行动以及个人

生命旅程中的作用，可被视为 20 世纪后期学术界的重要主题之一（参

见第六章）。本章所涉及的人文主义的四个方面，每个都面临一种主要的悖论。关于人文主义，普罗米修斯个人主义的夸张主张引起了暴风骤雨般的抗议，最终宣告了人文学科的死亡。关于主观性与客观性、理性与合理性的古老争论引起了社会学而不是认识论的关注。语境的光芒最终被投射在学者们对知识和生活所表现出的特殊矛盾心理上：对知识自由价值的激情宣言，平衡了对科学理论同样热情的承诺。它旨在证明一切是如何被决定的。将科学和人文分开的传统界限也受到侵蚀，并出现了新的结盟，这反映了激进的重新定位以及研究经费资助重点的改变。68人道主义和科学人文主义的传统观念也受到攻击：世界大战、所谓文明民族的暴行、环境破坏和全球恐怖主义难以与西方传统的人道主义假设相协调。

　　这个论调是说："人文主义赋予人类信仰，对于人类持续恶化的悲惨境遇……它没有令人满意的解释，只有借口、谎言、逃避和乌托邦的承诺。"（Ehrenfeld，1978：229）这种攻击不仅是因为理性显然无法解决问题，而且因为人们倾向于将理性与科学理性等同起来（Relph，1981）。人道主义观点也有很多幻想破灭了。在许多传教活动和志愿组织的援助项目中，民族精神和结构之间的矛盾激起了政治意愿，以一种似乎更积极的方式，通过公共赞助而非私人赞助来处理社会问题。在国家福利和工会定义的工作中，他们将浮士德式的外衣披在人类身上，这使自愿行为在道德上变得可疑。

　　20世纪40年代，海德格尔指出，自罗马时代以来，人性是由已经确立的对自然和历史的解释决定的。他认为，西方人道主义被冻结在自身的形而上学立场中。"人道主义不寻找……存在与人的本质的关系，甚至阻碍了这个问题的解决。"（1947：211）他恳求人们回归那些受人类中心主义偏见引导的学科开拓精神所忽视的更广泛的存在和形成问题

（Heidegger，1954）。他呼吁小心地、体贴地、耐心地倾听现实，让现实以自己的方式展现出来，而不是使用先入为主的语言模式寻求现实。海德格尔对西方人道主义的批评讽刺了认识论和本体论（知识与存在）的分离，以及智力和道德在思想和行动维度中的分离。

正如 19 世纪末 20 世纪初的尼采、马克思和弗洛伊德，20 世纪的胡塞尔（Husserl）、海德格尔和哈贝马斯也对启蒙运动的影响进行了激烈的批评。他们提出了许多问题，最接近本书中心目标的问题包括知识的碎片化和基础问题，作为创造者的人类主体机制与结构间的张力，以及语言和交流的问题。

1. 知识的碎片化

69　　20 世纪下半叶，一种强烈的进退两难困境，也许是启蒙运动的浮士德最引人注目的遗产，是功能专业化和知识的碎片化。面对这一挑战，人文主义和反人文主义之间的意识形态冲突不断涌现。法兰克福学派仍然坚持启蒙价值观，对"工具理性"进行了有力的批评（Horkheimer and Adorno，1947）。他们探讨了知识的理论、技术和实践方面的综合方法，强调沟通的基本功能（Marcuse，1972；Habermas，1976）。其他人更多的是进行康德式的调查分析，寻求认识论基础，以便更全面地了解现实（Cassirer，1955；Schrag，1980）。他们还企图划分几个实践阶段。20 世纪 70 年代，许多美国大学都开展了"人文研究"项目，目的是促进不同领域的研究人员的合作，使人文学科与解释现代社会问题相互关联起来。人文主义者和社会科学家进行了热烈的交流。实际上，心理学家、人类学家、地理学家和历史学家已经对 20 世纪 60 年代的（实证主义）科学主义感到不满。70 年代的人文主义学者在社会或语境方面对文学和艺术作品表现出更大的兴趣。托马斯·库恩（Thomas Kuhn）的科学革命理论为思想史研究提供了不同的视角，文学评论家对经典名著展开的语境表现出越来越多的好奇心（Kuhn，1970）。对文本的正确解读已不再被视为作者或任何个别读者的问题，而是成为整个读者群调整自己进入更大的"人类对话"的问题（Fish，1981）。经典文本被视为"人们试图解决问题，挖掘他们可用的语言和活动的潜力……通过超越提出这些问题的词汇"（Rorty，1982：9）。人文主义者和科学家在共同关注的人类的生存状况上达成共识（Frye，1981）。知识被当作一种社会产物，而不是一种精神建构（Bourdieu，1977；Mendelsohn，1977）。人们应该通过作为生活方式的民族志来理解学科实践，而不是以简单的思维方式来理解（Geertz，1983：147—166）。

2. 人类能动性与结构化

在人文主义与科学认知方式的长期争论中，自由论与决定论之间的意识形态张力在实证主义者和存在主义者的激烈争论中发挥了巨大作用。但是，20 世纪 60 年代，这两大阵营的一些基本设想均遭到攻击。*70* 列维 - 施特劳斯①（Lévi-Strauss）为了消除"特别的、有限的历史主观性"，提出"不应去构建人而应去分解人"（1966：365）。思想本身应该被宽恕——它是脱离肉体的精神，毫无疑问，"人类的思想与临时承载它的人无关"。在令人兴奋的 20 世纪 60 年代，阿尔都塞②（Althusser）讲道："我们只有在人的哲学（理论）神话化为灰烬的绝对条件下，才

---

① 列维－施特劳斯，法国哲学家、人类学家，被称为"结构功能主义之父"，也是结构主义人类学的创始人。——译者注

② 阿尔都塞，马克思主义哲学家。他的意识形态理论推动了当代话语理论和文化再生产理论的发展，深化了人们对现实的思考和对主题问题的探索，使人文科学不再以具体的或本质的人为中心。——译者注

能知道一些关于人的事。"（1965，2：179）20 世纪 60 年代末的结构
主义浪潮引发了对原创作者、意图和意义等经典假设的不可知论态度。
人性的其他性质，如自由、责任、同情，同样遭到了讽刺。柏拉图理性
观的基本观念产生于赫拉克利特的变迁概念和不可知论。罗蒂（Rorty）
认为："柏拉图的理性观以及他对客观真理的现实观念都是尼采所说的
永远的谎言，即人类应该忠于自己的责任。"（1982：2）我们应该放弃
哲学，去接受科学理论和文学评论。毕竟，现在的一切都可以被看作文
学了。

3. 语言和交流

　　作为整个现实的隐喻，语言一直是结构主义立场的核心。20 世纪
中期，符号和真实一致性的传统观念被彻底颠覆（Foucault，1966；
Kunze，1984）。一个多世纪前，马拉美（Mallarme）用"掷骰子"这
一戏剧化的比喻来描述词语与词语所指对象之间的不一致性。[6]维特根
斯坦[①]（Wittgenstein）指出，语言系统中的陈述语言，只是一套可随时
改变的复杂系统。对知识"基础"的担忧最终被否定，因为传统的另一
个特征是陷入自身无法预测的假设中（Feyerabend，1961；Elzinga，
1980）。罗蒂在 20 世纪对知识的探索中追溯了从认识论到诠释学的运
动。然而，即使是诠释学的运动，也在 20 世纪 70 年代后期出现了一些
人文主义的基本悖论。对于一些人来说，核心难题是如何评估解释，并
达到最终的相互理解（Gadamer，1965；Geertz，1983）。对于其他人
来说，更重要的似乎是解读这些被当作人类话语牢笼的语言结构体系。

---

① 　维特根斯坦，日常语言哲学的主要代表。他主张哲学的本质就是语言，语言是人类
思想的表达，是整个文明的基础，哲学的本质只存在于语言中。——译者注

斯坦纳（Steiner）用"一段无中生有的航行"来描述 20 世纪后期人们　*71*
对语言和现实的态度。"科学和艺术中，具体的理论和诗学中，都有对
'无中生有'这一命题的呼应。这是一种关于'绝对零点'内外不可更
改的、不可理解的，但可表达能量奥秘的陈述。"（1987：22）

　　后现代主义的表现形式有很多种，有的是令人疲倦的，有的是充
满希望的，但所有的表现在某种意义上都是一种那喀索斯的表现形式
（Jameson，1983；Kearney，1988；Folch-Serra，1989）。1968 年以来，
二十年的反思揭示了未来一代菲尼克斯许多不可调和的野心。年轻的理
想主义者融入了国家官僚和资产阶级俱乐部（Hocquenghem，1986），
在前理想主义者的阵营中成功推销结构主义，使那些企图切断人类主题
的人的立场发生了根本性的变化（Lyotard，1984；Dreyfus and Rab-
inow，1984；Ferry and Renaut，1985）。20 世纪 70 年代，人文主义和
反人文主义正在划清界限。那些在 20 世纪 60 年代的精神中已经很明显
的道德和知识的差异，现在已成为对立部分。那十年的事件中存在着若
干不可调和的野心，即理想与实际行动的不一致性。[7]

　　从人文主义的角度看，最令人振奋的是那些渴望从传统教条和实践
积累中解放出来的迹象（Frye，1981；Kohak，1984；Steiner，1987；
Kearney，1988；Midgley，1989）。20 世纪 60 年代，人类主体性已
经回归。即使是在结构主义的发源地，教条的立场也软化了（Ferry
and Renaut，1985）。海德格尔曾评论道："诗人都歌颂缺失的，因为
他们已经认清了现实。"从解构主义中油然而生的是一种强烈的缺乏创
造力和希望的感觉，也是一种缺少可能超越自我毁灭世界框架的事物的
感觉。[8]

　　因此，20 世纪后期人文科学的前景呼应了诺斯替派^①（Gnostics）与苏格拉底派之间的经典张力（参见第六章）。现实的图景是永恒的变化，自我意识的人类主体则是寻求对世界的理性理解。然而，除非有更广阔的知识和生活视野，否则这种张力很难产生创造性的结果。现阶段的全球危机和盖娅（Gaia）假说^②所创造出的形象很可能是扩大视野的催化剂（Myers，1982；Lovelock，1979）。无论是知识和道德领域继承的分歧，还是人文主义、神学和自然科学之间的学术鸿沟，它们都无法阻止今天富有创造性的想象的发展（Eco 1986）。哈维·考克斯（Harvey Cox）认为，就道德论证来说，教育是人文学科"培养富有想象力、严谨思考、理性选择和道德勇气的人类"的核心功能（1985）。这是克莱沃（Clairvaux）呼唤的号角吗（March and Overwold，1985）？

72　　从文艺复兴时期开始，西方人文主义在自由和创造力上就采用了雅努斯式的（双重的）立场，这也代表着现代的冒险精神（Kearney，1988）。智力才能是人类长久以来所珍视的。苏格拉底、犹太教与基督教、拉丁美洲与盎格鲁—撒克逊等，倾向于接纳并经常赞扬普罗米修斯胜利的神话：人类优于地球上其他的生命形式，肩负着主宰或引导的使命；人类作为克服距离障碍和抵御疾病的工具和技术的制造者，有责任对善和恶做出选择。在西方思想史中，安提戈涅的复述依然存在。

　　20 世纪 70 年代，当西方人文主义传统中的人类中心论遭受学术界的批评时，环境问题出现在公共媒体和辩论中，包括培根那句著名的话"要命令自然就必须服从自然"（Bacon，1620）。根据莫兰（Morin）的

---

①　诺斯替派，源于希腊词"gnostikos"，指拥有秘密知识的人。到了 18、19 世纪，"诺斯替主义"一词包括更大的范围，被认为是希腊化晚期世俗文化向宗教文化转型过程中的一场大范围的宗教运动，亦被称为"灵知运动"。——译者注
②　盖娅假说，由英国科学家詹姆斯·洛夫洛克（James Lovelock）提出，认为地球上的生命体和非生命体形成了一个相互作用的复杂系统。——译者注

理论，只有了解历史上文化与自然复杂的相互影响，我们才能理解"人类本性"或"被遗忘的范式"（1973）。他解释了建立在自然科学和人文科学专业领域上的知识开创精神的不足，以及由此产生的各种主义（如生物主义、人类主义、唯心主义），力图揭示人类学史上的理性与非理性的长期矛盾。佩尔特（Pelt）更明确地关注环境问题，认为如果人类不能重新审视社会与生态环境之间的基本关系，那么将永远不能认清自己的本性（1977）。雷内·帕塞（René Passet）更直接地关注经济学和生物学之间的紧张关系，指出了在包括人类在内的所有元素中机械主义者和有机体主义者在组织原则上的基本差异（1979）。这些新近的研究者的共同愿望是唤起人们对生活和知识的传统立场所缺少的东西的认识，呼吁更全面、开放的观点。反思了一个世纪以来人们在阐述科学和人文语境转向上所做出的努力，赖特家族的乔治·亨里克（Georg Henrik）坚持将人文主义定义为生命的基本立场。也就是说，这可能是一种完整理解人类、自然和历史的立场（1978）。

在 20 世纪末这个反思的时刻，地理学者也开始对自己的传统思想和实践做出批判性评价。虽然西方人文主义开始面临各种挑战，但苏格拉底"认清你自己"的观点仍然占据中心地位。寻求自我理解与相互理解，在高度结构化的世界中寻求一致性与完整性，都是今天我们追求解放的一部分。西方人需要恢复自己的角色和身份，需要寻找通过与人类同胞合作来拯救受伤的星球的更合适的方式。如今，人们敏锐地意识到，学术界倾向于披上开创者和观众意识形态的外衣，探究他们的内部生活方式如何反映出民族国家内部不断变化的社会趋势。随着西方地理学家逐渐认识到这一点，他们开始与其他文化领域的同事展开平等的对话，表明了致力于研究全球人类地球家园的决心。对我们的自身传统进行批判性反思肯定是有必要的。

本书的第二部分讨论了对世界现实的四种持久图景进行探索的挑战。每种图景都在西方历史的不同时刻表达了对真理的主张，每种图景都与菲尼克斯、浮士德和那喀索斯这三个周期性形象产生了共鸣。这四种图景并不能完全揭示西方传统所体现的认识方式，但每一种都提供了意义、隐喻和环境如何相互交织的例证。

第二部分

西方地理学的四种世界观

PART **02**

引　言

隐喻的方式

　　爱默生（Emerson）曾说："语言是诗歌的化石。"麦克斯·穆勒（Max
Müller）声称："在语源学家的显微镜下，几乎每一个词语都会泄露它最
初的隐喻性概念的轨迹。"（Müller，1871）巴菲尔德（Barfield）提议：
"从始至终，每种现代的语言都有成千上万个抽象术语，它们在意义和
联系上有细微差别，但这显然是无关紧要的。它们只是不合理的、无生
命力的或石化僵硬的隐喻。"（Barfield，1952）景观，如同语言，可以
被解释为不同话语模式的沉淀。"建筑是凝固的音乐。"歌德如是说。维
达尔·白兰士把人工化的景观描述为"以文明形象为标志的勋章"。

　　地理语言是完全隐喻化的。[1]人们曾依据眼睛、鼻子、嘴巴、脸颊、
外形来刻画地球的表面，也曾依据解剖学和社会学术语来命名它。区域
和小村庄好比有机体，道路和运河就是循环系统的大动脉。作为经济发
展的动力，工业复合体被描述为由增长极引导的机械过程。同样，地方
的名字，无论是真实的还是虚构的，如埃尔多拉多[①]（El Dorado）、麦加
（Mecca）、滑铁卢（Waterloo）和伊甸园（Eden），都是一种特定经验
的象征（Wright，1966；Jolly，1982）。殖民者和新移居者经常轻率地
更改地名，将其作为占有或居住的标志。地理学家用科学、笛卡儿坐标

---

① 埃尔多拉多，传说中的黄金国。——译者注

以及之前在本国书写或解释的隐喻来标记地点和地区。许多地理术语都是从特定的地理位置和日常经验中演变出来的，如冰丘、冰脊、冰砾阜、冰斗以及灌木丛。一旦这种表达方式在教科书和地图册中变得固定并达成共识，其中的隐喻意义就会被遗忘，这些词语也就变成一种字面上的意思。因此，地理学中关于隐喻的研究可以阐明不同文化和群体的本土地理意识与地理科学的标准知识之间的紧张关系。同时，它也能够揭示一些深嵌于学科思想和实践起源的价值假设。

78　　约翰·科特兰·赖特向同事发起挑战，去探索"存在于人类思想和心灵中的最吸引人的未知领域"。他认为地理知识学能够揭示世界各地的人或者文化群体的地理意义，也能够揭示自然、空间、时间、景观的流行概念与正统地理学科之间的显著差异。对这种差异的认识要求人们采取完全不同的方法看待学科历史。当然，人们早就认识到，大多数科学理论以及西方艺术和文学的经典都存在对世界本质的隐喻假设（Barnes，1965；Glacken，1967；Nakarmura，1980；Galtung，1981）。地理学家曾试图证明景观与不同世界观之间的联系，并取得了不同程度的成功。调查自然资源评估和利用中的文化差异也在学科历史的不同时期被涉及 [Sion，1909；Hardy，1939；Wright，（1947），1966；W. Kirk，1951；Lowenthal，1967；Bowden，1980；Saarinen et al.，1984]。一代爱好者探索了意象地图和各种环境感知（Moore and Golledge，1976；Saarinen et al.，1984）。但对世界的体验来说，除了视觉和地图，还有更多的东西。人类不仅能理解和认知自己的世界观，也能感受、信任、渴望、爱或者恨世界的某些符号（Tuan，1978；Porteous，1990）。意象地图或认知图示可能无法捕捉到人们对世界经验的全部感官和情感的影响。西方地理学家也不能成功地促进持有不同世界观的人群的交流或相互理解。

　　洞察力宝藏的大门确实可以通过隐喻而非文字或理性思维来解锁
（Sachs，1979；Black，1962；Tuan，1968，1978；Livingstone and
Harrison，1981；Kunze，1984）。隐喻能够比"范式""模型"或者
"理论"触及更深层次的理解（Ricoeur，1971，1975）。它指出了学习
和发现的特殊过程，也指明了类似从熟悉到不熟悉的跳跃。这些跳跃集
合了想象、情感和智力（Langer，1957）。隐喻在日常用语中具有诗意
和保守的功能，保留并创造着一些关于不同现实领域之间真实和潜在联
系的知识（Ricoeur，1957；Hofstadter，1979）。隐喻具有多种定义：
"语言的梦工厂"（Davidson，1978）；"语言和神话之间的知识联系"
（Cassirer，1946；Malinowski，1955；G. S. Kirk，1970）。作为文学
修辞（Jakobson and Halle，1956），作为"论证模式"（H. Wright，
1973），隐喻在艺术、哲学、音乐、历史及社会科学等领域都激发起了
人们强烈的好奇心（Shibles，1971；Sachs，1979；Morgan，1980；
Mills，1982）。科学家和科学哲学家主要关注隐喻的认知意义，关注隐
喻知识意义的载体或译者的角色（Black，1962；Hesse，1966；Leat-
herdale，1974；Ortony，1979；Lakoff and Johnson，1980）。20 世
纪非常伟大的科学家之一爱因斯坦（Einstein）曾断言："无法通过纯粹
的逻辑来寻找世界图景的普遍规律……这些规律只能通过直觉获得。"
（Popper，1976：32）人类科学家可以从隐喻的神话和启发式吸引力中
得到很多东西。吸引地理学家的是隐喻的能力，它有助于人类更好地理
解自身对世界的体验，以及对自然、空间、时间、社会生活的文化多样
化的认知（Jung，1964；Ferguson，1978；Turner，1980）。

　　在生活和思想方式上，人类无时无刻不在表现出独创性和"隐喻性
想象"（Mills，1982；Kunze，1984）。维科在《新科学》中提道："最

79

早的人类，作为人类的孩子……感觉到了为他们充满诗意的性格而创作的需要。他们是有创造力的群体，创作目的是将特定的事物简化为某一原型或者想法的肖像。每一个经过简化的事物都会与它相像。"（Kunze，1984：172）

正如维科、赫尔德、卡希雷尔[①]（Cassirer）、兰格（Langer）以及其他人所说，或许人类最基本的特性在于拥有把符号化的事物转换为现实的能力。各种各样的语言和音乐、建筑和艺术、边界和围墙、礼仪和社交风格，都揭示了人类对自然、空间和时间感知的多样性。多克托罗[②]（Doctorow）声称："文明的发展本质上就是隐喻的发展。"（1977：231—232）隐喻式想象的多样性在地理学家关于职业生涯的叙述中被体现得淋漓尽致。这种隐喻式想象的多样性阐明了知识和生活经验之间的联系，唤醒了民族志和认识论对地理学科思想和实践的沉思。隐喻为学者个人乃至世界文明的自我认识和相互理解提供了有效的催化剂。

史蒂芬·佩珀的世界假设理论（1942）为识别西方地理学历史上的基础隐喻提供了一条潜在的路径。对于中世纪之前的著作，他声称只有四种相对充分的对现实的解释经得起时间和西方学者的检验：形式主义、机械主义、有机体主义以及语境主义。这些"假设"中的每一种都可以被视为指导科学和人文科学分析前沿的许多范式、模型和类比的来源。每一种假说都依赖于它对特定真理理论的认知，每一种假说都有一个"根隐喻"。该根隐喻本质上是以常识经验为基础的：

80　　　　一个渴望理解这个世界的人四处寻找可以理解它的线索。如果

① 卡希雷尔，德国哲学家。——译者注
② 多克托罗，美国著名后现代派小说家、编剧。——译者注

无法依据这一线索理解其他区域，他会选中一些人们达成共识的区域，并不断尝试去理解它们。这些最初的区域就变成了他的基本类比或根隐喻。他尽可能地描述这一区域，如果需要，也会辨别出它的内部结构。对它结构特性的介绍变成了解释和描述这一区域的基本概念。我们称其为一组类别。就这些类别而言，他继续研究所有其他领域，无论是未开化的还是先前已开化的。他承诺根据这些类别去解释所有的事实。在这个过程中，他可能会重新解释他的一些分类——它们会改变和发展。基本的根隐喻通常都出现于常识之中，如果类别想被证明足够适合无限范围的假说，就需要很大程度的改进。(Pepper，1942：91—92)

这种方法衍生于佩珀的老师约翰·杜威 [①]（John Dewey）的自然主义。我们可以把这种方法看作一种和存在的经验主义领域相关的形而上学。作为一个具有美学思想的哲学家、一个有自己想法的历史学家，佩珀力图在艺术、种族以及科学的历史背景下阐明自己的理论。[2] 他强烈反对关于真理问题的"绝对的怀疑论者"和"绝对的教条主义者"，也因哲学上的困惑而对折中主义不予理会。他引用的作品例证了四种根隐喻。他强调引用这些作品的主要目的不是针对刻板的学者，而是塑造一种思维方式。学者在自己的职业生涯中可能会在根隐喻间来回反复，所以，刻板学者的传统实践以及有着评估法则或范例的学者基本都目光短浅。

[①] 杜威，美国哲学家、教育家，实用主义者。他从实用主义经验论和机能心理学出发，批判了传统的学校教育，并就教育本质提出了自己的基本观点："教育即生活"和"学校即社会"。——译者注

那么，怎样才能确立客观看待这些隐喻的立场呢？在这个过程中，我们必须承认诠释学循环（Schrag，1980；Palmer，1969）："它就像一个谜题，一个贴着带有瓶子图片标签的瓶子，而该瓶子的图片上同样印有标签，标签上标有该瓶子的图片。"（85）

佩珀将他的理论描述为"一个临时的容器，收集我们所拥有的各种世界理论在认知层面上有效的部分"（85）。他邀请读者把那些在实证主义时代产生的思维习惯放在一边，进入超越技术层面的批判性思维世界。他提到，实证主义通过"多重证实的过程"寻求可信的论述，如统计学的处理、指示器的读数、有效性的测试以及其他数据观察者一致认可的各种度量。世界假设方法的潜在观点是"结构佐证"（图引-1）。所有被感觉感知到的现象都被认为是不确定的（值得怀疑的事情）。当人们通过潜在解释的结构对它们进行仔细检查时，它们也有可能变成最好的（被确定的事实）。然而，在实证主义中，对数据的衍生或解释都遵

81

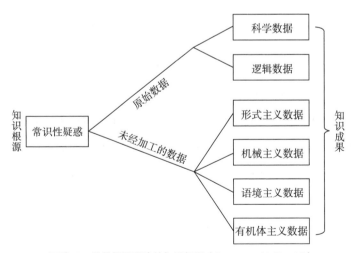

图引-1　世界假设理论的知识根源（Pepper，1942：68）

循固定的规则，结果的可信度由所有研究者所坚持的步骤及推论的一致性决定。佩珀的方法表明：有四种不同的获得和解释数据的方式，每一种都归属于一种独特的真理观，并产生一组类别，同时通过这些类别引导其对现实的论述。因此，用一种类别检验另一种类别是无效的。

形式主义将自身置于类似的常识性经验中，其认知主张基于符合论的真理观（Pepper，1942：151—185）。它的世界图景是分散的：每 *82* 一种形式和模式都可以根据本身的性质和外观来解释。机械主义采用杠杆或泵的常识经验，其对认知有效性的要求基于因果调整的真理观（221—231）。它的世界图景是完整的，并且和形式主义一样以分析为导向。有机体主义同样提供完整的世界图景，但它旨在综合而不是分析。它把世上所有的事物都或多或少地看作隐藏的过程，最终所有这一切都在有机统一体中达到成熟。它的认知要求基于一致性的真理观（280—314）。语境主义从特殊的事物中获取灵感，试图解开在特定事件中起作用或与特定事件相关联的过程的结构和组成部分。它的世界观也是分散的，尽管它的叙述风格是综合的。语境主义信奉的是具有可操作性的真理观（268—279）。

虽然这些世界理论中的每一种都是自主的、独特的，但它们的方式存在某些相似，也有一些基于充分性和范围的比较基础。对于机械主义和有机体主义而言，世界总是确定的：一个巨型的机器或者一个有机整体。作为综合性的理论，这些隐喻很难理解机会和不确定性的概念。在这方面，他们面临范围不足的威胁。而对于形式主义者与语境主义者而言，世界上存在着多样的事实。它们是分散的，并不一定彼此确定。例如，偶然性、不可预知性以及不确定的宇宙与这两种理论是一致的。虽然它们的范围是无限的，但也面临缺乏充分性的威胁。形式主义与机械主义都是善于分析的学说，它们之间往往是相互补充的。用佩珀的话来说，"它们像万物有灵论与神秘主义一样飞到对方的臂膀下寻求帮助"（146）。语境主义与机械主义也是相辅相成的：机械主义为语境主义分析提供实质内容，语境主义向机械主义提供生活与事实资料。同时，语境主义与有机体主义都喜欢综合性的方法而不是分析性的方法，因此比较相近，会被看作同一理论的不同部分：一个是分散的，一个是综合的。

　　和所有的元理论一样，佩珀的四部分理论都有其优势和局限。这一理论已经在心理学、医学、教育和美学等许多领域产生了相当大的吸引力，因为学者们试图超越各自的学科界限，更加全面地理解问题（Efron and Herold，1980）。该理论也提供了关于科学史的新观点。海登·怀特对 19 世纪的历史学大师兰克（Ranke）、米什莱、德·托克维尔（de Tocqueville）和伯克哈特（Burckhardt）的研究就使用了佩珀的世界假设理论，据此揭示这些大师构建其理论结构隐含的先验基础（1973）。[3]

84　　怀特用这四个根隐喻描绘"论证模式"的特性，并探讨了这些特征与文本其他特征之间的对应关系，如意识形态含义和散文风格。怀特的并列图示旨在阐明历史实践中的变化，激发了西方地理学史中类似的研究。然而，国际对话项目的证据显示，与用全部的方法来洞察个人的认知方式相比，用它们描述常规中的整体趋势更为合理。正如哈格斯特朗所警示的："我所知道的自然地理学从未听说过机械主义世界观，我所知道的历史也从未有过实用主义或者黑格尔辩证法。结果是，我相信，大多数学者在远离哲学的独立学科中工作，生活中充满了概念和观点的拼凑体。这些概念和观点从始至终都不能完全融入一个清晰的系统……基本的文化在很大程度上促成了我们要找到的一致性（个人交流）。"

83

世界假设	类型		类别	真理理论	根隐喻	作者
对佩伯世界假设理论的概述（1942）						
有机体主义	理想的 革新的		1. 经验碎片 2. 连结体（连接） 3. 矛盾（差距、对立、行动） 4. 有机整体（分解）指前面提到的事物（4） 5. 隐含在碎片中 6. 超越以前的矛盾 7. 节省、保存、保留原始碎片	一致性	有机整体	谢林 黑格尔 格林 罗伊斯
形式主义	内在的 超越的		1. 特征 2. 详情 3. 参与 1. 规范 2. 事件 3. 例证原则	对应论	形式相似性	柏拉图 亚里士多德 经院哲学 "现代剑桥现实主义者"
机械主义	离散的 统一的	第一范畴 第二范畴	1. 位置场 2. 第一性的质（重量、压力、零件） 3. 在该领域中主要质量的配置之间保持的规律 4. 第二性的质（不影响机器功能的颜色、质地、气味等） 5.（4）与（1）（2）（3）相连的原理 6. 二级规律之间的关系（4）	因果调整论	杠杆/机器	卢克莱修 伽利略 笛卡儿 霍布斯 洛克 伯克利 休谟 赖欣巴哈
语境主义			A. 性质 （1）事件传播 （2）改变 （3）融合度 B. 结构 （1）组分的结构 （2）组分的语境 （3）指称 　　（a）线性的 　　（b）收敛的 　　（c）中断的 　　（d）工具的	可操作的	历史事件	普罗泰戈拉 皮尔士 詹姆斯 柏格森 杜威 米德

图引 -2 世界假设、根隐喻、认知主张 [①]

———————

① Based on Pepper（1942）. 佩珀强调了这样一个事实：除了"教条主义者"之外，很少有作者明确地举例说明这些根隐喻。他认为，大多数有创造力的学者都通过自己的方法研究了几个。

　　研究地理学思想的历史学家也可能对佩珀漠视其他潜在世界理论、强调隐喻的"认知精神"以及实际上只专注西方思想的态度感到震惊。他的世界假设模式确实提供了一个有用的叙事框架，人们可以在这个框架中讲述西方地理学的故事。本书的第二部分概述了这四种世界观如何在不同情况下论述真理主张，比如它们是被如何体现的，以及它们在连续时期的物质和文化背景下是被如何反映的：作为马赛克拼图的世界（第三章）、作为机械系统的世界（第四章）、作为有机整体的世界（第五章）、作为事件语境舞台的世界（第六章）。在有记录的几百年的历史中，这些隐喻依次寻求通过图形、数学或文学表达方式来解释现实。这出戏剧的舞台，正是地球的杂色表面。剧作家在情节中含蓄地或明确地反映出创世者与观众的变迁。一个世纪前，随着学科的出现，一种全新的元素被引入人们对地球现实的地理解释中。民族国家承担的责任不仅仅是剧本的写作和情节设置，还包括对物质环境和相关地位的探究、教学、批判性思维和应用研究。从此，每个民族传统都有了自己的文字和档案记载的故事，讲述其英雄的社会建构的背景、话语体系和生涯轨迹。跨越西方世界语言和文化的边界，正如下面几章85 试图展示的那样，我们可以观察到认知风格的基本变化。所有这些都与这四种根隐喻有家族相似性，或者似乎是从这四种根隐喻中衍生出来的。

　　菲尼克斯、浮士德、那喀索斯，这一象征人物的三部曲仍然是西方地理学故事的主题。然而，自地理学被确立为一门学科的那一刻起，另一个主题三部曲，即意义、隐喻、环境，提供了一个更为深刻的阐释框架。这两种三部曲共同阐明了学科实践中整合与完整性的根本问题。

　　三部曲的故事揭示了西方地理学的象征、美学和意识形态特征的千变万化。西方地理学是在持续变化的环境中扎根的。所有这些都凸显了一个更为根本的问题，即对立和不可调和的世界观。但隐喻可以指向自身以外的东西，将想象力引向那些神话和宇宙的源头，传统的对现实的解释由此而生。西方世界需要探索新的隐喻、复兴或重新发现其他价值，以指导其与地球和世界的关系，而不是对应用科学和技术的点金术发出令人厌烦的感叹（Schwenk，1976；Kiliani，1983；Worster，1986）。与未知之境的邂逅难道不是一个探索的机会吗？对过度描绘西方旅行以至于偏离轨道的传统解释来说，这难道不也是一个解放思想的机遇[Heidegger，1971；Gadamer，（1965），1975]？

　　根隐喻法肯定了地理经验多样性的潜在立场，提供了同时观察社会、认识论和物质语境的机会，并在这些语境中达成了某些类型的共识。有了对过去的这种理解，西方地理学家也许能更好地接触和理解其他文明的根隐喻。

第三章

作为马赛克拼图的世界

交通的节拍，手机的脉冲，太阳的周期循环，无处不体现着模　87式和规律。我们也生活在各种各样的模式中。间隔、反复充斥其中……理解模式意味着我们已经知道下一步该怎么做。空间的规律。一位伟大的科学家说过，没有测量和定量就没有科学。但他却忽视了，科学就像生活一样，其中模式先于数字……蜗牛壳的螺旋纹、仙女座盘旋状的星云、岩石的褶皱以及河流的蜿蜒流动都体现出模式。音乐也是有模式的。恪守规律的音乐略显死板。伟大的作曲家嘲笑这种模板的套用会让我们的预期破灭，但他们却重新套用这种模式解决更高层面的复杂问题。对称性。打破对称性。广而言之，数学就是对数字模式的认识和追求。

——Judson，1980：28

人类地理意识的萌芽可追溯到人类对自身、地方与各种事象的形式和模式、相似性和差异性的认知。语言、艺术表达和对世界本质的哲学探索则源于对地球上各种物质形式的好奇。早期，人们对遥远的地方和旅行的想象以传说和史诗的形式存在，这有助于重申道德标准并激发人们的智力探索。史诗《吉尔伽美什》①（The Gilgamesh）据说比《荷马史诗》早一千多年。它创作了雪松森林、高山、河流与道德败坏的士兵，揭示了善与恶、爱与恨、生与死、地狱与天堂的差异。直到今天，西方科学和哲学仍扎根并寄希望于对形式的分析和描述，同时也催生了宇宙层面乃至人类大脑层面的各种发现（Sheldrake，1981；Judson，1980；Mandelbrot，1983）。

　　纵观人类历史，多数文明被蕴含在自然、景观、人类生活的模式和形式中。巨石遗迹准确揭示了月相变化。巴比伦人将星象视为"天空的巨作"，阿拉伯人则根据星象计算时间。在印度教教徒的经文中，伐楼拿②（Varuna）生天如射箭③。在斯堪的纳维亚神话中，诺伦三女神通过编织和织造命运之网，掌握并分配人类的命运。在《旧约·诗篇》中，万物的形式是耶和华（Yahweh）无穷智慧的象征。在佛教与印度教的教义中，形式是不断有所创造的宇宙进程的参与者。印度教中的这一观点尤为明显。印度教秉承以下观点，即从整体来看，宇宙是一个精细化符号形式的整体，生活在其中的人类也是如此。

　　日本的道元禅师④（Dōgēn）曾说："一花一世界，一木一浮生，一草一天堂，一叶一如来，一砂一极乐，一方一净土。"（Nakamura，1980：283）禅意的花园和微型的自然景观折射出佛家对和谐美好的

88

---

① 《吉尔伽美什》，目前最古老的英雄史诗。在美索不达米亚神话中，吉尔伽美什是拥有超人力量的半神，三分之二是神，三分之一是人。——译者注
② 伐楼拿，印度教中的天神，掌管法律、秩序。——译者注
③ "生天如射箭"，见《乾隆大藏经·四分律藏》中的《第四分房舍·度之余》：有五法为僧分粥。入地狱如射箭。有爱有恚有怖有痴不知分未分。有如是五法分粥。入地狱如射箭。有五法分粥。生天如射箭。不爱不恚不怖不痴知分未分。有如是五法为僧分粥。生天如射箭。——译者注
④ 道元禅师，日本佛教曹洞宗创始人，日本佛教史上的著名思想家。——译者注

追求（Spiegelberg，1961：19）。迦梨陀婆[1]（Kalidasa）的《云使》（*Meghaduta*）将现实生活中有意识的个体存在归因于自然界万物的形式。事实上，诗人描绘了自然界与人类情感各个方面的一致性（Kale n.d.；Murray and Murray，1980）。这随处可见：人类将自身的模式和规律强加于世界，但自然本身所包含的生活中的各种形式都在持续不断地变化。"眼睛和大脑对一平方英里[2]的阿尔卑斯高山草甸或苏门答腊岛热带雨林的切分节奏，远多于我们发射卫星到火星和木星的节奏。"（Judson，1980：29）

一、中心与边界

汇集了亚、欧、北非文明的古典地中海被视为世界的中心，其对形式和模式的理解为人类留下了永恒的遗产。对一些人来说，耶路撒冷的圆顶清真寺是世界的中心；对另一些人而言，特尔斐（Delphi）[3]是世界的中心；也有人将亚历山大或拜占庭视为世界的中心；直至今天，对大多数人来说，罗马仍是一座不朽之城。纵观古希腊的各种景观，庙宇、纪念碑、竞技场和拱桥都展现了其在空间和谐与几何对称等方面高度精巧的工艺（图 3-1）。

相比欧洲北部的森林地带，斯堪的纳维亚的神话将世界的中心视为一棵"世界树"（Yggdrasil）。它的根从三个方向深入地下，树干穿过人类世界，树枝则延伸到神的世界（图 3-2）。

---

① 迦梨陀婆，印度诗人、戏曲家。印度古典梵文文学黄金时代的文豪，享有"诗圣"的美誉。——译者注
② 1 英里约等于 1.6 千米。——译者注
③ 特尔斐，古希腊的一个城市，因有阿波罗神庙及其神托所而闻名。古希腊人认为，特尔斐是地球的中心，是"地球的肚脐"。——译者注

89

图 3-1　埃皮道鲁斯（Epidaurus）剧场 [1]

　　印度经典著作《奥义书》（*Upanishads*）歌颂了永生的无花果树和榕树。它们的根从树枝往下长，进而变成一体的、形态较厚重的"柱形根"或者枝干（Cook，1974，plate 64）。北美的苏族 [2]（Sioux）围绕神圣的棉白杨建立了全部的宇宙观（Neihardt，1961）。世界中心的象征只是人类知识体系的一部分，其他如休息和运动、家园和地平线等，都与人类的经历相联系。树和独木舟共同构成了瓦努阿图 [3]（Vanuatu）人对世界中心的认知（Bonnemasion，1985），而海盗船和"世界树"成了瑞典对时间和空间的认知符号。

　　希腊人热爱旅行探险并热衷于观察世界。阿尔戈英雄 [4]（Argonauts）到达了遥远的北方，探索了那里的地理环境。荷马所著的《奥德赛》（*Odyssey*，约公元前 800 年）也对人类和地方的地理特性、战争、移民、

---

① Sketch by Bertram Broberg. 这个集声学、神秘数学、生态美学于一体的剧场是为献给狄俄尼索斯而建造的，位于基诺斯山（Mount Kynortion）的山坡上。其内在形式的和谐在于通过对生命意义的戏剧性诠释来治愈和振奋精神。

② 苏族，印第安人的一族。——译者注

③ 瓦努阿图，南太平洋岛国，首都是维拉港。——译者注

④ 阿尔戈英雄，希腊神话中跟随伊阿宋乘坐快船"阿尔戈"号取金羊毛的五十位英雄。——译者注

90

图 3-2 世界树 ①

① Sketch by Bertram Broberg. 弥米尔之泉（the spring of Mimir）的三口井为世界树供水。奥丁（Odin）曾以一只眼为代价喝到了泉水，获得了智慧。诺伦三女神：兀儿德（Urd）司掌"过去"，负责旋转生命线；薇儿丹蒂（Verdandi）司掌"现在"，负责缠绕生命线；诗寇蒂（Skuld）司掌"未来"，负责剪断衡量人类寿命的生命线。赫瓦格密尔泉（the Hvergelmer spring）的毒蛇尼德霍格（Niogghr）不停地啃食着树根。诺伦女神代表着月亮的三种状态（盈月、满月和月亏），即对生活规律的关注。她们掌管着"非理性"的种子和潜在的萌芽形式：水、混沌和夜晚。诸神住在位于大树上部的阿斯嘉特（Asgard）；人类居住在位于大树中部的米德加尔特（Midgard）。鹰是蛇的对手，住在奥丁上方的树枝上，观察着被树覆盖的九个世界。大多数生物住在大树之外，松鼠在树干上上蹿下跳，其他动物吃树枝、树叶和嫩芽。动物攻击大树，诺伦女神浇灌其根，他们之间展开了常年的争斗。所有这些都发生在鹰和蛇斗争的背景下，这象征着宇宙中太阳和月亮之间的张力。黄昏来临时，大树开始晃动，摧毁了诸神和世界。然而，树干里藏着一个男人和一个女人的形体，他们的结合将会产生一个全新的种族。

人类日常活动以及不同环境下的人类行为进行了详细的描述。希腊历史经典著作折射出人们的两个关注点：人与人之间为什么会存在差异？为什么地球上不同地方的宜居度不同？

西方地理学的起源可以追溯到同样的源头。米利都城的赫卡塔埃乌斯^①（Hekataios of Miletus）的著作《环游世界》（*Circuit of the Earth*）中有一张地图，上面绘制着航程、海岸线、城市和民族等细节。爱奥尼亚地图的一条中心轴，从海格力斯之柱^②（Pillars of Hercules）穿过罗兹岛^③（The island of Rhodes），一直向东方延伸。公元前3世纪，埃拉托色尼（Eratosthenes）将一条始于北方的德涅斯特河河口，穿越拜占庭延伸到亚历山大的南北轴线定义为"本初子午线"。亚历山大不仅是西方地理学学术思想的发源地，也是西方著名科学家、地理学家波兰尼（Ptolemy）的出生地。

经过希帕科斯^④（Hipparchos）和波西多尼斯^⑤（Posidonius）等亚历山大地理学者的不懈努力，地图经纬度的基本雏形已经形成，这为未来人们对地图投影的探索奠定了基础。不同于历史学，地理学对宇宙的描述采用的是演绎的方法：寻求一个可以记录和分析各种信息的几何框架。因此，早期的分布地理学和地貌学可以运用同一个经纬框架对世界的秩序和意义进行分析，这也是希腊地理学家所关注的问题之一。

这些地理上的好奇心很难被理解，除非被放置在一个更深层次的本

---

① 赫卡塔埃乌斯，公元前4世纪希腊历史学家，修复了阿那克西曼德留下来的地图。——译者注
② 海格力斯之柱，形容直布罗陀海峡两岸边耸立的海岬。一般认为，北面一柱是位于英属直布罗陀境内的直布罗陀巨岩，南面一柱则在北非。——译者注
③ 罗兹岛，希腊东南端佐泽卡尼索斯群岛中最大的岛屿。——译者注
④ 希帕科斯，方位天文学创始人，提出规范经纬度表示地理位置的方法，发明投影制图方法。——译者注
⑤ 波西多尼斯，人种地理学的先驱。他重新计算了地球周长，认为气候对人的性格有重大的影响。——译者注

体论层面上去研究宇宙的本质、世间万物的秩序以及创造的目的和意义（Glacken，1967）。公元前 6 世纪，泰勒斯①（Thales）提出"水是世界的本源"；阿那克萨哥拉②（Anaxagoras）指出空气或智力提供了基本的秩序规范；阿那克西曼德③（Anaximander）认为宇宙中发生的不同现象都受到一种非人为的自然内在规律的支配，并反对通过单一因素分析事物；恩培多克勒则基于火、土、气和水四种基本元素提出了有机体理论，认为其相互作用源于爱的统一力量和仇恨的分裂力量（图 3-3）。

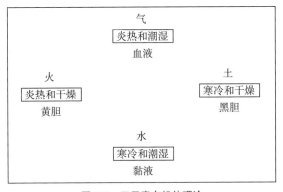

图 3-3 四元素有机体理论

类似于人体，四元素说几乎催生了所有描述整体现实的尝试。对形式主义者来说，这四个元素的魅力在于每个元素都可以与构成人肌体的四种体液对应。希波克拉底医学派将人类肌体的四种体液理论运用到了极致（参见第六章）。他们认为，四种体液比例的平衡会使人类机体处于健康状态，但人类的健康也受自然环境影响，如温度、降水、土壤质量和其他并发条件等。他指出，医生应该具备地理学和哲学方面的知识储备。气候对人类健康和文化的影响是西方地理学家一直探索的问题，

———————
① 泰勒斯，古希腊科学家、哲学家，米利都学派的创始人。——译者注
② 阿那克萨哥拉，古希腊哲学家，原子唯物论的思想先驱。——译者注
③ 阿那克西曼德，古希腊天文学家、自然哲学家。他曾用一种很像日晷的计时器来测量时间和天象，发现了分至点和黄赤交角，还采用直角投影绘制了地图。——译者注

四要素基本原理也是文艺复兴形式主义的重要主题。在该理论的指导下，希腊人绘制了可以表现不同文化模式的世界气候图和人类居住区图等。其根本原因在于，对应论的思想对很多领域有重要的启示意义，包括理解疾病、阿拉伯医师所采用的治疗方法、学院派对道德提升的思考、个性的形成、人类创造力最适用的环境以及不同环境下理想的政治秩序和法则。

"仁慈的智者创造了世界"是古希腊流行的另一种观点。希罗多德[①]（Herodotus）指出："正如人们所猜测的那样，这是一种智慧的神圣天意。根据这种天意，无论是懦弱的灵魂还是可食用的东西，都应该在后代中大量繁殖，以防灭绝。那些野蛮和造成痛苦的事物是不能生育的。"（Herodotus，bk. 3：108）

在古典世界关于形式研究的意义和启发价值的各种假说中，柏拉图和亚里士多德的思想无疑对后代产生了最深远的影响。在苏格拉底看来，可见的形式是原因、自然法则等内在过程的外在表达，并通过理性逻辑被世人挖掘出来。在这些超越过程的本质中，我们能发现柏拉图和亚里士多德的世界观存在明显差异。

柏拉图认为创造集智慧、善行、推理以及灵巧的工匠于一体。他认为宇宙正处在形成过程中，一定存在一个推力。在《蒂迈欧篇》（*Timaeus*）中，他提出了宇宙设计的两个模型：一个是永恒的理式，并不涉及形成过程；另一个是短暂的存在，通常指正在形成的事物（Plato，Bury trans.，1952）。假如工匠以永恒的理式为原始模型，世界会变得很美好；相反，如果没用，世界会变得并非那么美好。因此，工匠通常选择美好的模型。在宇宙中，四个元素被上帝授予的友谊联系在一起。柏拉

---

① 希罗多德，古希腊作家、历史学家。——译者注

图主义者很在意将这些思想强加于一些哪怕他们觉得勉强的事情上。这 93
个思想主旨被不断重复，始终贯穿于西方形式主义思想中（Augustine，
1972：418—420）。在基督教柏拉图主义形成的前一千年中，对真理和
美好的追求是紧密联系在一起的（图 3-4、图 3-5）。现在，对亚里士多
德来说，工匠的创造可能选择了另一个模型，即个体成为共同创造者，
每个作品都将在自然中走向合适的终点。原因归根于自然本身的形式所
暗含的理性，"自然所创造的事物都将有一个归属，正如人类的创造是

94

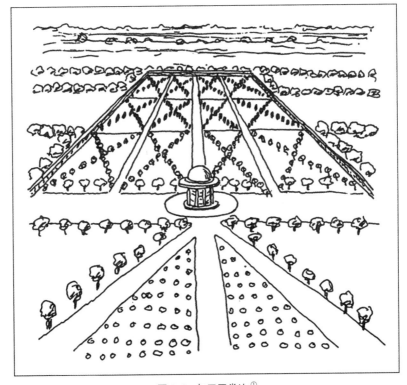

图 3-4 与工匠类比 ①

① Sketch by Bertram Broberg. 可见的形式能反映潜在的规划思想。正如可以透过人的
灵魂分析个体，我们也能通过创造物的各种形式分析绝妙的工匠的规划思想。

95

图 3-5　自然法则 ①

一件艺术品。显然，生命体也是由类似的原因或者规则创造出来，它是内在的，如宇宙周围由内散发出来的冷热气体。"（Aristotle，1941，*Parts of Animals*，bk. 1，chap.1：12—16）"物种的终结是内在的，是属于那个物种的；它的终结只是简单地成为某类事物，或者更确切地说，是生长和繁殖自己的同类，并在它存在的条件下自由地、有效率地移动，比如说栖息地。"（Glacken，1967：48）

---

① 　Sketch by Bertram Broberg. 规则是自然内在的法则，每一个形式都处于形成中，如图中的橡胶树。图中所涉及的法则超越了个体本身的形式：橡胶树可能会受到环境和遗传特质的影响，部分甚至能获得完美形式。

柏拉图和亚里士多德对形式理解的最根本区别可以延伸到一千年后。亚里士多德的思想在波斯第二帝国、拜占庭的修道院，尤其是阿拉伯世界得到发展。柏拉图的思想则控制了文艺复兴前夕信仰基督教的国家。

二、对应论的真理观

古典学者佩珀标示出形式主义的世界假设及其根隐喻的雏形，其认知主张基于真理的对应理论（1942：151—185）。不论在哲学、科学还是艺术领域，形式主义所面临的最主要的挑战都是先区分事物之间的异同点，然后将差异进行分类并选出典型，最终通过不同的体裁、数字、地图、艺术形式或声音呈现出来。与世界观类似，这已成为西方学术史中永恒的话题，也普遍存在于地理学思想史中。

佩珀定义了两种形式主义：事物本身的形式主义（本质型）和超越事物本身的形式主义（超越型）。事物本身的形式主义是对事物本身直接的描述，往往通过对现象符号化的表征呈现。他标识出事物的特征、细节、参与水平之间的关系，或特征与细节之间的关系。佩珀的插图揭示了制图师直线思维之间的联系（图3-6）。

通常，一个"类型"是组成一个或多个特征的细节集合，同时分类体系从普遍性向独特性演化。分类也是对前文所提及的现实世界中的三种类型的呈现。

数个世纪以来，制图师们一直热衷于形式主义。早期的制图师面临一个两难的问题：一方面要通过符号表征现象，比如对历史的语境和解释进行符号化呈现（à la Herodotous）；另一方面要设计一个基于数学的网格系统——作为研究地球或整个宇宙的通用框架（à la Ptolemy）。

前者采用归纳法，旨在敏锐地对现象发生地的特性进行情景化表达，后者
主要提出关于世界的抽象模型，对地方和空间组织的描述倾向于演绎法。

96

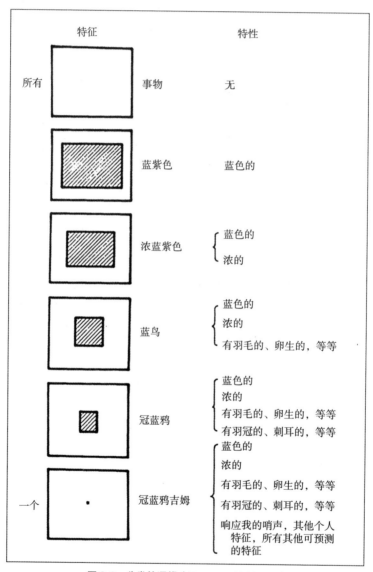

图 3-6　分类的逻辑（Pepper，1942：60）

超越型形式主义寻求事物内在的规范、模型及解释性框架，不再局限于描述和表征层面。它与本质型形式主义存在三方面的差异：（1）规范；（2）例证规范事项；（3）实现规范的例证原则。佩珀指出，基于超越型形式主义，我们可以区分柏拉图和亚里士多德关于存在和过程的立场的差异。对本质型形式主义和超越型形式主义的区分，可以被粗略地转化为对地理学中归纳法和演绎法差异的探究。我们可以通过制图学和地理探究来观察这种差异。在中世纪的欧洲和北非，这两种形式主义引起了哲学和神学领域的广泛争议。

三、中世纪的唯实论与唯名论

历史上的黑暗时代，主要指从罗马王朝的衰败到文艺复兴前夕。这段时期见证了许多学者对事物形式和模式的探索。德尔图良 [①]（Tertullian）甚至杰罗姆（Jerome）这样的神父作家中有一股强烈的反理智主义的潮流："既然上帝都能预知，那为什么还需要知识呢？"信奉基督教的宇宙学家科斯马斯（Cosmas）致力于证明世界是平的。希腊哲学的学生和基督教神学的学生之间也存在紧张关系和敌意。教父哲学代表人物奥古斯丁对两者之间的矛盾进行了有机结合，他提出的关于空间、时间、记忆、存在和不存在的疑问仍是 20 世纪哲学界的重要议题。受到普罗提诺 [②]（Plotinus）等新柏拉图主义者的影响，普菲力欧斯 [③]（Por-

---

① 德尔图良，基督教著名的神学家和哲学家。——译者注
② 普罗提诺，新柏拉图主义奠基人。其学说融汇了毕达哥拉斯、柏拉图的思想以及东方神秘主义，视太一为万物之源，认为人生的最高目的就是复返太一，与之合一。他的思想对中世纪神学及哲学，尤其是基督教教义有很大影响。——译者注
③ 普菲力欧斯，腓尼基新柏拉图主义哲学家和数学家。——译者注

phyry）和奥古斯丁等人对超越型形式主义（超然存在）的认识具有明显的神学色彩。在一段经常被引用的文章中，奥古斯丁把自然形式比作启迪人性的书。奥古斯丁写道："一些人想要去发现上帝，去阅读书籍，但却忽视了最伟大的书籍是自然创造物本身。看看你自己，再看看其他事物。将其记录下来，然后去阅读，你会发现你想要找寻的上帝从未用笔墨写过那本书，相反，他把他所做的一切都摆在了你眼前。难道不是吗？"（Glacken，1967：204）

　　所有可见的形式背后都暗含作者潜在的意图，工匠的创造也是如此。纵观整个 18 世纪，我们发现，不论是传教士、探险者的环球旅行，人文学派的课程，还是李特尔和盖约特 ① （Guyot）对自然地理的学术观点，它们都存在一个共同点，即希望完善地理学知识。亚里士多德的模型旨在寻找表达事物本质的普遍规则。该模型在伊斯兰世界、拜占庭帝国和波斯帝国得到更好的应用，最终被西班牙的摩尔人大阿尔伯特（Albert the Great）和他的学生托马斯·阿奎那 ② （Tomas Aquinas）重新赋予生机。托马斯·阿奎那对科学和哲学、信念和理性进行了有机整合。在阿奎那的学说中，人类理性以及所有的自然法则都折射出事物本体积极或消极的特性，都能通过理性或神意的过程得以实现。随后，克尔凯郭尔、海德格尔和 20 世纪的存在主义者都阐述了这一原则：存在和真理相互联系，密不可分。

　　从很多角度来看，中世纪与 20 世纪晚期一样，都可被视为形式主义的全盛时期（Eco，1986）。这是一个有信仰的时代。虽然仍有很多未解之谜，但我们相信能够通过对圣经或者罗马经文的参考"解决"这

98

---

① 盖约特，美国普林斯顿大学前身新泽西大学自然地理和地质学教授，秉承李特尔的思想。——译者注
② 阿奎那，中世纪经院哲学的哲学家、神学家。他把理性引进神学，用"自然法则"来论证"君权神圣"说。——译者注

些疑惑（Gilson，1950）。关于世俗本质形式研究的问题，至今仍能激发人们的想象。3 世纪，普菲力欧斯一针见血地指出，中世纪哲学最核心的问题可被归纳为对普遍性的探索，其著作《亚里士多德范畴篇导论》（*Isagoge*）对亚里士多德的范畴进行了深入研究，提出"属、种、固有性、特异性、偶然性"的"五全称命题"。在 20 世纪对唯名论和唯实论的区分中，该观点起到了重要作用。[1] 安妮·弗里门特（Anne Fremantle）对此进行了如下总结：

> 普遍性的问题在于：我们是否可以用白、胖、圆对一系列事物的普遍性进行描述？事物的普遍性和特性是否分离？白、胖、圆等特性是否脱离事物本身？白、胖、圆的特性是否仅仅存在于具备这些特质的事物中？它们是否有可能存在于我们的思想中？白只能描述我们见过的白色事物吗？胖、圆等特质是否类似？部分学者认为，白色的存在独立于事物本身，只不过是对共相的模仿，这在哲学上属于唯实论。相反，如果认为白色是对所有白色事物的总结，并不独立于事物，只是人们头脑中的一个概念，那么在哲学上，这属于唯名论。(1954：20)

一个争议更加激烈的问题是身份和定义。它既检验当前的教会正统观念，又检验当代的意识形态。托马斯·阿奎那认为，精神是身体的物质表现形式。这一观点受到当时柏拉图的跟随者的谴责。关于人类个性和存在优先于本质的问题，阿奎那指出：

> 事物的存在要么是由其内在规则引起的，要么是由外部的法则造成的。其中，内在规则诸如人类微笑的能力，外在法则诸如太阳

照耀下的天空一片晴朗。这并不表示事物的存在是由形式或本质引起的——我说它是由一个更有效的因素造成的——因为那样的话，事物的存在似乎不太可能由其本身产生。因此，每一个这样的事物都有必要从其他事物中得到它的存在，因为其存在不是它的本质。因为每一个因他人而存在的事物，都会被引回到因自身而存在的事物，所以必然会有某种单独存在的事物成为其他事物存在的原因。否则，这些原因之间将会产生无限的回归。正如前面所说的那样，不是单独存在的一切事物都有其存在的原因。显然，理性是一种形式和实体。它从最初开始就存在，而且是独自存在。它的原动力就是上帝。

现在，所有从别人那里得到的一切都与其接收的事物相关，它所接收的是其他事物的行为。对于从上帝那里得到的存在而言，必须使智力的本质或形式具有效力。这种存在亦被当作一种行为。只有这样，我们才能在智力中发现潜能和行为，而不是形式和物质，除了那些模棱两可的之外。（Aquinas，1253，bk.1，chap.3：par.80—81）

奥卡姆的威廉①（William of Ockham）将其唯名论的"剃刀"刺向了阿奎那构建的唯实论的基本假设，也预示了科学研究中的理性主义（流行于拉丁地区）和经验主义（流行于英国／美国）偏好之间持久的矛盾。20世纪，存在和身份的问题仍在被激烈地讨论着，本体论的争论再次受到关注。[2]

这些所谓封建社会秩序的黑暗时代和学术论著的形式绝不像后来的

---

① 奥卡姆的威廉，英国经院哲学家，圣方济各会修士。他主张复兴唯名论，认为思想并非对现实的衡量，将哲学与神学截然分开。——译者注

历史学家所描绘的那样枯燥。这里是一个无国界的大陆，学者、传教士和军队都在其中长途跋涉。在南北矛盾、基督教和伊斯兰教、罗马和哥特①的冲突中，它见证了野蛮和大规模的环境变化，同时出现了文艺复兴时期的菲尼克斯。这将对世界观、权力和政治产生深远的影响（参见第二章）。中世纪地理学最主要的成就来自12世纪的阿拉伯世界以及基督教和伊斯兰教信徒之间思想的碰撞。为了前往圣地朝圣，基督教徒和穆斯林中的朝圣者收集了大量地形信息。他们撰写的行程提供了他们所经过的土地的详细信息，如马可·波罗（Marco Polo）和伊本·白图泰（Ibn Battuta）。12世纪中叶西西里岛的诺曼国王罗杰二世是中世纪伟大的地理研究赞助者之一。在罗杰二世的支持下，伊德里希（Al-Idrisi）将世界地图和圆形天体平面图雕刻在银器上。这与当时以耶路撒冷为中心的平面地球和基督教世界地图形成了鲜明的对比。

　　中世纪形式主义最完美的表现即哥特式教堂。这是为所有人和事物而建造的大型建筑，包括君主和平民，工匠和学者。每个人都受到守护 *101* 神或天使的庇佑，以保证地球和天堂在各种形式上的一致性。唱诗班向天堂发起呼唤：在某种程度上，一个巨大的锥体囊括了形式和物质，其顶端是造物者上帝。上帝是所有存在的第一原因（D. Jacobs, 1969）。巴里·洛佩兹②（Barry Lopez）写道："在寻找冰山的隐喻时，许多西方人将其与教堂相比较。究其原因，在于它比我们表面所见的线条和规模更深刻，这与我们对光的热情相关。"（1986：222）

　　　　教堂建筑是欧洲文明进步的标志。哥特式教堂开阔的吊窗使阳

---

① 罗马帝国晚期，国内矛盾冲突激烈，国势日衰。境外社会发展水平较低的日耳曼等民族，纷纷武装越界迁入罗马。其中一支哥特人在一个半世纪里，同罗马进行了五次战争。最后，哥特人定居下来，加快了罗马帝国的解体。——译者注
② 洛佩兹，散文家、短篇小说家，美国十分具代表性的自然文学作家。——译者注

光得以进入教堂内部，高耸的扶壁把原本露在外面的石头遮盖起来，实现了内部的和谐。这种"光的建筑"是新时期神学的一个里程碑，也是欧洲人陷入理性思潮前的一次巨大飞跃。（222—224）

同样具有说服力的是罗马礼拜仪式。它的内容、节奏、曲调与形式组合在一起，歌颂了大家所认同的中世纪基督教的世界观。其整体循环的曲调与农业生活的季节相协调（Mahrt，1979）。

四、文艺复兴时期的形式主义

如果说修道院和教堂的建筑形式表达了中世纪基督教世界的时代精神，文艺复兴时期的别墅、城堡、天文台和学院则表达了 14 世纪到 17 世纪这一大发现时期的民族精神。"人是万物的尺度""人的理性是真理和存在的真正来源"，这些口号都在宣扬人类的意愿，即反对神创论。人类和景观的异同不再被解释为神的天意，而被归入自身知识的积累。随着民族意识的提升以及一些欧洲国家的扩张性推进，关于社会阶级、特权和声誉的问题产生了。资本积累以及对领土和资源的需求催生了科技、文学、艺术创新（Cosgrove，1984）。

由于在景观、艺术、建筑上的创新，文艺复兴时期的形式主义可被视为一种符号和物质上的浮士德式变革。该变革受世俗驱动而非受宗教影响。人文景观折射出人类的创造力，建筑形式则反映了现代化时期社会结构和权力关系的特点。马可·维特鲁威①（Vitruvius Pollio）的理想

102

---

① 维特鲁威，古罗马御用工程师、建筑师。——译者注

城市体现了新兴中产阶级的价值观。这符合以人为中心解释世界的观点，而非以神为中心解释世间万物的思想。

理想城市被构想为一个整体空间、一个建筑整体、一个永恒不 *103*
变的完美的形式。它有圆形或多边形的防御城墙。中心是一个大型
的公共空间，周围环绕着各类主要的行政建筑：宫殿、司法大楼、
主教堂（通常指传统术语中的寺庙），以及监狱、银行金库、军事
驻防地等。中心广场的面积以及各种建筑都受到严格的比例限制。
道路模式由中心和外围决定，大多是垂直道路或网络形。它们旨在
为市民观赏重要的城市建筑或纪念碑提供视觉廊道。私人建筑根据
传统规则进行设计，呈现出相同的几何规则的缩影。这些几何规则
实现了整个城市的和谐，并在市民的物质和知识属性中得到体现。
从市民角度而言，理想城市是为行政权力和正义的行使设计的，而
不是为了生产或交换。（Cosgrove，1984：94）

从人文主义的观点来看，文艺复兴时期的地理学思想产生了一个悖
论。地理学家自己在古典时代的两个目标之间表现出矛盾的态度，现在，
这两个目标可被归入"哥伦布"和"托勒密"的范畴（Broc，1986）：
一方面，通过航海旅行得到很多经验性的知识；另一方面，受到世界地
图图集复兴的影响，地图制图学和数学地理学的视野得到开拓。前者主
要针对探险家、商人、传教士和航海家等群体。他们的发现（经常以当
地语言传播）在民众层面有较大的吸引力，但仍未将人文主义者的目光
从拉丁和希腊的文本中吸引过来（Broc，1986）。后者引起了数学界、
天文学界以及理论视角对世界是一个整体的相关理论观点的创新，挑战
了罗马帝国或亚历山大地图的正统观念和权威。从中世纪正统思想中解

放出来的文艺复兴时期的学者因此面临着矛盾的局面。天文学和宇宙学揭示了地球仅仅是浩瀚星球系统中的渺小成员。同样，探索性的航行提供了不可否认的证据，表明人类世界比希腊人想象的更广阔，文化也更加多样化。一些文艺复兴时期的人文主义者忽视了这两个趋势（de Dainville, 1941; Broc, 1986）。就像那喀索斯一样，一些学者专注于国内的挑战，完全沉醉于复苏古典知识的前景中，并为其赞助者提供军事和政治上的服务；另一些学者则痴迷于创造宏伟的景观、艺术品以及建筑，或者在宗教问题上突破正统思想的限制。

104   托勒密地图和普林尼（Pliny）自然史的复兴饱含菲尼克斯情绪，推动着人们去探索基督教传统思想地心说之外的世界。在对现实的解释中，形式主义受到了其他方式的挑战，如机械主义和有机体主义（参见第四章、第五章）。迄今为止，人们对自然法则的种种猜测都是用"未知领域"这个词来表述的。但当人们试图用与自己的世界相当的词来解释"未知领域"时，就不可避免地与环境决定论的概念发生了冲突。大量的文献研究围绕最佳（温和）气候问题展开（Leboulaye, 1975—1979; Huntington, 1945: 343—367）。西北欧因拥有理想的气候而取代了希腊，其他社会则因拥有健康生活的条件而一成不变（Glacken, 1967）。不同气候条件下的社会形态、政府管理以及居民生活成为人们持续关注的问题。让·博丹经常在文章中为君主专制辩护，认为宪政专制是解决6世纪法国冲突和分裂的唯一方法（Bodin, 1606）。

东方世界也对社会政治形态和自然环境的关系产生了类似的好奇。1773年，吉恩大师（Master Jiun）认为："世界上存在让人们终生受益的法则。那些具有慧眼的人可以像看太阳和月亮一样清楚地看见这个法则。不论佛祖是否显灵，人类和世界都是存在的。佛教的十善也会一直存在。"（Atkinson, 1905）

对比吉恩和格劳秀斯 ①（Hugo Grotius）的思想，我们发现，后者认为上帝制造了自然法则，而前者认为佛祖本身就是自然和法则（Atkinson，1905；Kinami，1973：41）。儒家思想者黄宗羲（Huan Tsunghsi）也意识到了管治形式的重要性，不再单纯重视管理者的性格特征。他指出，如果选择了正确的统治者，法律将得到最大限度的落实；如果选择了不合适的统治者，法律会约束他们，限制其进行残暴的统治，减少人民的苦难。黄宗羲认为，必须先有好的法律，其次才能有好的管理者（Spea，1948：205）。这与西方神学中的圣礼类似，其权力独立于牧师的价值，即事效性。

超越型形式主义将世界的可见形式视为潜在的规律和秩序，即西方知识体系中的自然法则、吠陀文化中的天地秩序、希腊文化中的规则、中国文化中的道以及日本文化中的规律（Groot，1910：12；Davids，1881：278—289）。世界是各种形式的马赛克，每个事物都有其对应的位置，这一观点已成为许多世界的文明所采纳的根隐喻。这与 20 世纪 *105* 海德格尔提出的"栖居"概念相呼应（1954，1971）。

五、启蒙运动时期的地理学

虽然 17 世纪和 18 世纪的欧洲学者的学术观点受到哥白尼宇宙观和笛卡儿及牛顿科学观的影响，但许多地理学家仍然坚持形式主义的世界观。他们忙于汇编大量的异国数据，忙于完善制图艺术。在文艺复兴时期，这些地理学家可能会被视为"世界的解剖学家"（Crooke，

---

① 格劳秀斯，近代西方思想先驱，国际法学创始人。——译者注

1615）；在 17、18 世纪，他们则是地名的记录者。随着民族国家的兴起以及路易十四①（Louis XIV）和腓特烈大帝②（Frederick the Great）权力的集中，国家急需进行自然资源、人口、农业用地的统计调查。在百科全书学派精神的激励下，地理学家和政治经济学家一起参与了这些具有实践导向的工作。德国学者苏史密尔奇（Sussmilch）、比兴（Busching），法国学者马尔特-布伦（Malte-Brun）以及英国学者威廉·配第（William Petty）关注国家的人口结构和经济构成；林奈③（Linnaeus）和他的学生关注植物及其经济效用（Frangsmyr，1983，1989）。地图编制和调研方法的创新，史无前例地刺激了人们对信息、分类和汇编的渴求。这种研究方法在 20 世纪后期再次受到关注。

伯恩哈德·瓦伦（Bernhard Varens），即人们所熟知的瓦伦纽斯，是见证文艺复兴时期地理学向启蒙运动时期地理学过渡的核心人物。他指出，地理学是一个复杂的数学科学，能帮助人们了解地球资源，包括地球的结构、位置、大小、运动、天体现象和其他特征（Varenius，1672）。他将地理学分为通论地理学（将地球视为一个整体进行研究）和专门地理学（描述特定区域或地方）。[3] 他认为，地理学在证明其命题时有三个主要的原则：（1）几何学、算术、三角函数的命题；（2）天文学的规则和定理；（3）描述个别地区的人的体验和观察。

这个框架包含了传统形式主义中不容置疑的元素。它的逻辑和物质形式属于亚里士多德式，但世界观受到哥白尼学说而非托勒密学说的影响。这个框架的元素受到佩珀世界假设理论中两种差异化的世界观的影响，即形式主义和机械主义。牛顿认为，其思想中的经验主义部分为机

106

---

① 路易十四，波旁王朝的法国国王和纳瓦拉国王，是有确切记录的、欧洲历史上在位最久的独立主权君主。——译者注
② 腓特烈大帝，普鲁士王国国王，欧洲著名军事家、政治家。——译者注
③ 林奈，瑞典博物学家，动植物双名命名法的创立者。——译者注

械主义地解释宇宙奠定了基础。康德指出，瓦伦纽斯理论的最经典之处在于论证了形式主义作为地理学研究基础的可靠性（May，1970）。康德的《自然地理》（*Physische Geographie*，1802）以及赫特纳（Hettner）的《地理学：它的历史、性质和方法》（*Die Geographie：ihre Geschichte，ihr Wesen und ihre Methoden*，1927）两书的导言都引用了瓦伦纽斯的框架及其主要原则的第一条和第三条，忽略了更接近牛顿思想的第二条。

康德是西方哲学史上的杰出人物，曾在哥尼斯堡（Königsberg）大学地理学系任教三十年。他在精心构建的人类知识体系中划分出地理学科，赋予其认识论指导方针的位置。这些指导方针至今仍吸引着无数学者。在多数地理学者看来，康德所建立的认识论的核心观点是形式主义的世界观，这使分布学、形态学、空间分析以及文化景观刻画成为地理学主要研究的议题。

如果说中世纪和文艺复兴时期的学者过度强调权威的重要性，那么启蒙运动时期的学者更注重理性意识。康德提出了四个主要问题：在形而上学层面，我能认知什么？在道德角度，我应该做什么？在宗教领域，我能希望什么？在人类学角度，人是什么？在对这些问题的纯粹认知方面，康德面临两种对立的观点，即知识是通过理性获得的，还是通过感知获得的。柏拉图、托马斯·阿奎那和笛卡儿的观点支持前者，德谟克利特、奥卡姆的威廉、休谟[1]（Hume）以及洛克[2]（Locke）认同后者。康德提出了一个观点，并希望它能超越理性和感知的二元对立。一方面，他肯定了理性的立场：将笛卡儿对思维（精神实体）和物质（广延实体）的区分转化为对本体思想建构和世界上事物现象的区分。人们能够知道自己头脑中的想法，因此，精神是秩序的来源。人们不可能仅

---

① 休谟，英国哲学家、经济学家和历史学家。——译者注
② 洛克，英国哲学家，经验主义的代表人物。——译者注

凭经验观察确定因果关系，还需要凭借理性知识去感知世界（I. Kant，1919；May，1970）。

另一方面，康德认可经验主义的观察及地理学的价值。与欧几里得（Euclid）、笛卡儿和牛顿的时空观点类似，康德将时间和空间视为世界的绝对属性，认为它们是人类直觉的先验条件。内在意义的时间，主要用于寻求秩序和解释；外在意义的空间，则是不断产生多样性。存在第三种感官形式，即本质、数字和道德含义等所存在的因果关系，这有利于寻求解释。对事物进行解释的科学模型无疑受到牛顿的物理学和数学的影响。在理论或纯粹的推理中，这种"先验主体"可以克服内在感官和外在感官之间的冲突，从而实现客观性。由于实际原因，伦理道德等缺乏对客观性的关注。在这种情况下，客体是其他人。因此，在实践理性的运用中，康德倾向于绝对命令，即所有人与理性的声音相协调，最终达成一个共同的道德行为准则。为了在实践理性的运用中实现"超越"，主体需要自我学习、自我控制以及自我实现。

在康德对科学全面且系统的分类（见表 3.1）中，地理学被视为基础的描述性学科（May，1970）：

表 3.1　康德对科学的分类

科学	空间	时间
	外在感官	
实证 （描述性的）	地理学	人类学
	自然的历史	道德的历史
理论 （解释性的）	物质	心理
	其他自然科学	

康德把地理学视为绅士需要研习的基础课程，指出："人类知觉的

先验安排在带给我们快乐的同时，也为我们的讨论提供了许多材料。"（May，1970）从字面上看，康德的地理学只是一个描述性的研究体系；从教学角度来说，它是一种极好的且必不可少的方法；作为学术工艺，它为绘制地图提供了一个视角。在康德学说的基础上，地理学可能成为区域科学，即后来赫特纳、彭克[①]（Penck）、德吉尔（De Geer）、范帕森（van Paassen）和哈特向等倾向理想主义的人所倡导的地理学的空间传统。康德也强调历史与地理之间的本质关系。自然地理学所提供的 *108* "自然概论"不仅是历史的基础，也可能是其他地理学科的基础。康德公布了一份关于数学、道德、政治、商业、神学地理学的内容简介。在这些领域，规则及原因通过形式和模型得以呈现，这些形式又成为其他系统性科学的核心。严格来说，康德的地理学作为一种经验主义的科学，最终可能得到两种产物：基于概念对现象进行分类（如林奈的研究）或用地图再现空间现象分布。对于地理学而言，幸运的是，许多形式主义者冲破了康德传统学说的局限，并创作了区域描述的经典著作，如人文地理学、伯克利学派及历史地理学。

六、康德学说的基础与地理分布学的解释

卡尔·李特尔写于 1815 年的著作《地球学》，经常被视为地理研究奠基之作。它体现了康德学说的精神，同时折射出"超越型形式主义"的思想（Ritter，1817）。这部著作的两个主要特点使其较 18 世纪的地名目录整理更为精细。首先，围绕区域的概念整合可观测数据，并且有

---

① 彭克，德国地貌学家、地质学家，提出过地貌演化学说、山麓阶梯概念。——译者注

一个包含区域多样性的框架。其次，存在历时流动的要素，即一个超越所有表面形式和区域的可辨识的过程。地理学由此成为一门对人文事象进行地域研究的学科。李特尔的思想影响广泛，《地球学》一书在欧洲各学派和学院受到热烈欢迎，甚至通过阿诺德·盖约特传到美国。

在学科建立前夕，地理学还流传着其他根隐喻，形式主义也屈从于机械主义和有机体主义所引导的更为综合的方法。形式主义为德国学科所面临的首要困境提出了具有说服力的解决方法。例如，人类如何在单一领域中保持物质和文化，同时将其视为一门科学？格兰（Gerland）和福禄贝尔（Frobel）等人认为，最好将两者分开，因为除了将人文和自然纳入单一科学方法具有一定的困难之外，在决定论阴影下研究人地关系也并不容易（Van Valkenburg，1951；Dickinson，1969）。拉采尔的《人类地理学》（*Anthropogeographie*，1822—1891）为解决该困境提出了一种方案，但更倾向于有机体主义而非形式主义。在唯物主义者看来，李特尔区域综合性的观点以及全面认知过程中历史和地理视角的整合没有实质意义。从 19 世纪末到 20 世纪初，阿尔弗雷德·赫特纳写了一系列颇具影响力的文章，重新在地理学的本质研究中使用了形式主义的观点。

赫特纳指出，从自然科学的角度来看，地理学不能被视为一门科学；从人文学科的特点来看，地理学也不能被视为人文研究的领域。他认为，学科实践应该包括物质和人文要素。假若缺少人文要素，学科实践将会陷入环境决定论的误区。区域、景观或者其他人文事象都不能定义地理学，也就是说，地理学不能将这些视为其特有的研究领域。那么，如何才能确定该学科的研究核心？赫特纳认为，不论是后达尔文主义"生态学"的观点，还是黑格尔关于"自然统一性"的目的论，都不能提供一种在意识形态上可以被接受的论述。因此，他将地理学定义为"地球表面分布学的研究"（Hettner，1927）。他把地理学分为研究"如何（过程导向的科学研究）""何时（时间导向的事物发展研究）""何地（空间关系的科学）"的科学。这与康德的观点遥相呼应。由此，地理学被定义为从空间视角研究现实问题的学科，包括对分布、区域差异、区位以及模式的研究。

第一次世界大战前后，对现实及政治事件进行实证研究的主要地理学派倾向于赫特纳的学说。在意识形态、情感以及认识论领域，形式主义的观点非常具有吸引力：它提供了一个在中立学科间进行跨国合作的基础。1908 年，在日内瓦举行的第九次国际地理学大会采用了以下观点：

> 地理学旨在对地球表面多样化的物质生活等事象进行描述，这些元素的整合及相互作用形成了全球地貌。中小学的地理学教育应采用综合方法，并以阅读地图为基础。在对世界不同地区的描绘中，地理学应该明确无机世界和有机生物之间的关系以及地球表层的人地关系。（Dickinson，1969：270—271） *110*

战争期间，赫特纳的形式主义学说（形态学和分布学）受到大西洋两岸学者热情的拥护和实践（De Geer，1908，1923；Baker，1917；Harshorne，1939；Darby，1947；de Jong，1955）。形式主义也被引入实践导向的实证主义研究，并摒弃了部分前人一直推崇的哲学问题。文化和知识传统的根本区别意味着形态学和分布学的思想被用于完全不同的研究领域。赫特纳对文化景观的研究主要基于欧洲中部人类的生活和环境，这种方法不能被用于解释美国中西部的文化景观（Hettner，1905，1927）。除此之外，布特兹指出，在传统地理学中，赫特纳对区域的描述及对区域差异的刻画忽视了自身经验对过程、原因的影响（Butzer，1989）。对于战争期间的大多数人而言，"探险和地图绘制"是一个挑战，但对于自然和人文领域的实践者而言，探险和绘制地图却是自然而然的行为。地貌学与地质学在"形式"和"过程"的优先性问题上存在争议。形式主义者乐于承认系统分析方法能用形式和模型解释过程；机械主义者和有机体主义者的观点正好相反，认为可以用过程解释形式（图 3-7）。

111

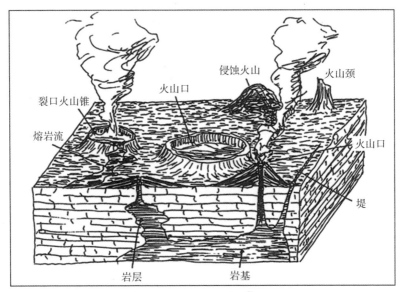

图 3-7　形式和过程 [①]

在人文地理学中，一代又一代的人忽视了同一个问题，即到底是用形式还是用功能去解释生活和景观。直到第二次世界大战期间，才有少数人支持用"过程导向"研究人口学、经济学以及政治学的模式。20世纪，每个国家都对"地理学是什么"这一问题进行了讨论。简明起见，下面我们就用北美故事来说明形式主义在不断变化的语境背景下的优势和局限。

---

① Sketch by Bertram Broberg.

七、马赛克与美国地理学

在第一次世界大战之后，北美地理学家青睐用形式主义解释问题。环境决定论至少是两代人的教育特征，这是该学科的新人希望放弃的东西。他们认为，北美地理学需要摆脱欧洲学术界的影响，但与此同时，他们又因一些"神秘的"专业术语及有机体主义世界观背后的含义而感到不安。历史学的同仁已经从边界研究转向部门研究（Turner，1920，1961），社会学也正在从芝加哥学派对自然区域的研究转向社会区域分析以及人口统计模式的社会测量学（Theodorson，1958）。地理学仍然是一门研究空间和地方关系的综合性学科，并在社会学研究中发挥重要作用（PG：62—65）。罗伯特·普拉特（Robert Platt）回忆说："与哲学不同，地理学从实际事物而非抽象事物出发，这为理论的提出奠定了坚实的基础。与历史学相比，历史学注重去图书馆收集资料，地理学则更强调实地调研和直接观察；与地质学相比，地理学重视处理人地关系，而不仅仅是研究岩石或化石。"（Hartshorne，1964）

两次世界大战期间，美国精神的三个特点使形式主义独具魅力，即对具象事物而非抽象事物的关注、强调当下而非过去、注重实地调研（Blouet，1981；James and Martin，1979）。美国地理学创始人普雷斯顿·詹姆斯（Preston James）称赞了这种分布学方法。鲍威尔（Powell）*112* 曾劝说国会重新考虑按方格网络划分西部的居民区。约翰逊（Johnson）证明了建造巴拿马运河的可行性。乔治·帕金斯·马什也对地中海地区的土壤侵蚀发出了警告。以上案例都说明了"地图"在解释复杂问题中的重要性（Marsh，1864；Powell，1878；P. E. James，1981）。

即使学科之间存在共性，就学科认同来说，仍存在由学科分工差异导致的学科之间的张力。怀特、索尔、哈特向等少数学者思考了此类理论问题。地理学应该将目标定为系统地展示自己的特殊空间视角，比如对聚落、交通、土地利用或文化特征等的研究，还是定为形成一种将特定区域内的现象转化成完全形态的艺术？地理学重视整体还是部分、分析还是整合这一矛盾成为难以攻克的议题。怀特将这一问题转移到另一层面的话语上，将想象力转向截然不同的世界观——在很多方面都与美国精神相近，即语境主义。哈特向补充说，在问题导向下，大多数地理学家只是运用实证主义的研究方法对事物进行描述，却很少有人对科学理论进行批判性反思。

在赫特纳和哈特向的著作中，无论是隐喻的还是明确的实践惯用语，都具有鼓励系统和区域的倾向。如果双方都致力于解释景观，在理想情况下，两者应该相互补充。然而，这种观点在落基山脉东部和西部的学者之间有着截然不同的回响。以索尔为代表的伯克利学派关注历史和文化的多样性，强调物质形式是研究文化和自然历史迹象的载体，反对历史学中的进化论和决定论（Sauer，1941；Speth，1981；Solot，1986），不屑于中西部的同行对功能主义的关注（Rostuland，1962；Leighly in PG：80—89；Butzer，1989）。他们之间还存在另一种明显的分歧。一方面，秉承托勒密和奥特里乌斯思想的实证主义者最终选择将空间形式和过程模型化、理论化；另一方面，那些以历史决定论和唯心主义为前提的学者阐述了地方和地区的独特性。前者结合了机械主义世界观，在第二次世界大战后"新地理学"的设计中发挥了重要作用；后者则将向战后欧洲出现的新的哲学流派敞开大门，如解释学、批判理论、存在主义及现象学。

形式主义在第二次世界大战期间沉寂了一段时间，战时经历引发了对现实进行机械主义解释的强大趋势（PG：186—196）。实际的战争经历改变了这种世界观，至少有一代人通过这种整洁的内务管理方法、几何学模式和静止状态构造的世界观统治着地理学。基于田野调查的归纳法让位于演绎、推理，即以自然法则为基础屈从于以理论为基础。"空间相互作用过程"（Ullman，1954）与"区域分化模式"（Hartshorne，1939，1959）之间的矛盾成为地理学的主要问题。从问题表面来看，人们对天空的征服以及航空科技的发展使时空概念发生了彻底的改变。区域间的差异变成了一个由点、线和可收缩或可扩展的距离组成的拓扑表面。战后，西方社会的重建计划再次激起了浮士德式的梦想，人们认为科技及理性可以阻止未来的战争，合理化的空间和功能可以使效率与秩序达到和谐。地理学家开始强调地理事物的发展过程与功能，而非表象与形式。同时，有些人开始探索它们之间的相互关系。

将形式与过程联系起来的挑战使中世纪以来的地理学发生了变革。该变革始于20世纪50年代的艾奥瓦州（Iowa），随后迅速扩展至西雅图、埃文斯顿（Evanston）、芝加哥和密歇根。实证主义定量研究的浪潮让形式主义焕然一新。邦奇（Bunge）的《理论地理学》（*Theoretical Geography*，1962）重申了毕达哥拉斯的构想：分布学强调几何学的严谨性；地理学也将摒弃赫特纳式的特例研究而成为一门新的科学。区位分析方法将成为重要的方法论，这预示着地理学在指导流域动态、城市社会现象、服务业的选址及控制疾病扩散等多方面的分析潜力（Chorley and Haggett，1967；Harvey，1969；Haggett，1972；Amadeo and Golledge，1975）。20世纪50年代末60年代初，瑞典成为科学地理学和应用地理学的典范，受到倡导革新者的称赞。

20世纪60年代末，大批学者开始批判定量研究暴露出来的对事物表征的模糊性、实证研究过程的局限性以及区域科学层面对城市和区域发展规划中的价值意义的忽视。虽然意识形态各异，但大部分批评都是在形式主义的范畴内进行的："日常生活的空间"和"表征的空间"、"局内人"和"局外人"之间的紧张关系，以及基于不同空间和地方体验所产生的差异化"意象地图"。20世纪60年代，大部分方法都旨在描述及解释事物，因此，其在概念和方法论上面临的挑战主要是"本

114

质型形式主义"，包括等级划分、类别划分以及符号表征。也有学者寻求揭示不同区域分布形式之间的同构性或非同构性，如研究各种社会人口空间与行政、选举领域的现有边界或服务选址位置的"匹配度"。多变量的分析方法（因子生态学）使不同空间产生了差异化的结果（图3-8）。

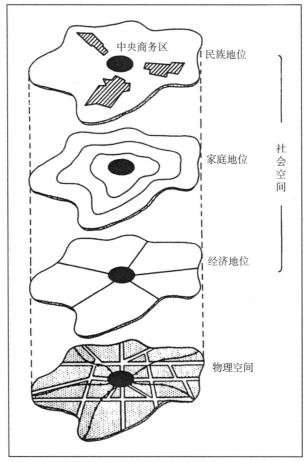

图3-8 社会空间的分层[1]

---

① Reproduction courtesy of Robert A. Murdie.

　　我们可以从这些描述和再现中提炼出一些规律，如某些群体的劣势地位和空间隔离（Herbert and Johnston，1978；Jones，1986）。本质型形式主义足以论证事物间的不平等、不公正及低效，但缺乏解释性理论，在本质上不足以作为规范行动的基础。后来，该理论整合了机械主义的解释学，这才形成了具有整体性的理论。事实上，20世纪后期，很少有地理学家只关注形式本身而不考虑其潜在的过程。

　　其他趋势有更多野心勃勃的目标，更类似于超越型形式主义。一方面，现象学受到关注，人们开始探索自身经验所处空间、自然环境的意义，正如胡塞尔（Husserl）所言："回归事物本身，让事实为现象说话。"（Tuan，1971；Sanuels，1971；Relph，1974；Seamon，1980）另一方面，部分学者运用马克思主义等批判性理论中结构主义的观点，去解释社会和空间中存在的形式与模式（Lefebvre，1974；Harvey，1972；Santos，1975；Peet，1977）。以上两个方面都折射出存在主义的主旨，强调了主观与客观、民间与精英、个人与权威之间的矛盾。然而，问题判断导向和潜在解决方案的隐喻规范截然不同，前者在人性、社会性和根源意识形态中找寻事物的解释模型和隐含意义，后者则在超越结构及变型中探寻实践意义。在北美，这些后行为主义地理流派有过短暂的创造性接触；在其他地方，两者之间将发生持续对话，如欧洲大陆的哲学与拉丁文化的差异性（Santos，1975；Olsson，1979；Racine，1977；Pascon，1979；Gomez-Mendoza and Cantero，1992）。

　　20世纪末的地理学家并未认可应用的意义。形式与模式的诗意诉求不仅重新引起了人们对历史文化地理、景观欣赏以及与考古学家活跃互动的兴趣（Butzer，1978），而且重新激发了人们对地方感、地方认同和人类创造力的研究兴趣（Pocock，1981；Cosgrove，1984；Daniels，1988；Rowntree，1988）。对于许多人而言，文化景观成为解释社会、权力、生活方式、文学及景观等多种假设的重要载体（Pocock，

115

1981；Cosgrove，1984；Daniels，1988；Rowntree，1988）。在这些研究中，人们常常把形式主义与语境主义结合在一起来解释事物。语境主义世界观认为，世界为事件发生提供了特定的场所，每个事件都应该在其特定的情景中被解释（参见第六章）。这两种世界观都忽视了从整体的视角去分析现实世界。其支持者，尤其是人文主义学者，经常用经验主义的模式证明其合理性。例如，在理解方面，20世纪60年代产生于感知研究的语境主义，通过对观察者和参与者自身研究案例的重新定义，使更多的解释学的方法被应用于景观解读（Samuels，1971；Meining，1979；Rose，1981）。皮尔斯·刘易斯（Pierce Lewis）指出，人类景观就是传记，记录了景观特性及人类的日常生活（1979：13）。战后，在关于偶然性和必然性、宣传和教化等问题的争论中，地理学家在对景观意义及其背后规律探寻的过程中，在对知识进行有效传播的过程中，重新发现了他们所丢失的东西（Lewis，1986）。

20世纪70年代，人文兴趣的蓬勃发展在地理学研究的各个领域中都带来了困惑和欢乐。与20世纪60年代区位分析及区域科学的确定性，应用地理学中的社会良知、新研究视角和方法论中的浮士德精神相比，现在社会更强调相对论、语境主义和解构思想。巧合的是，地理研究或大学部门在资助上正面临新的危机。因此，人们大胆尝试从那些模糊且时而虚无的激进经验主义以及"能解释任何事情"的科学哲学中拯救地理学（Feyerabend，1961，1975）。在这一过程中，有人在寻找认识论、语言和数学等学科之间的共同基础（Gould and Olsson，1982；Scott，1982）；也有人认为在地理学之外应存在一种行政责任，为其学科生存创造更好的前景。新兴的哲学运动帮助地理学重拾了信心，即重塑地理学在传播"不可争论的真相"及解释地球和世界的认识论价值。在欧洲大陆，结构主义是引人注目的，但在英美重建中，现实主义再次引起人们的关注。

罗伯特·萨克（Robert Sack）在《社会思想中的空间观》（*Conceptions of Space in Social Thought*）中提出"一种现实主义的科学框架，该框架通过我们对人类行为的不同观点和哲学方法的认识，融入了空间的多元概念"（1980b：4）。这是一次勇敢的举措，是地理学重塑 *117* 形式主义世界观的大胆尝试。与中世纪的现实主义者一样，萨克从本体论和认识论出发，用不同的方式去解释空间这一概念（图 3-9）。

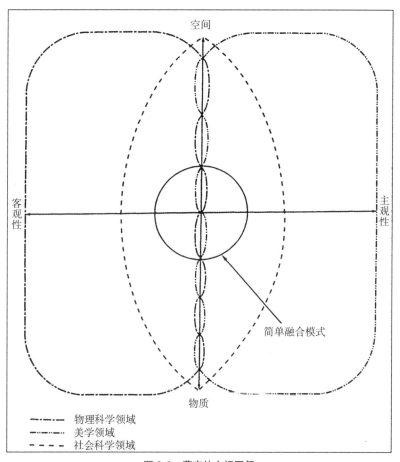

图 3-9 萨克的空间图解

现实主义描绘了一幅真实的世界图景。它旨在使"自然规律"从人类经验与文化视角科学分析变量的方法中脱离出来（Bhaskar，1979）。在社会科学中，人们更关注"是什么"和"在哪里"，而非"为什么"（Keat and Urry，1975；Urry，1981）。这种差异体现在怀海特（White-head）学术研究的中立主义中。伯特兰·罗素指出，通过感知获得的数据以及从常识中筛选的信息能够支持对现实的普遍解释，如重力定律、潮涨潮落、温度、日照以及植物成熟时的降水规律（Russell，1959）。洛克、休谟、英国政府以及那些仍然追随康德地理学思想的人秉持实在主义的观点（Sayer，1982；Johnston，1983；Lawson and Staeheli，1990）。同时，一个超越实证主义的声音正召唤着它的追寻者们：实证主义的研究仅对真理进行了表述，现实主义的观点才真正地传递了"真理"（van Fraassen，1980：9）。

结构主义还寻求身份建构或"普遍的思维形式"，这最终被视为超越个人的"思维"。在这里，人们发现了一个关于"深层结构"或者集体意识原型的假设，它们以相应的语言、社会结构和景观形式表达自己。据称，对这些形式的仔细观察，最终可能产生超越个体意识特性的普遍真理（Jakobson and Halle，1956；Levi-Strauss，1966）。结构主义和实在主义又都包含了很多类型。虽然有人将形式视为主要的显性形式（本质型形式主义），但也有人将过程视为内在形式（超越型形式主义），后者的观点似乎更振奋人心。在当前结构主义的话语中，本质型形式主义与超越型形式主义以及形式主义、机械主义之间的张力越发明显（Rose，1987；Gregory，1978，1985）。结构主义者中理想主义与物质主义的争论仍在继续，主要体现为有机体主义世界观和机械主义世界观之间的差异。20世纪70年代，社会学存在一些关于"结构主义理论"的争论，也存在一些时间与空间、原因与结构、实用性与理论性等关系不和谐的可能。与十几年前社会学的"沟通分析"大同小异，这些方法最终指向语境主义的世界观，而非形式主义（Gregory，1985；Johnston，1983；Pred，1984；Bourdieu，1979；Giddens，1979）。

与文艺复兴时期一样，20 世纪末形式主义所面临的主要挑战源于科技和政治的世俗化发展。通过卫星或其他经过改良的计算机设备，人们获得了丰富的信息，其数量是前所未有的。这再次引发了地理学和历史学的经典难题：如何表达、解释和使用现在充斥在我们周围的所有地理信息。文艺复兴时期，贸易、传教以及航海等领域的先驱和科技人员通过创造新的词汇和语言来应对当时的社会信息。从前，不论是基于数学还是统计学的计量革命，地理学都设想构建世界沟通网络；《百科全书》编撰者与启蒙运动时期的科学人文主义者也都提倡学习计算机科学。政治当权者为形式主义地理学的研究提供赞助，但在这一过程中，只有科技能胜任这项工作。

作为马赛克拼图的世界是地理学非常持久的世界观之一，但它也只是西方历史的众多选择之一。它拥有强大的解释力，曾一度优雅地出现在历史舞台上，使其他世界观相形见绌。在佩珀看来，这种世界观具有分散性，并且没有范围限制，常常因解释过程缺乏充分性而受到质疑。形式主义世界观需要借鉴机械主义世界观来提升解释力。从20 世纪科学和人文学科的很多领域中，我们能发现形式主义和机械主义的结合，尤其是生物学（D. W. Thompson，1917；Judson，1979，1980；Sheldrake，1981）、地貌学（Lidmar-Bergstrom，1984）以及数学（Thom，1975；Mandelbrot，1983）。20 世纪末，景观生态学、信息科学和地理信息系统重新激起了学者对现实中这种根隐喻的关注（Phipps，1981a，1981b；Phipps et al.，1986；Baudry，1989）。形式与功能、模式与过程之间的关系是永恒的谜题，可能会给世界各地的

119

地理学家带来持久的挑战。也许，哈格特《地理学的艺术》(*The Ge-ographer's Art*)的结论重申了人们的感想：

> 对我而言，地理学结构的困惑与谜题仍在持续。不论是从太空看到的行星的结构对称，还是太平洋岛屿链中的环礁序列，或是菲律宾山坡上的灌溉梯田，它们都美得令人惊叹。一旦添加时间维度，结构就会瞬间变化。在多维的空间中，扩散波成为一个交织跳动的轨迹。(1990：184)

第四章

作为机械系统的世界

世界就像一个稀有的时钟……它的每一个零件都设计得很巧 *120*
妙，因此一旦引擎开始运转，所有零件都会按照巧匠最初的设计运
动……该运转不需要巧匠或他雇用的技术人员的干预，而是依靠整
个引擎最基本和最初始的设计，以在特定场合实现其功能。

——Boyle，1690

如果说珀加索斯①（Pegasus）、潘恩②（Pan）或柏拉图式工匠是形
式主义世界观的标志符号，那么为了人类利益从众神那里偷取火种的普
罗米修斯无疑是机械论者的英雄。形式主义者寻求高度多样化和分散化
的全景模式，每一种模式都依据自身的性质或基本规范进行阐述，机械
主义者则探索其相互作用的过程、功能联系，以及世界运转的最终原因。
人们可能会将形式主义与室内乐联系起来。室内乐的节奏和旋律呼应
了宁静的世界和静止的、固定的景观，以及具有高度共识和既定秩序
的居住社会。按照这种思路，机械主义可能是行进军队刺耳的露营声，

---

① 珀加索斯，希腊神话中的双翼飞马。它踩过的地方会有泉水涌出，诗人饮之可获灵
感。——译者注
② 潘恩，希腊神话中的牧神。潘恩头上长着一对山羊角，下半身长着两条羊腿，身后
长着一条羊尾巴。——译者注

革命者的解放之歌，或者实验设备、工厂和机车发条的敲击声。据称，形式主义倾向于接受现状，支持自由和民主的政治，而机械主义一直是革命者青睐的隐喻，也是社会和知识生活变革的推动者（White，1973）。

这种概括引发了人们对许多例外情况的认识。马赛克世界观和机械主义世界观存在差异，但并不意味着它们的认知目标总是相互对立的。它们之间的确存在区别，但也常常在物理学、地理学、生物学、建筑学和社会科学新的解释学模型中汇聚。不同背景的地理学家对景观形态形成的问题感到困惑，他们探索地球表面最终如何经由自然过程、土壤、植物、动物生命的进化以及人类的历史变迁而形成了现在的形态。在试图了解人类陆地家园所发生的前所未有的变化时，学者们重新发现了这两个根隐喻的互补性。

人们对自然和人体功能关系的好奇心，以及对作为实际生活必需品的火、空气、土壤、水等元素的利用方式的好奇心，与人类本身一样古老。如果曼荼罗代表着马赛克世界的中心符号，那么轮子或水平仪就象征着机械主义（图4-1）。

很多创世神话都讲述了最初地球的形成是由善良的力量决定的，随后，由于人们犯罪或反叛，上帝用洪水来净化世界。诺亚方舟的建造当然需要机械技能，正如《吉尔伽美什》所描述的：

> 第五天，我放置了船的龙骨和肋拱，然后快速铺好船板。甲板面积为一英亩①，每边各长一百二十腕尺，形成了一个正方形。我在下面建造了六层甲板，总计七层。我把它们分成九部分，中间有隔

---

① 1英亩约为4046.9平方米。——译者注

图 4-1　踏板轮 [1]

---

① Photo courtesy of Svante Lindquist. 1520 年的一款踏板轮的全尺寸模型，直径为 3.6 米。这种踏板轮用于 18 世纪的瑞典工业。这个复制品是斯万特·林德奎斯特（Svante Lindquist）和他在皇家理工学院的学生于 1980 年在国家科学技术博物馆建造的。

板。我用楔子把需要固定的地方楔牢，锯好了撑篙，然后装上补给物品。搬运人用筐运油，我将沥青倒入熔炉，然后将沥青和油混合；在填缝过程中，越来越多的油被消耗掉，同时，船的主人把更多的油运进船舱……第七天，船终于建好了。[①]

最近，同位素碳 14 揭示了人类文明中古老机械和技术的精巧。20世纪 70 年代初，中国浙江省的一口古井被人们重新发现。这口井建于5700 年前，深 1.35 米，长 2 米，井侧由两百多个圆木桩围成，木桩通过榫和榫眼相接合（Shen，1985）。卷扬机（辘轳）、杠杆（桔槔）和滑轮的使用痕迹在 2500 年前中国商朝的景观中随处可见。《以西结书》[②]（Book of Ezekiel，大约公元前 1000 年）赞扬了腓尼基人在航海和商业方面的技能，以及他们对战略位置的把握。在美索不达米亚和埃及，陶器、黏土和建筑材料的奇迹仍然吸引着当今的考古学家。事物运转和理解它们如何运转的魅力不同于确定和宣扬事物的喜悦，它是机械主义世界观的核心。就地理学而言，对距离的征服，尤其是对大海和大洋的征服，最能体现机械主义的挑战精神（图 4-2）。

在西方知识生活中，人们对机械主义根隐喻的热情起起落落。这与菲尼克斯、浮士德、那喀索斯三部曲产生了共鸣。对于西方（后牛顿）科学来说，这些宏伟愿景的核心是从根本上获得解放的理想。17 世纪的先驱"寻求包括一切的框架，在这个框架中，所有存在的东西都可以被系统地呈现出来——在逻辑上或因果关系上——是相互关联的庞大的结构，不应该为自发的、无人参与的发展留下任何缺口。在这种情况下，

---

① 这段译文参考了《世界文明史》（丹尼斯·舍曼、A. 汤姆·格伦费尔德、杰拉尔德·马科维茨等著，中国人民大学出版社 2012 年版）。——译者注
② 《以西结书》，属于先知书，载于《旧约》。以西结（Ezekiel）是该书作者之名，有"神是我的力量"之意。——译者注

123

图 4-2 海盗船[1]

至少在原则上，这个框架内发生的一切都可以用不变的一般法则来解释。"（Berlin，1980：xxvi）

正如普罗米修斯的故事一样，这种追求常常导致矛盾的态度。虽然宇宙中充满了战胜恐惧和神秘的胜利感，但是世界的觉醒也会导致孤独感和疏离感（Lenoble，1969）。现代科学遭受批判的永恒主题是科学剥夺了大自然的神秘，同时否定了人类的人格与自由。科学家自己有时也会表现出得不偿失的胜利感。因为大自然的运作已经得到了"解释"，用莫诺[2]（Monod）的话说，现在的人类如吉卜赛人般"生活在一个对他自己的音乐漠不关心的世界。就像对苦难和罪行的漠视一样，人们也对 *124*

---

① Sketch by Bertram Broberg.
② 莫诺，法国生物化学家。——译者注

希望无动于衷"（Monod，1972：173）。然而，正如歌德在启蒙科学的平静期所感觉到的那样，普罗米修斯冲动会继续引发浮士德式的梦想，即个人崇高的精神追求。

一、自然、理性与事物的本质

从毕达哥拉斯的原子论到伊壁鸠鲁派狂热的反目的论，再到罗马工程师对实践的关注，我们都可以发现机械主义世界观的灵感来源和认知基础。其中的许多要素一直延续到 20 世纪。阿那克西曼德反对以"空气""热""物质"或泰勒斯（公元前 6 世纪）的"水"为基础，对宇宙（自然）进行"单一元素解释"（Glacken，1967）。对于阿那克西曼德来说，用现代的短语讲，宇宙就是一个受法律约束的"综合系统"。理性（理智或思想）被理解为一种自由流动的能量，影响不同要素之间的相互作用、吸引力或排斥力。对于恩培多克勒来说，这两种主要的力量是爱与恨。任何关于世界是如何运转的目的论解释的假设，如外星工匠的存在，都是不必要的，甚至是令人反感的（Glacken，1967）。毕达哥拉斯学派借鉴普罗米修斯的神话，将行星运动类比为"球体的音乐表演与谐音"，以寻求对地球系统的解释，认为其振动暗示了机械有序的整体。普罗米修斯从众神那里偷走的，就是机械艺术和火的秘密。这使人能够主宰地球。

在苏格拉底形式主义的黄金时代结束，伯里克利[①]共和主义衰败，以及亚历山大大帝（Alexander the Great）的梦想破灭之后，反目的

---

① 伯里克利，古希腊奴隶主民主政治的杰出代表，古代著名政治家。——译者注

论的观点再次被清楚地表达出来。亚里士多德的徒弟泰奥弗拉斯托斯[①]（Theophrastus）极力反对历史终极原因的概念：很多事情的发生似乎是偶然的，而不是必然的。正如后来的希腊和罗马学者所做的那样，人们对有效性的原因进行了辩论。伊壁鸠鲁派坚决反对斯多葛派的目的论，并试图把"神灵"从宇宙统治中驱逐出去。这唤起了早期原子论者的记忆，如留基伯[②]（Leucippus）和德谟克利特（公元前 5 世纪）。和在随后的许多社会和政治混乱时期一样，他们对严谨分析、"还原主义"和激进经验主义的呼吁得到了热烈的响应。留基伯和德谟克利特曾设想宇宙是由无数不同形状和物质成分的粒子组成的，它们在宇宙空间中持续不断地相互作用。通过对成分及其功能相互作用的还原分析，我们最终可以解释物质和形式现象的多样性。

毫无疑问，正是如此勇敢的开始构成了古典世界中最有说服力的机械主义世界观形成的源泉——西塞罗的《论神性》（*De natura deorum*）和卢克莱修[③]（Lucretius）的《物性论》（*De rerum natura*）。这些在中世纪后期被重新发现的文本强调了机械主义世界观的关键理论要素。这些要素引起了人们长期的关注：

> 1. 人类的大脑只有通过洞察微小粒子的细节及其在不同情况下相互作用的方式，才能了解事实的本质；宇宙最终是由空间中不断变化的原子组成的。（Bailey，1926）

125

---

① 泰奥弗拉斯托斯，古希腊哲学家、自然科学家。他先后受教于柏拉图和亚里士多德。柏拉图死后，他在希腊学院辅助亚里士多德工作。——译者注
② 留基伯，古希腊唯物主义哲学家，原子论的奠基人之一，认为世界万物都是由不可分割的物质（原子）组成的。——译者注
③ 卢克莱修，罗马共和国末期的诗人和哲学家。他继承古代原子学说，阐述并发展了伊壁鸠鲁的哲学观点，认为物质的存在是永恒的，提出"无物能由无中生有，无物能归于无"的唯物主义观点，反对神创论。——译者注

2.宇宙的目的论解释是不科学的、不合理的，至少是难以使人理解的。例如，地球不可能被设计成适合人类居住的地方：其三分之二的表层要么太冷，要么太热，要么太干或太湿，不适合文明的人类居住。很少有观察家质疑大自然的丰富性；然而，物种之间的生命行为显然总是不乏生存竞争。从对人类有利的视角来看，掠食性的野兽、有毒的植物和无数的自然灾害都暗示着斗争而不是被动地接受"自然的现实"。西塞罗和卢克莱修认为，如果诸神与这部戏剧有任何关系，那他们要么是怀有恶意的，要么是冷漠的。

3.人们可以在自然力（"无生命物质"）的动力学中看出决定论和类似法律的规则，生物领域中则没有这些规律。在生物领域中，人们可以看到生存的必要性，而不是类似法律的决定论，也不是神圣的法令。诸神为什么要关心？

4.人类的头脑（科学家）面临的巨大挑战是消除地球生命的恐惧和不安：使人类了解地球进而控制地球。

对西塞罗和卢克莱修来说，这种世界观如何包容人类的其他品质仍旧是个谜。西塞罗是西方思想史上人文主义的典范。他是教化的倡导者，认为道德和智力美德的教育是罗马公民的必修课（参见第二章）。虽然对地球系统的看法是还原论和决定论的，但他们都承认生命具有某些特性：

同样，如果运动总是相互关联的，新运动就会以确定的秩序从旧运动中产生——如果原子永远不会偏离，一些新的运动将会打破命运的束缚，即因果的永恒序列——那么整个地球上的生物所

拥有的自由意志的来源是什么呢？（Lucretius, *De rerum natura*, 2：103）

卢克莱修声称，秘密在于智力。它就像阿那克西曼德的理性一样，超越了物质决定论或外部强加的力量：

> 你可能会看到，运动的开始是由智慧引发的，而行动首先是从大脑的意志开始的，然后通过整个身体和四肢向前传递。这也不像我们受到其他力量的推动而向前移动；因为很明显，身体运动的所有行为都在违背我们的意志，直到意志通过四肢遏制运动……你必须承认，种子中也存在同样的现象。除了我们的力量和重量之外，运动还有其他原因。这种力量是从我们身上产生的，因为我们知道没有任何东西可以无中生有。正是重量防止了万物因某种外力而受到冲击；但是，是什么让大脑在一切行动中保持本身的作用，并在被掌控和被迫忍受与经历这种行为的过程中保持自由？这在刚开始偏离的时刻就出现了，没有固定的地点，也没有固定的时间。（105）

罗马人认为，人类，特别是人类的智慧，在某种程度上——无论是在道德上还是智力上——不受机械宇宙的确定性法则的影响。此外，他们声称，人类背负着由罗马人统治和征服物质世界的特权而产生的负担：

> 我们享受平原和山脉的果实，河流和湖泊是我们的，我们播种玉米，我们种植树木，我们施肥、灌溉土壤，我们管制河流并整治

或改变河道。总而言之，通过双手，我们试图创造出自然界中的第二世界。（Cicero, 2：60，151—152）

技术是人类艺术天才的最初创造之一，使人类从宇宙决定论（善良、邪恶或冷漠）中解放出来。技术本身是一个独立的宇宙，服从于类似法律的决定论，原始自然或超自然的突发奇想都不应该对其加以控制。然而，在罗马，如同在随后几个帝国中的情况那样，机械主义世界观存在某些内在矛盾。成功废除一种目的论后，人们往往会采用另一种。与西方历史上许多后来的帝国一样，罗马帝国制度本身也要面对管理效率的考验——无论是在工程方面还是在社会专业知识方面——并最终会在面对无法预料的精妙整合和彻底机械主义的世界观时崩溃。

127

二、从有机整体到机械系统

中世纪孕育了基本形式主义的宇宙概念，见证了文艺复兴的爆发。15 世纪和 16 世纪早期，柏拉图学派的猜测以及探险家对未知之地（terra incognita）的精神崇拜，从基本的有机体主义世界观中得到了启发（参见第二章、第五章）。正如西方知识史上后来的几个时刻，汹涌澎湃的知识创新浪潮冲击着顽固的壁垒。这两个高度对立的根隐喻（有机体主义和形式主义）相互对峙。最终，机械主义提供了一个貌似合理的选择。正如有机体主义和机械主义呈现了一幅现实的综合图景，形式主义和机械主义强调分析方法而不是综合方法。文艺复兴晚期，机械主义再次兴起。它通过浮士德对人类进步的承诺而重新焕发出活力。从地理学的角度来看，文艺复兴晚期的机械主义至少存在三种好奇心，其成果在 20 世纪的科学中得到了认可。

　　首先，是人们对事物运转、技术和工程的迷恋。这集中体现在达·芬奇的巧妙发明上，也根植于几个世纪以来一直挑战传统教义的守护者的神秘工艺和魔法。与地理科学直接相关的是航海罗盘和帆所提出的挑战，以及利用水能和风能的挑战；在陆地上，则是对运河高架桥、城堡和大炮的勘探。对于文艺复兴的先驱而言，如培根和 18 世纪的北欧冶金天才，技术意味着艺术、实用艺术以及全新的知识方法（科学）。在达·芬奇看来，所谓对事物本质的洞察完全基于心理过程或感官证据同样是值得怀疑的。正如维科在两个世纪后所重申的那样，人类仅能真正理解他们自己所创造的东西；只有艺术家、自然工程师、工匠和实验者才能找到自然设计的线索。达·芬奇认为，整个宇宙结构和机制的理想类比是人体本身，这揭示了长久以来他对有机体主义而非机械主义世界观的依恋。

　　其次，机械主义思想在政治和权利领域也有明确的陈述，这集中体现在马基雅弗利的作品中。他的观点与后来霍布斯、洛克和美国宪法之父的观点相呼应。作为政治家、讽刺作家和罗马的崇拜者，马基雅弗利从王权贵族那里赢得了魔鬼的称号。正如伏尔泰所说，这是因为他实际上"偷走了他们的秘密"。马基雅弗利愤怒地指责了教会和世俗势力。他概述了一个机械的，或者严格来说生物物理学中有生命的社会系统的定义。该系统构建了沟通和命令网络，以规范随后可能产生的随机一致性或熵（用现代的说法）。和达·芬奇的系统一样，这一系统重要的类比来自自然本身。

　　最后，也是最重要的一点，文艺复兴时期见证了宇宙与天文谜题尺度的扩展。从尼古拉斯·库萨的极端语境到布鲁诺的远见卓识，到哥白尼符合论的真理观，再到第谷·布拉赫（Tycho Brahe）、伽利略和开普勒（de Santillana，1956；Koyre，1957），这些天文学上的发现最终影响了所有的知识分支，为地图学和地图投影带来了全新的方法。到17世纪，真正的意识革命已经实现了。学术思想已经从理论走向实践（从理解到应用），从沉思走向活跃的知识，从完全顺从权威走向自主寻找科学确定性。世界观的转变由此出现了，即从综合的有机体主义（以布鲁诺、达·芬奇为代表）和舞台语境主义（以尼古拉斯·库萨为代表）转变为在分析方面更深刻的机械主义——虽然在概念上受到更多限制。柯瓦雷（Koyré）确定了这种机械主义世界观的两个基本特征，认为它在笛卡儿和牛顿之后主导了17世纪的科学：

> 宇宙的毁灭和空间的几何化是对世界作为一个有限的和有序的整体概念的替换，其空间结构体现了完美和价值的等级，即一种不确定的甚至无限的宇宙。它不再通过自然从属关系系统一整合，而是通过最终的和基本的组成部分、规律来统一。亚里士多德的空间概念（内部空间差异化）被欧几里得的几何学（本质上是无限的、同质的扩展）取代。现在，它被视为与世界的现实空间相同。（viii）

在布鲁诺、托马斯·莫尔（Thomas More）和伽利略等学者的哲学想象中，有机体主义世界观激发的无限宇宙的前景固然令人欣喜，但也让其他虔诚的灵魂感到恐惧，因为这些灵魂更倾向于把世界看成某种形式的马赛克。文艺复兴时期实质上是一个启蒙时期，我们难以用其他术语对其进行解释。莎士比亚戏剧化地表现了15世纪典型的矛盾心理。我们很容易从他的戏剧中看出其与但丁、马基雅弗利和达·芬奇在精神上的亲密关系。马洛《浮士德博士》中的邪恶天使发出了忠告：

129

前进吧，浮士德，在这著名的艺术里，

其中蕴藏着大自然的所有宝藏：

你在地球上，就像天空中的朱庇特主神，

是这些元素的主宰和指挥官。

马洛的《帖木儿大帝》[①]（*Tamburlaine*）也反映了这一点：

统治的渴望和甜蜜的皇冠，

那神圣奥普斯的长子

强迫溺爱他的父亲离开皇位

把他自己置身于崇高的天堂，

驱使我拿起武器反对你的国家。

有比强大的朱庇特更好的先例吗？

包含我们四个要素的自然，

在我们的胸中为团而战，

教导我们所有人要拥有抱负。

我们的灵魂，它们可以理解

世界上奇妙的建筑

测量每个行星蹒跚的轨迹，

它们仍在求索无限的知识，

如同不安分的球休始终在运动，

激励我们坚持不懈、永不停息，

---

① 《帖木儿大帝》，讲述了 14 世纪的普通牧民帖木儿如何登上国王宝座，成为野心勃勃、残暴无情的统治者的故事。马洛通过刻画一个百战百胜的枭雄，表达了文艺复兴时期的人们渴望获得无穷力量与权势的心情。——译者注

直到我们取得最丰硕的果实，

完美的幸福，唯一的幸福，

一个尘世王冠的甜蜜果实。

（Marlowe，1587，pt.2: vii，12—29）

世俗并不是上天的恩赐，实验和征服也不是神秘或美丽的沉思，寻求用数学而非本体论的术语表达普遍规律——这些是从伽利略到莱布尼茨[①]（Leibniz）理性时代的标志，其先驱包括笛卡儿和对地理学来说最重要的科学家艾萨克·牛顿爵士。

三、世界图景的机械化

17世纪和18世纪常常被认为是现代科学的腾飞时期。它也是机械主义作为整体现实根隐喻取得胜利的时期，在后来的医学、工程学和科学哲学的发展中产生了持久的影响。这种逻辑的确令人信服。对于那些厌倦了亚里士多德学派的人来说，他们在情感和美学上都喜欢把世界描绘成机械。他们有时对信仰和科学问题持怀疑态度，但对数学和物理的透明、确定性充满信心。可以说，机械主义成为学者之间潜在的共同点。但在其他二元论中，这些学者持相反的立场，其现代表达也可以追溯到同一时期：归纳与演绎、经验主义与理性主义、唯心主义与唯物主义，以及——最富有争议的——在笛卡儿对思维（精神实体）和物质（广延实体）的区分中大胆地提出了"主观"和"客观"真理的矛盾。

---

① 莱布尼茨，德国哲学家、逻辑学家、数学家和科学家。——译者注

17 世纪的先驱和他们的古罗马和古希腊前辈一样，最大的共同期待是用精确的数学定律展示对自然的解释。这种精确的知识可以使人类的头脑从恐惧和迷信中解放出来，促使人类征服与改造地球。他们只是在方法和方向上有所不同。弗朗西斯·培根和一些英国经验主义者，如穆勒、洛克和休谟，青睐实验方法、归纳和经验主义方法，关注科学在生活和技术中的应用。培根在《新工具》（Novum Organum）中说："人类知识和人类力量是合而为一的；对于原因尚不清楚的地方，人类的力量是无法产生效果的。必须遵循自然的本性，沉思其运行的规则与原因。"（1901：Aph., I, iii）

笛卡儿认为，真理是通过运用纯粹的理解，并以演绎法和精确的数学语言来实现的。感官或想象的证据是令人怀疑的，但头脑通过系统化的质疑过程最终可以获得确定性。他的《方法论》（Discourse on Method）杜撰了一个复杂的案例，把人体看作一种机器。它在同样精确的范畴中是可以理解的，人们可以通过它来理解恒星和行星体，甚至可以用物理学和水力学来解释人类的情感（J. Lynch，1985：50—75）。

随着隐喻视野发生极大的变化（Mills, 1982），从意大利文艺复兴时期的有机主义，到 17 世纪法国和英国所经历的机械主义，人们注意到从宣传到理解的转变，以及应用尺度的再次扩大。例如，人体和地球动力学之间的有机类比激发了达·芬奇的灵感，使他产生了机械类比。这为 18 世纪的学者提供了科学分析方法。穆勒在这里提供了一个具有隐含意义的插图：文艺复兴时期的学者把人体（解剖学、生理学、思想和精神）类比为整体创作——地球的水圈类似于血液循环，17 世纪的 *131* 机械师则使用蒸馏器或炼金术的隐喻（图 4-3）。

图 4-3　特里瓦尔德的玻璃管和笛卡儿的潜水员 [1]

---

① Photo courtesy of Svante Lindquist. 人体在天堂和地狱之间徘徊。1736 年特里瓦尔德（Triewald）的演讲集上的图案。

蒸馏瓶内的水被加热到沸腾，会产生蒸汽，蒸汽冷却，会在蒸馏瓶顶部发生冷凝（Mills，1982；Duncan，1951）。现在，地球已不再被视作心脏。有人认为，有中央的火在加热从海洋的地下通道流入地下的水。然后，水以水蒸气的形式上升到地球表面，并在那里凝结——比如在山地和丘陵。蒸馏模型能够解释云、雨、雷和闪电，甚至地震。这开启了蒸汽机发明者詹姆斯·瓦特（James Watt）的时代。哈维[①]（Harvey）血液循环系统（1628）的论述与达·芬奇水循环的许多观点相呼应。人们对如何验证这一理论产生了技术上的好奇。例如，黑尔斯（Hales）首创血压测量的方法（1733），探究空气、温度、质量和重力在身体机械运转中的功用（Lynch，1985）。1484年，达·芬奇赠给米兰公爵的"神奇的高效机器"可以用于战争或和平时期，是一个富有想象力的飞行器。到了18世纪，假设成为现实（Bernal，1965；Schofield，1970）。

如同他们的罗马祖先，机械解释的狂热者也面临关于人性、自由意志、情感和决定论等不可避免的问题。此时空气中弥漫着疑虑和自我反省。在信仰和理性问题上，帕斯卡[②]（Pascal）与笛卡儿有许多共同之处。帕斯卡对机械主义世界观可能引起的后果深感忧虑。考虑到伽利略和笛卡儿宇宙理论的后果，他承认："无限宇宙空间的寂静让我感到害怕。"人类情感被像机器一样的身体压制着。帕斯卡宣称："心有它自己的思考，而理性却不知道……你因理性而爱？"（Pascal，1670）具有讽刺意味的是，笛卡儿和帕斯卡之间的这场辩论是在理性反对教会教条主义的基本防御时进行的（见证了伽利略的审判）。帕斯卡反对完全理

①　威廉·哈维，英国17世纪著名的生理学家和医生。他发现了血液循环的规律，奠定了近代生理科学发展的基础。——译者注
②　帕斯卡，法国数学家、物理学家、哲学家、散文家。——译者注

性解释的观点无意中被解释为盲目支持非理性和教条主义。17 世纪以来，西方科学与政治史上也曾出现类似的关于"理性"含义的困惑。

四、机械之神 ①

希腊和罗马的戏剧经常召唤出神来为困难情景提供机械的解决方案。神也化身在 17 世纪的自然哲学中：艾萨克·牛顿的定律具有可与摩西（Moses）的碑刻相媲美的权威。亚历山大·蒲柏为这位伟大的先知写了以下墓志铭：

> 自然和自然法则隐藏在黑夜里；
>
> 上帝说，让牛顿来吧！于是一片光明。

牛顿的《自然哲学的数学原理》（*Philosohpiae Naturalis Principia Mathematics*，1687）是现代地理科学发展的伟大里程碑。该书第三卷"论宇宙的系统"（The System of the World）提出了万有引力定律。质量、距离、力是迄今为止人们理解宇宙动力的基本范畴。牛顿认为，开普勒的行星运动定律暗示着一种中心力，这个中心力与太阳和行星之间距离的平方成反比。他假设，任一行星和其卫星之间，海洋、太阳和月亮（如潮汐）之间，以及苹果和地球之间存在着相同的力。在一个简单的数学公式中，G 为万有引力常数，m_1、m_2 代表两个物体的质量，r 为 m_1、m_2 的距离。此时，两个物体间的力 F 为：

133

---

① 机械之神（Deus ex Machine），源于古希腊和罗马戏剧，指意料外的解围角色、手段或事件，用于制造出乎意料的剧情逆转。——译者注

$$F=Gm_1m_2/r^2$$

运用数学公式表达生命力成为 17 世纪以来科学家和自然哲学家所推崇的新方式。化学界的拉瓦锡（Lavoisier）、物理学界的拉普拉斯（Laplace）、社会科学领域的孔德和后来的涂尔干，以及历史学界的巴克尔（Buckle），这些来自不同领域的学者都抓住了这一理解世界现实的新钥匙。

和其他根隐喻一样，机械主义的吸引力也不能完全用认识论的术语来解释。《世界体系》（*Systèm du monde*）一图生动地描绘了机械主义与政治图像学的关系（图 4-4）。

17 世纪和 18 世纪，牛顿宇宙学的胜利在语境方面也是可以理解的。正如哈勒维（Halévy）所说："这是功利主义世纪、工业革命世纪、经济学家和伟大发明家世纪的开端。这场危机已酝酿了五十年：'洛克和牛顿'，这两个与 1688 年革命同时代的名字象征着新时代。它们被英国和欧洲大陆熟知。"（1952：5—6）

笛卡儿警示过精神和物质的二元论，但牛顿理论同时适用于两者。为什么不探索神经和大脑、情感和认知的机制？哈特利（Hartley）的《人之观察》（*Observation on Man*，1749）为后来几个世纪的行为心理学提供了具有开创性的文本：

> 这些吸引、排斥的原理和振动的原则彼此依赖，彼此关联，因为这符合自然的规律，正如我们在身体、心灵、科学中所观察到的那样……部分、能力、原则等在被有效地考虑和追求时，似乎都会延伸到其他部分的边界中，并将其全部包含在内加以理解。

134

图 4-4 《世界体系》①

---

① 这幅 17 世纪的图描绘了 "路易斯大帝诞生时刻" 的世界体系，展示了王权在哥白尼天文学和笛卡儿物理学所统治的宇宙秩序中的政治意义。

这是毫无异议的……我们无法用任何明确的方式解释这些事是如何发生的……这也不是一个循环中的推理，更不是我们认为的心脏和大脑，或身体和心灵在功能上的相互依赖。这是不可否认的事实，尽管我们无法给出充分和最终的解释。（110）

135

17、18 世纪，机械主义在心理学和其他社会科学上的遗产对后人来说是虚拟的特洛伊木马，尤其是对 20 世纪中期的行为学家而言（Haldane，1939）。圣·霍尔巴赫（D'Hlobach）、拉美特利和百科全书学派的科学人文主义观点是通过笛卡儿和牛顿的科学语言表达出来的（Diderot and d'Alembert，1751—1780；Diderot，1818；Dainville，1941）。狄德罗 1753 年写道："我们正处在科学领域重大变革的边缘。""从我们的作家对道德、小说、自然历史和实验物理的倾向来判断，我几乎可以肯定，在过去的一百年中，没有人考虑过欧洲三个伟大的几何学家。"在孔德和涂尔干提出的未来社会科学设想中，机械主义战胜了形式主义，得到了回应。马赛克式的世界被机械系统的世界这一革命性观念颠覆。机械主义吸引了理性主义者和经验主义者、有神论者和无神论者、唯心主义者和唯物主义者：这种世界观不仅因为自身知识而颇具吸引力，而且因在 18 世纪欧洲社会政治背景下的显著性而受到拥护（Foucault，1975）。现在，在人类负责创造的同时[1]，国家成为监控生命和自然资源所有方面的完美机器。

功利主义和工业革命可能已经描述了欧洲环境的特征。机械主义世界观受到推崇。17 世纪中叶以来，在大西洋彼岸，机械主义也在新英格兰殖民地大学的课程中赢得关注（Warntz，1964）。使用地球仪的研究课程最受欢迎：它唤起人们对地球动力学、地球球形度、磁场以及地球和行星运动的相似性等数学规律的好奇心。牛顿地理学展现出的世界图景可以与历史、政治和法律同行共享。对于希望参与扬帆航行的人、想在贸易或商业上有前景的人，以及想在向西移动的新大陆上开拓疆域的人来说，这也是一个非常有用的研究领域。独立战争结束后，代表团成员在费城会面，制定了新宪法（1787）。这些成员中的许多人都是殖民地大学的毕业生，对牛顿自然法思想有着共同的兴趣。实证法应遵循自然法的规定：应该按照反映社会性质（宪法）的方式规范这个新的社*136* 会。1908 年，伍德罗·威尔逊（Woodrow Wilson）写道，他们急切地肯定整体上各部分的完整性："怀着真诚的热情，尽管未经批准，但开国元勋无疑跟随着孟德斯鸠的脚步。在他的领导下，政治手段变成了机械主义的。对太阳系制衡有意识的模仿，使我们在总统、国会和大小州之间的会议中实现了权力平衡。"（Warntz，1964）

正如亚瑟·洛夫乔伊（Arthur Lovejoy）所指出的，美国宪法体现了关于人性和世界的两种截然不同但同时代的观点。亚历山大·蒲柏曾对人类的"交战激情"发表看法，坚信邪恶事物的相互碰撞最终会产生美好的事物（Lovejoy，1961）。只需要一点隐喻性想象，我们就可以把这个想法与牛顿力学理论结合起来。[2]

沃恩茨声称，18 世纪的政治科学尽管以机械学为基础，却远比今天的复杂（Warntz，1964）。他认为，自然力量及其转换的各种形式仍未被充分描述，诸如理性、情感、权威以及丰富的相互作用的社会力量在宪法的司法、立法和行政部门都有详细的说明。

地理学的相关性主张更关注实用主义的开拓性社会。沃恩茨发现了一些令人不安的记录。虽然后来成为哈佛大学校长的杰瑞德·斯帕克斯（Jared Sparks）给予了应用地理学有力的支持，但仅仅一年后，这门课就从课程表中被删除了。与哈佛大学其他几个地理学系列课程一样，社会背景在这里发挥了重要作用（Buttimer，1985b）。沃恩茨对哈佛故事的描述表明，除其他事项外，在地理学对学术地位的声明中，机械主义在认知吸引力方面取代了马赛克。在职业吸引力方面，理解与应用相匹敌。

在欧洲，随着政治和意识形态的发展潮流，这些紧张关系会以完全不同的形式出现，这在新兴国家和帝国中尤为突出。然而，除了严谨的数学和制图方面的地理调查，无论是机械主义还是马赛克，都不可能与18世纪末其他的全球世界观竞争。从19世纪早期开始，有机体主义再度出现，同时浪漫主义和启蒙运动之间的紧张关系在环境和文化问题上达到了戏剧性的高度。现代地理学以有机体主义隐喻的视角在北美兴起（参见第五章），主要替代方式是马赛克。机械主义难道不能像文艺复兴时期那样提供一个可以令人信服的替代选择？19世纪晚期，许多社会学先驱启动了他们的学科计划，将物理、生物和文化现象进行有机类比。第二代学者也努力贯彻和实施这些想法，通常是回归机械主义的框架。普利高津[①]（Prigogine）和斯坦格尔斯（Stengers）声称：

> （在19世纪）"牛顿"一词适用于一切涉及法律体系、具有均衡性的事物，甚至适用于所有情况。其中，一方面是自然秩序、道德、社会和政治秩序，另一方面是包容一切的和谐。浪漫主义哲学家甚至在牛顿的宇宙中发现了一个由自然力驱动的魔法世界。更多"正统"的物理学家在其中看到了一个由数学支配的机械世界。对于实证主义者而言，这意味着一个成功的程序，即一个与科学定义一致的方法。（Prigogine and Stengers，1984：29）

地理学家对作为现实根隐喻的机械主义的态度大多是冷淡的，甚至是敌对的。为了阐明这一点，我们需要了解根隐喻本身及其因果调整的真理观。佩珀描述了这些（1942：186—279）。[3]

————————

① 普利高津，比利时物理化学家，布鲁塞尔学派的首领，非平衡态统计物理与耗散结构理论奠基人。1977年获得诺贝尔化学奖。——译者注

五、因果调整的真理观

杠杆和滑轮为机械主义提供了常识性基础，就像世界假设和它的根隐喻"机器"一样。佩珀提供了杠杆的例子，杠杆由支撑在支点上的杆组成。力的平衡可以被描述为：

$$W_A \times L_A = W_B \times L_B$$

其中，W_A 是与支点距离 L_A 的物体质量，W_B 是另一边与支点距离 L_B 的物体质量。

"离散"与"综合"机制之间是有区别的。正如卢克莱修的原子唯物主义所阐述的那样，离散机制基于这样一个假设，即自然界的许多结构特征联系松散。空间不同于时间，主要性质（质量、压力、数量）不同于位置，自然规律也彼此不同。对运作的物质而言，自然法则是离散的和可分割的。综合机制中就没有这种区别。取代时空路径中的离散粒子，或者取代力学的离散规律，可以设想用宇宙几何学（或地理学）来描述时空整体（212）。综合机械主义的核心概念来自广义相对论，其中质量被解释为引力场，即时空引力场。它不能被分解成位置、时间和引力的离散类别。佩珀认为，机器可能是离散机制最恰当的根隐喻，电磁场可能会更好地捕捉到综合机械主义的世界观，即一种类似明胶或结晶的内部结构错综复杂的几何（186—279）。

这两种机制之间存在张力：最终，离散机制倾向于与形式主义融合，综合机制倾向于与语境主义融合。人们可以通过机械方法对现实进行常见的分析归类。

主要类别包括：

1. 时间和空间的位置决定机器运行的模式。

2. 主要性质，如大小、形状、运动、重量或质量。

3. 机器各部分之间存在的数学关系或规律。

次要类别包括：

1. 定性特征（如颜色、纹理、气味等）不直接影响机器的功能。

2. 这些定性特征的原则与主要类别一致（1—3）。

3. 次要法则管理次要类别间的关系。

机械主义世界观对唯物主义者和理想主义者都具有吸引力。在佩珀的定义中，霍布斯这样的唯物主义者主要关注主要类别，忽视或否定次要类别，伯克利这样的理想主义者则主要关注次要类别。佩珀认为，这两种观点在认知上都不可信。这两种类别是相互补充的，毕竟通过主要类别描述宇宙机器结构与细节的认知证据完全来自次要类别中的材料。

传统的离散机制建立在元素粒子时空分布理论基础上 [Reichenbach，（1951）1973]。除了根据基本物理定律改变空间位置外，大小、形状、运动、坚固性、质量和数量等主要性质也都被视为空间体积中所固有的，不随时间的改变而改变。空间和时间是基础，牛顿的无限三维流形概念提供了充分的、可能的位置系统。除此之外，人们还可以添加外部相关日期的绝对时间流形以及后来的场所领域的第四维。存在的特 *139*殊性可以被看作时空特性：所有的位置（此时此地）都有一个确定的场结构。《世界体系》中拉普拉斯的梦想深深扎根于一个完全确定的宇宙可能性，可以用牛顿运动定律来解释 [Laplace，（1796）1966]。只要知道时间、空间场的质量结构的知识及其作用于这些质量的规律，人们就可以预测过去或现在的所有可能的结构。[4]

　　量子力学引入了概率概念，在论证了粒子的位置和速度的同时，也测量了粒子内部的不确定性。拉普拉斯恶魔般的愿景，即精准地确定宇宙中所有粒子的性质，无论是在实践上还是在理论上都是不可能实现的。20世纪后期的理论家认为，任何给定时间存在的信息都不足以预测宇宙的未来进程（Hawking，1988）。[5]

　　自笛卡儿以来，最令机械主义者感到困惑的是"身心"问题。人类的认知取决于次要特征，即感官和其他体验特征，而这些特征不能被简化为大小、形状、运动、质量和数量等主要特性。这归因于宇宙机器的机械主义不是直接可见的，并且普通的感知不适合宇宙的时空结构。但是，人类能感受视觉、味觉、情绪和精神状态。有些理论试图解释所谓次要特征与世界机器的主要特征之间的联系。如何解释人类所感知的那些感官特性？这对伟大的机器来说难道是多余的？

　　这种不协调导致了极端的主观唯心主义，如只有思想和意识存在的命题。人们只能意识到自身的有机体，只能据此推断出动物或植物的状态。人们可以通过化学中的类比研究复杂的心理状态：联想定律的心理状态能够被观察到，人们可以通过对元素的操控产生更复杂的心理状态。我们能否将这些联想法则视为心理法则的内省表现，并反过来将其看作对机械法则的复杂操作？洛克的认知理论隐含了这些信念，但20世纪的心理学家一再质疑这样的解决方案。格式塔心理学①拒绝将思想归结为心理因素，坚持认为在恰当地分析部分之前必须先了解整体。勒温（Lewin）的"场理论"提供了更令人满意的感知解释（Lewin，1952）。

140　尽管保持了因果调整的真理观，机械主义的表现形式仍很难应对有

---

①　格式塔心理学，又称完形心理学，西方现代心理学的主要学派之一。格式塔同型论与神经系统机械观相对。该学派主张研究直接经验（即意识）和行为，强调经验和行为的整体性，认为整体大于部分之和。——译者注

关精神和物质的难题。[6]道德、审美和认知方面也存在一些反对意见。这些意见是由 19 世纪末期将地理学作为一门学科的创始人提出的。人们仔细观察潜在的专业实践背景可以发现，潜在的赞助者和受众对环境的关注，以及科学本身新分析运动的萌芽，在这个关键的基础时期揭示了地理学家对机械主义根隐喻所表现出的冷淡甚至敌对。

六、地理学与"系统"

19 世纪末 20 世纪初，无论是在欧洲还是在北美，主要的隐喻风格都是有机体主义和马赛克。关于自然区域及其边界定义的知识困境，以及该领域的人文和自然分支之间的关系，最终可以被归结为这两种世界观之间的根本差异（Buttimer，1985b）。那么，人们不禁要问，为什么机械主义不是一个合理的选择？

20 世纪早期，机械论思想的例子并不多见。马克·杰斐逊（Mark Jefferson）滔滔不绝地雄辩"文明的轨迹"；基恩·白吕纳探索了伊比利亚（Iberia）的灌溉系统；白兰士将城市描述为由循环路线塑造的轴线。几乎没有人质疑确定性法则在自然系统研究中的适用性，但大多数人并不愿将这种框架应用于人类栖息地或景观形态学研究。作为一门学术学科，地理学从一开始就与地质学和植物学有着密切的关系。在这些领域中，马赛克和有机体主义的紧张关系已经非常突出，而在历史学和人类学领域，有机体主义和舞台之间的紧张关系已呈现出强烈的政治意义。威廉·莫里斯·戴维斯热衷于解释景观形态的演化模式，他在北美洲赢得的喝彩远远超过了卡尔·罗夫·吉尔伯特（Grove Karl Gilbert）。后者的认知方式更接近于古典机械主义（D. Sack，1991）。[7]19 世纪，这些相近学科发生了一些不可调和的争论，如古代地球和物种进化，特别是人类文明与环境的关系。竞争性的主张往往是对圣经解释的判断，而不是对实验科学的判断。[8] 在这些争论中，非理性可能确实鼓励地理学家采用机械的解释模式。

就日常实践而言，人们怀疑地理学家是否有时间批判性地思考其研究的认识论价值。地理学是一门学术学科，它的许多创始人都在人事相关部门里担任职务，技术基础设施和技术人员很少。宣传可能旨在说服学术同行了解该领域的性质和价值，并说服赞助者相信探索和世界地图的价值。人们的大部分精力其实都用于教化：教学、野外考察以及准备手册和文字材料。有机体主义为宣传提供了恰当的隐喻基础，马赛克无疑为教化提供了良好的基础。地理学对社会的实践意义（应用）仍然是这些劳累的先驱者的隐含目标；此外，他们渴望在学术领域中呈现出地理学，而不是仅仅把地理学视作实用艺术。从理性和学科前沿来看，机械主义决定了地理学的认知主张。在世纪之交，实证主义对欧洲科学家的吸引力日益增长，这有力地支撑了实证主义的分析潜力。

前沿地理学家对机械主义的冷淡和偶尔怀有敌意的态度可能反映了对积极科学的怀疑，以及对这种世界观的人类含义的怀疑。一方面，采用实证主义分析方法所涉及的选择与同一时间段的其他优先事项难以协调一致，即在人文科学和自然科学领域中建立一种特殊的身份。地理学家寻求一种核心的理论和方法，希望能够以一种综合的方式研究人文和自然现象。这两个领域中都有支持实证主义的学者，他们极力主张自然地理学和人种学的分离（前者遵从地质科学的科学纲领，后者遵从新兴的社会科学），但大部分地理学家试图维持学科内部的统一。他们认为，正是这种解释人类与环境之间相互作用的能力使地理学在学术领域中具有独特性。实证方法的基本假设是其他条件不变（ceteris paribus）。除非这些假设能够得到验证，否则实证主义分析表达式中的机械主义就无法获得地理学家的关注。至少在最初阶段，其所承诺的结果的综合性特征并不意味着人类和物质的现实秩序的整合，这对两者都是公平的。但这实际上会迫使它们之间出现裂痕。20世纪，人文地理学中机械主义的首次兴盛表现在对人口、经济、运输和城市现象的分析方面。在这些领域中，自然环境在某种程度上可以被认为是无关紧要的，或者说是技术改造的，因此可以维持其他条件不变的假设。在自然地理学中，机械主义受到那些研究自然环境特定层——如水、气候、土壤、矿物及其他需要实验室测试或可控实验的领域——的地理学家的欢迎。

地理学科的先驱者有的具有人文学科的学术背景，如历史学、人类学，有的具有理科学术背景，如地质学、植物学、气象学。在这些学术领域中，大多数人对用机械主义解释现实持怀疑态度。在自然科学方面，从自然历史、植物学和生物学中汲取灵感的创始人，与那些在矿物学、岩石圈和大气过程方面受过专业培训的人关系紧张。在这个矛盾的两端，人们对自然、空间和时间的看法明显不同。笛卡儿（最终康德的和牛顿的）科学在欧几里得几何学的范畴中预测世界，假定绝对（柏拉图的）时间和空间概念是理解人类的先验概念。为了理解地质过程的本质和动态，在机械主义的术语中，时间被视为现实的一个维度。在无限扩张的宇宙中，它可能以等距离单位被测量，或者通过实验方法在可观察到的机器中观测时钟的滴答声（Adams，1968）。"当我们追溯陆地系统的组成部分时，当我们观察这几个部分的一般连接时，整个机器就会呈现出一种特殊的结构。这种结构适合某一特定目的。"（Hutton，1795，1：3）

这种方法很难阐明地球上人类历史的进程。宇宙中行星地球的历史是一种挑战，人类的历史是另一种挑战。人类历史上是否存在贯穿时间的"箭"——从野蛮走向文明的必然进程，或从耶和华的自我启示到基督教中的基督再临？是否应该像自然界所暗示的那样，更恰当地按照周期、季节和昼夜表现来解释地球经验？在 18 世纪关于宇宙的论述中，"上帝的智慧"和"机械之神"之间的矛盾最终重新引入了时间问题。赫顿的《地球理论》（*Theory of the Earth*，1795）和莱尔（Lyell）的《地质学原理》（*Principles of Geography*，1830）是自然地理学作为学术学科的基础文本，揭示了"箭"和"周期"在地球历史时间解释中的张力（S. J. Gould，1987）。

143

在人文方面，地理学家一些最亲密的伙伴——历史学家和人类学家——对社会机械模型表现出极少的热情。他们经常使用"地理因素"为他们的反决定论辩护（Febvre，1925）。地理学家对景观形成过程中解释性规律的探索是非常谨慎的。在人文地理学的早期，维达尔·白兰士承认自然界中存在一系列的因果链（enchainements），但警告说，人类历史上的所有事件几乎都是"偶然事件"（frappe de contigence）。卢克曼（Lukermann）总结了法国学派对偶然事件的态度：

> 简而言之，正是因为整体中的任何部分都与其他部分"互相依赖"，所以整体中所有其他部分才具有价值。也就是说，从理论上讲，世界上的每一个事件都受制于世界上的其他事件，无论是过去还是现在。实际上，任何事件都是一系列因果链在某个时空点相交的结果。事件是由原因造成的，但并不是确定的，它取决于多个因果链在时空中不可或缺但偶然的相交。（Lukermann，1965：130）

在这一基础时期，如果不考虑学科最初扎根的环境，人们很难理解隐喻和职业意义之间的相互作用。在世纪之交，欧洲地理学家和历史学家的教学和研究目标与他们的主要赞助者，即民族国家和帝国密切相关。在民族自信和政治扩张的时代，特别是在第一次世界大战前期，科学家采取了开拓创新的步骤来制作文本材料和研究范例。用翁贝托·艾柯（Umberto Eco）的话来说，一个伟大的时代要想持久，其学术就要关注现状。从对家乡地区的调查到世界地理图集，形式主义提供了各种各样的具体任务。在形式主义框架内，地理学家可以在秩序和清单中处理公共利益，如社会环境和国家。公众对地方和区域身份的兴趣也可以得到满足，虽然其尺度是地方性的。有机体主义为地方与全球联系提供了研究点，为景观和历史提供了浪漫主义的视角，特别是把自己国家的首都看成宇宙中心（参见第五章）。

一直以来，机械主义都是批评现状或渴望探索其结构动力的改革者偏爱的隐喻（H. White，1973）。对大多数人来说，直到伟大帝国末期，即第一次世界大战时期，机械主义才找到了发挥解放作用的有利条件。[9] 从理智上讲，实证主义"激进"的倡导者已经奠定了良好的基础。雅尼克（Janik）和图尔明（Toulmin）认为，20 世纪早期维也纳学派中存在某种文艺复兴时期的精神。音乐［勋伯格（Schoenberg）］、心理学［弗洛伊德和荣格（Jung）］、物理学［马赫（Mach）］、语言学（维特根斯坦）和生物学［洛伦兹（Lorenz）］等不同领域的专家在一起对哈布斯堡帝国的特征及其权力金字塔进行解剖时，发现了目标和实证分析的共同点。以机械主义为根隐喻，以实证主义为分析指南，他们探讨了启蒙理性、语言与权利、声学与美学、人类心理与时空本质的界限。他们以达·芬奇的风格剖析了感官感知、语音、政治的机制，共同致力于康德式的理想的道德承诺。他们的信条传播开来，其中一些先驱者会在 20 世纪中期之前迁移到大西洋彼岸。

如果说第一次世界大战促使欧洲人反思语境主义，寻找另一种世界观，那么 1929 年股市崩盘则让美国蓬勃发展的 20 年代戛然而止。虽

144

然大多数人文地理学家满足于地方志和形式主义的清单以及区域描述，但也有少数人——如在芝加哥——在寻求解决国家环境问题的方法和自然资源管理的新方法时再次转向了有机体主义（White，G65）。吉尔伯特·怀特（Gilbert White）回忆道，20 世纪 30 年代后期，"波托马克河①（Potomac River）上所有的灯都亮着，采用新方法的时机已经成熟"。有机体主义很快让位于机械主义，宣传让位于应用，解决问题和管理环境资源成为政治优先事项，至少对少数人来说就是如此。

在城市和交通研究中，人们在两次世界大战期间见证了学界对牛顿思想的探索。黑格（R. M. Haig）在《纽约及其周边地区》（New York and Its Environs，1928）的多卷研究中，概述了 20 世纪初大部分机械主义与实证主义者的研究成果。伴随着启蒙运动中的《国富论》的梦想，及蒲柏对人类"交战激情"取得积极结果的信念，这一不朽的研究事业给人们留下了深刻的印象。它在斯德哥尔摩（Stockholm）受到欢迎。斯德哥尔摩在 1930 年世界博览会上展示了包豪斯（Bauhaus）建筑的功能主义风格。汉斯·威尔逊·阿尔曼（Hans W:son Ahlmann）决定在瑞典首都进行类似的研究（William-Olsson，1937；PG：153—166）。

145　　20 世纪二三十年代，功能主义关于人类栖息地和循环模式的观点在欧洲大陆逐渐发展起来。维达尔·白兰士的《东部法国》（France de l'est，1917）和阿尔伯特·德芒戎（Albert Demangeon）的《大不列颠群岛》（Les Eles brittanique，1927a）指出，区域地理学需要更多的动态方法。在汉堡（Hamburg）、波尔多（Bordeaux）对斯德哥尔摩的港口和商业地理学的研究中，他们尝试运用空间和地方相互作用的机械主义方法（Demangeon，1927b；E. Kant，1934a；Hannerberg，1957）。循环系统的主要作用是作为潜在的破坏性力量最终成为创新的

---

① 波托马克河，美国中东部最重要的河流。——译者注

推动因素。它削弱了正式的地方志方法对城市地理学的霸权。在城市生活和景观形成过程中，博贝克（Bobek）的《因斯布鲁克》（*Innsbruck*，1928）对场地与语境力量的长期讨论引起了共鸣（Lavedan，1936；Capot-Rey，1946）。

在两次世界大战期间，机械主义的表达似乎是一种带有解放性的注解：功能主义的观点被认为是从继承形式的牢笼中解放出来的。至少，这是人们在重读康德关于爱沙尼亚的作品以及他对巴尔托斯堪的亚（Balto-Skandian）地区整体发展的设想（E. Kant，1935，1946）时所产生的印象。

与此同时，在斯德哥尔摩经济学院，戈特哈德·贝蒂·俄林（Bertil Ohlin）和贡达尔·默达尔（Gunnar Myrdal）正在推进新经济理论，这些理论后来影响了罗斯福（Roosevelt）的福利政策。在哈佛大学访学的德国理论家，如奥古斯特·罗西（August Lösch）、阿尔弗雷德·韦伯（Alfred Weber），与约翰·肯尼思·加尔布雷斯（John Kenneth Galbraith）、米尔顿·弗里德曼（Milton Freedman）等美国学者分享了在经济生活概念中整合空间因素的想法。科尔比（C. C. Cloby）的《城市地理中的离心力与向心力》（*Centrifugal and Centripetal Forces in Urban Geography*，1933）无疑是美国拥护者的里程碑。乔奇·哈里斯（Chauncy D. Harries）和爱德华·乌尔曼（Edward E. Ullman）的《城市的本质》（*The Nature of Cities*，1945）成为城市地理学领域至少二十年内的领跑者。[10]

马其诺防线两侧训练有素的地理学家提供的战时服务，确实在隐喻视觉从形式到功能、从格局到过程的转变以及从区域分化到空间互动的研究关注中发挥了重要作用（PG：186—196）。柯克·斯通（Kirk Stone）回忆道："第二次世界大战是自托勒密诞生以后，地理学上发生的最好的事情。"（1979：89）用"机械主义"替代这句话中的"地理学"，从历史的角度来看，很少有人会反对。战后重建的乐观情绪，来自马歇尔计划的援助，欧洲区域开发项目，以及美国对科学、技术和经济增长的持续承诺，使系统思维成为 20 世纪 50 年代的重要研究标志。传教士般的一群人明确了"新地理学"，其中作为物体和模式容器的地方和空间概念被拓扑表面、节点和网络的空间概念取代（Ullman，1954；Alexandersson，1956；Ackerman，1963）。

引力模型在解释距离方面很有作用。两个城市之间的相互作用量可以通过乘以它们的人口（代替质量）来建模，从而获得潜在流动的衡量（除以它们之间的"距离摩擦"度量）：

$$I_{ij}=kP_iP_j/D^b_{ij}$$

$I_{ij}=$ 地方 i 与地方 j 之间的相互作用

$P_i=$ 地方 i 的人口

$P_j=$ 地方 j 的人口

$D_{ij}=$ 地方 i 与地方 j 的距离

$k=$ 常数

$b=$ 指数

对于城市间的商品流动，乌尔曼提炼出三个关键因素：互补性、通达性、干预机会（Ullman，1940—1941）。位序规模法则（The Rank-Size Rule）为所有国家系统内的城市相对规模提供了假设：与经济基础、比较优势和功能复杂性等有关的规则表明流通和殖民地之间的亲密关系（Berry，1964，1972）。行为方法允许用图形描述文化对城市中心服务选择的影响（图 4-5）。

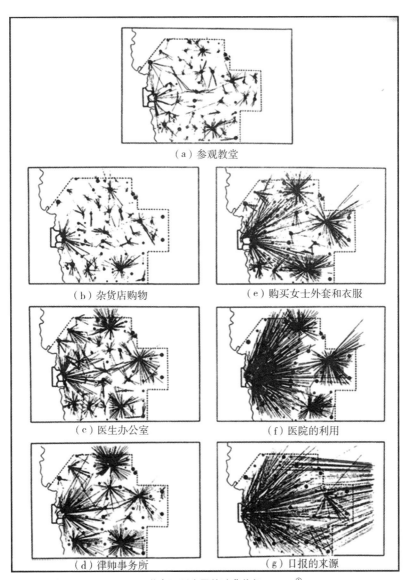

150

（a）参观教堂

（b）杂货店购物

（e）购买女士外套和衣服

（c）医生办公室

（f）医院的利用

（d）律师事务所

（g）日报的来源

图 4-5 艾奥瓦州农民的消费偏好，1934[①]

① B. J. L. Berry, J. B. Parr, *Market Centers and Retail Location: Theory and Application*. Englewood Clifis, N.J.: Prentice-Hall, 1988, p.12.

最终，地理学家试图找到消费者行为、"决策"和"选择"的模型。这些模型是个人感知、需求或价值的所有特征的基础（图4-6）。

151

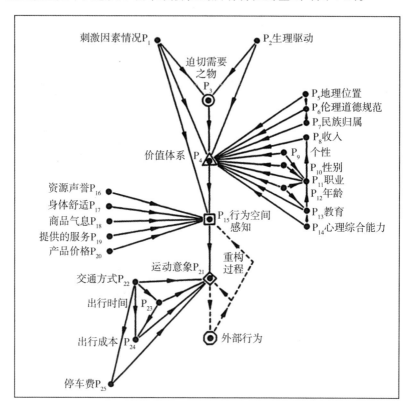

图4-6 消费者行为的影响因素（Huff，1960：165）

机械主义作为一种完整的世界观，为战后城市和经济地理学的宣传和应用目标提供了无限的空间（Uscard et al.，1960）。它的吸引力通常体现在认知能力方面（理解）。自然地理学家最早感受到了这一点。例如，比尔特（Birot）的地貌学、斯特拉勒（Strahler）水文系统和侵蚀过程的动态概念被随后几十年的地貌学家推崇（Birot，1959；Strahler，1952）。隆德学派在迁移与扩散模型以及城市影响领域开创先河；斯德哥尔摩会议（1960）标志着机械主义在国际人文地理学家

中获取成功的制高点（E. Kant, 1946；Hagerstrand, 1953）。阿克曼
（Ackerman）主席1962年在美国地理学家协会的讲话中提到，毫无疑
问，这个前沿领域位于系统分析的范畴（Ackerman, 1963）。贝利（Berry）
写道："地理学整合的概念和过程，涉及以人类为主导的世界生态系统。"
（1964）

机械主义对应用的吸引力丝毫没有减弱（Perroux, 1954；Losch,
1954；EFTA, 1974；Pred, 1977）。20世纪60年代末，弗雷斯特
（J. W. Forrester）写道："城市是工业、住房和人相互作用的系统；城市
系统是由正反馈和负反馈组成的复杂网络。均衡是一种正循环中的增长
被抑制的状态。"（1969：1,121）在整个60年代，"动态系统"在工程、
生物、社会、心理和生态研究中都是一个很时髦的词。

20世纪60年代，人们试图超越牛顿模型中的决定论。统计力学
试图将空间交互作用模型和信息理论联系起来，如通过熵最大化的方
法（Wilson, 1970；W. K. D. Davies, 1972）。在实践中，由于该领域
的研究越来越依赖外部资金，学术地理学对理解和应用进行了决定性的
重新定位。其教化和宣传被重新导向显然更强大的方式，即以概念化管
理和规划人类使用地球的方式（Isard et al., 1960；Lebret, 1961）。
用机械主义解释人类空间行为模式的极大热情（Kates and Wohlwill,
1966）在20世纪50年代末60年代初的欧美国家得到证明，这无疑反
映了公众舆论、经济繁荣增长以及可见的技术和建筑行业奇迹。从20
世纪60年代末开始，人们开始批判应用机械地理学可能带来的帝国主
义后果。存在主义者担心其对日常生活和思想的影响，其他意识形态的
学者则质疑其对统治地理的政治权力的影响；同时，他们担心由标准
化、可互换的组成部分形成的景观审美会带来情感缺失和不安。

在批判文学中，隐喻是千变万化的。它们有些是语境主义的，有些

是形式主义的。在机械主义本身的范畴中，相当一部分隐喻源于马克思主义和结构主义。系统被反系统者推翻，理论被反理论者颠覆，一个阶级的统治也被另一个阶级取代（Blaut，1970；Harvey，1972）。这说明了机械主义根隐喻的持久性，及其用压迫者的语言对抗压迫的持久能力。它并不需要冒失去现实整体观点的风险。这也说明了它的弱点，因为许多批判理论是不能由系统语言加以阐述的（Samules，1971；Buttimer，1974；Relph，1974）。20 世纪 80 年代，随着国际上全球变化研究的升温，机械主义根隐喻再次受到普罗米修斯的挑战。迄今为止，难以想象的组装、建模、分析生物圈和地质过程的技术设备使理性和应用重新确立了其作为专业实践的优先地位。

就环境关注而言，机械主义在秩序问题上最有发言权。它较少关注身份认同或生态位（健康或整体）问题。与马赛克相结合，它所青睐的应用无疑是解决秩序问题。现在，人类集体生态位问题再次变得具有挑战性，学界分析的目光再次开始关注生物和地球物理过程之间的相互作用。每一个潜在的结果都可能是与有机体主义增进对话后的重新发现。这种猜测至少基于两点。首先，是尺度规模问题。在尺度问题上，机械主义面临困难，特别是其实证主义的表达方式。20 世纪 50 年代以来，人文地理学中机械主义的研究主要集中在国家层面，这反映了现有统计数据的性质以及国家对地理研究的赞助日益占主导地位。在主题选择上（如运输和贸易流动），机械主义涉及区域和全球尺度。机械主义对包含多个生活中心的综合研究似乎在国家尺度上发挥了最佳的作用。其次，人类活动如何与自然环境相关联，或者人们如何将生活与景观的自然和人文方面相结合。在第二次世界大战后的经济和城市地理学家看来，这些问题既不重要也不合理。在实证经济地理学大发展的情况下，自然环境被想当然地认为是理想的白板（tabula rasa）——可以在其中实践各种行为和互动模型。20 世纪 80 年代末，系统分析语言再次被用于鼓励位于这个白板转换器两侧的专家共同研究全球变化（WCED，1987）。

20 世纪机械主义和马赛克的再次融合，不仅仅基于它们对秩序问题的互补性方法。它们对严谨分析的共同承诺也为辩论理性问题提供了 *153* 合理的共同点。在 20 世纪的物理学中，"场"的概念对纯机械的宇宙解释提出了激进的质疑（Einstein and Infeld，1938）。

场理论也唤醒了格式塔学派心理学家对有机体主义的关注。这为生命形式中的交流问题提供了新的视角（Bronowski，1960；Bertalanffy，1969；Haraway，1976；Phipps and Berdoulay，1985）。即使对于许多物理学家来说，对宇宙的机械解释远远胜过形式主义解释，但其他领域——如生物学——已经意识到需要重申它们的相互作用。谢尔德雷克（Sheldrake）区分了"在形态发生场形成因果关系的原因和物理学已深入研究的能量因果关系。形态发生场只能在能量过程中产生影响，它本身并不具有能量场"（1981：71）。[11]

机械主义表现出对语境主义及其操作真理观更加开放的迹象。毋庸置疑，生物物理学和人工环境可以用机械主义术语来建模和解释。作为对现状的简洁描述，以及对已失调功能进行解剖的公式，很少有隐喻比机械主义更有效。如果人们希望采取进一步的政策和规范行动，那么系统分析的话语模式就要关注管理行动、规划约束和禁令。然而，文化、地方和自然环境在人类身份认同和可持续生态位形成过程中的作用很少能被纳入机械主义传统范畴。除了关注解释和建模之外，日常管理未来地球资源的责任与挑战是委托给全球管制战略，还是委托给具有适当自由决定权的负责任的社团，这仍然是一个有争议的意识形态和政治问题。尽管机械主义公开承诺思想解放和解放，但迄今为止，机械主义表现出的是对第一个方案的偏好。对资源管理和可持续发展的可行性解决方案的识别（或重新发现），需要深入了解流行的传统、价值观和实践的历史。在这个方面，语境主义已被证明比其他方法更具洞察力（参见第六章）。

机械主义者在整个 20 世纪中一直梦想着对地球的现实做出因果解释。这一梦想见证了浮士德成就的奇迹。具有讽刺意味的是，就像普罗米修斯的故事那样，每一项技术都有自己的生命，而且几乎所有传统的宇宙秩序观念都受到了新的混沌科学的挑战。[12] 当然，这主要是由于计算机技术的进步。混沌的新学科有希望对机械学产生更深入的理解。连那些可以用非常简单的确定性术语来描述的机械系统，也展示了复杂性和实际上不可预测的行为，如与纯粹的随机行为等相关联的行为。这个看似难以理解的画面中出现了某些明显可辨认的结构，正如普利高津和斯坦格尔斯在《从混沌到有序》（*Order out of Chaos*，1984）中简要描述的那样。真正的随机行为似乎只出现在量子力学领域内，因此很难被观察到，除非在微观尺度上。这种决定论的缺失在天体物理学中发挥着重要的作用，使得黑洞——广义相对论和量子力学的强大交汇点——比此前的预期少了些 "黑"（Hawking，1988：99）。20 世纪 80 年代，与之密切相关的分形概念也受到推崇。这个概念允许人们向上和向下的尺度转换（Mandelbrot，1983）。实际上，人们可以在两个方向上设置限制，中间区域会显示出不同的分形几何。基于计算机技术的使用，地理学家现在可以用精确的数学术语描述一棵树、月球景观或罗蒙湖边缘的形状。狄德罗（1818）的预言[①]到此为止！

对宇宙完整理论的探索继续挑战着物理学家。斯蒂芬·霍金（Stephen Hawking）问道："即使只有一种可能的统一理论，只有一套规范

154

---

① 指狄德罗效应，一种常见的 "愈得愈不足效应"：在没有得到某种东西时，人的内心会很平稳；一旦得到了，反而会不满足。——译者注

和方程式，是什么使方程中的火焰燃烧并创造出一个供其描述的宇宙的？"（Hawking，1988：174）正如德谟克利特、卢克莱修和百科全书学派，普罗米修斯的承诺表示："如果我们确实发现了一套完整的理论，那么在广义上它应该能够被每个人理解，而不仅仅是少数科学家。也就是说，我们所有人，哲学家、科学家、技术专家以及普通人都能够参与讨论为什么我们和宇宙会存在这个问题。如果我们能找到答案，这将是人类理性的最终胜利——因为我们会据此知道上帝的思想。"（175）

第五章
作为有机整体的世界

从理性层面来看，自然界遵循了思想发展的进程，是各种现象
的集合体，是由万事万物调和而成的混合体。无论形式和属性如何
不同，它都是随着生命气息而律动的综合体。

——von Humboldt，1848，1：2

将世界想象成一个整体，寻求其不同功能组成部分之间的有机联
系，这一直是人类历史长河中众多艺术家、科学家、诗人及统治者的创
造力的推动因素。在许多世界文明中，宇宙乃至地球上的各种表现形式
的有机性都激发了人类认识地理的好奇心。有机体主义世界观的研究历
史可追溯到普鲁沙的吠陀神话（Zaehner，1966；McClagan，1977）、
中国的诗歌及神话（Chung-yuan，1963）、前苏格拉底哲学和希波克拉
底学派的医学（Kirk and Raven，1962；Glacken，1967）等。保罗·塔
尔苏斯（Paul of Tarsus）在信中把基督教教会作为一个神秘的身体，也
有文化还把世界视为宇宙树。

流浪者对人类与自然的关系的好奇心以及对社会和政治生活、和平
和正义的替代风格的探索或幻想，是研究者在专业知识领域中所不具备
的。现在，对具有生态意识的人来说，那些文化与环境之间的纽带是西
方世界想要重新探索一种对自然的关怀态度的最有力证据：

人们很容易低估与土地保持长期联系的力量。它不仅是与一个特定地方的联系，而且关注在记忆和想象的跨度中，它是如何被填充的，如一个人的梦想。对于一些人而言，它们的本质并不是在表层完成的，而是随着感官的延伸进入土地。土地被严重损毁或重新组织会给这些人造成心理上的创伤。再者，这些人依附于土地，就像借助了发光的纤维一样；他们的时间不是一时的，而是与记忆相协调的，是广泛的，要用一生来衡量。清除这些纤维不仅会引起疼痛，还会带来颠沛流离之苦。（Lopez，1986：250）

156　　作为现实世界的根隐喻，我们可以从它植根于人类最普遍、最亲密的经验基础来解释有机体主义的强大吸引力，即自身身体的体验。每一个身体都由许多不同的和独特的部分组成。作为一个整体，身体的功能是显著的。生命旅程亦是如此，其阶段性和周期性运转依靠与其他生命体及周边环境的互惠关系。身体和社会经验的类比使"身体政治""动脉循环""血管""肢体"等表达方式被普遍接受（Barkan，1975）。无数相关研究的模型和范例皆源于有机体主义的社会图景（Phillips，1976：49）。有机类比被用来描述地方社区的轮廓和性质，同时也被用来解释社会的进化过程（Burrow，1966；Voget，1975）。19世纪，很少有隐喻"像社会有机体主义的形象那样引人注目抑或引人入胜。它将社会看作一个充满生机的、具有自我意识的、完整且可修改的有机整体"（Coleman，1966）。地理学的经典文本中充满了循环、成熟、新陈代谢、协同作用的隐喻，其中最有力的统一隐喻也许是水循环（Tuan，1968，1978）。

人类身体的符号不可避免地被用于阐述其他世界观：解剖学被用于形式主义，心理学被用于机械主义，人类身体的独特性和个性被用于语境主义。在有机体主义中，现实世界是强调一致性和统一性的，因此，人们赞成（文艺复兴）将整个人（身体、灵魂、人格）作为宇宙缩影的观念（图 5-1）。

157

图 5-1　达·芬奇将人体视为宇宙的缩影 ①

　　和所有有机生命体一样，人类在发展中不仅受到地球自然的影响，也受到宇宙的影响。地球上的生理过程与宇宙的力量相适应；它们揭示出地球上的各种循环过程具有日常性、季节性以及其他与天文节律相关的周期性。人类不仅是地球的孩子，在某种程度上，人类还是宇宙的孩子。人类的身体回应着宇宙的律动，人类的智慧发现了群星的奇特魅力和确定性。（Tuan，1971：6）

---

① Sketch by Bertram Broberg.

　　鉴于其普遍性，在几乎所有世界文明的记录中，我们都可以找到有机体主义的痕迹。这不足为奇。它的表达和应用反映了重要的文化价值以及持续的社会问题。例如，有一个经常出现的根深蒂固的对比，即"西方人"倾向于用思维、技术和政治的解释性模型来掌控自然，"东方人"倾向于对所有生物产生同情，认为人类应在自然力量的编配中扮演顺从的角色：

> 采菊东篱下，
>
> 悠然见南山。
>
> 山气日夕佳，
>
> 飞鸟相与还。
>
> 此中有真意，
>
> 欲辩已忘言。
>
> （T'ao Ch'ien[①], 4th c., cited in Chung-yuan, 1963：19）

　　无论东方思想和西方思想的对比多么吸引人，当人们在整个历史中探索个人的思想和生活时，它就变得不可信了。中世纪后期莱茵兰[②]（Rhineland）神秘主义者的著作，如16世纪布鲁诺的《论无限宇宙和世界》[③]（de l'Infinito Universo e Mondi），19世纪荷尔德林的诗歌，都

158 反映了人类渴望更亲密、和谐地与自然相处。爱默生在1833年对波士顿听众的一次演讲中总结道："我们觉得蠕虫、爬行的蝎子与人类之间

---

① 陶渊明，字元亮。东晋末至南朝宋初伟大的文学家。——译者注
② 莱茵兰，德国莱茵河西部地区。——译者注
③ 《论无限宇宙和世界》发展了哥白尼的宇宙结构，认为宇宙是无限的（"宇宙是无限大的，其中有无数的世界"），太阳是众多的（"恒星并不是镶嵌在天穹上的金灯，而是跟太阳一样大、一样亮的太阳"）。——译者注

存在一种神秘的关系。"（Whicher，1953：10）在不同的文化和时期中，有机体主义形象显示出共同的关注点：

1.整体而不是部分——连贯的统一性使它们不仅仅涉及部分的集合。

2.理解元素之间的动态性与变化——辩证性的张力、吸引和排斥带来的结构转变。

3.超越——导致更高层次的复杂性和统一性的过程，从而可以通过更高层次的现实整合来解决以前的矛盾。

4.人类与存在的协调之间的关系——坚信不能从物质过程的动态或有机和无机生命的"自然"决定方面正确地理解人的因素。对于一些人而言，典型的人类精神元素（灵魂、情感、意志）提供了最令人满意的关于宇宙整体如何构成的阐述；对于其他人而言，关键在于生物能量领域。

在佩珀提出的四种世界假设中，有机体主义也许是最不适合用大脑术语来描述的。万物有灵论信仰、神秘主义体验及神学争议等渗透到有机体主义的历史表述中。有机体主义可以被更好地理解为一种对全球世界观的隐喻性诉求，而不是系统分析或对现实的理性解释的指导方针。当人们试图将其观点转化为科学理论（理解）或政治行动的合理化（应用）时，有机体主义可能成为笨拙的怪物（Buttimer，1985b）。我们确实可以用菲尼克斯、浮士德和那喀索斯来描述它在西方知识分子生活中的故事。西方思想史不同时期对有机体主义的接受或拒绝，可能更多地与情感、审美和道德偏好有关，而非与认识论或理性论证有关。

当人们需要一首关于生命完整性的解放歌曲时，"整体性"的诗意诉求会在某些地方扮演菲尼克斯的角色。也就是说，当人类生活的社会、智力、物质或精神方面被忽视时，人类就会受到压迫。16世纪，布鲁诺对宇宙的无限潜力的探索以及人类探索新知识视野的权利和责任，是对中世纪教条主义的呐喊。克鲁泡特金的《互助论》（*Mutual Aid*，1902）反对后达尔文主义的观点，即"物竞天择，适者生存"。他强调所有生物都有合作和互补的倾向。洪堡、勒克吕、拉采尔、契伦（Kjellen）和康德等人都强调人类群体与他们的家庭环境所建立的情感纽带的重要性。我们很难用理性、效率或生存来解释这种纽带。

菲尼克斯的歌曲有时会被吸收在浮士德的结构中，如国家、工会或帝国。这些诗意元素屈从于合法化的理解，或被作为权宜之计。最终，最初的思想或精神与它所孕育的机构的生存和维持之间往往会形成很紧张的关系。在浮士德式的装扮下，有机体主义留下了许多令人尴尬的遗产：帝国主义和殖民主义，边疆征服和破坏公地。最令人痛心的也许是20世纪人们对大屠杀和第三帝国扩张的地缘政治（Geopolitik）的记忆——使用有机体主义的修辞来达到残忍的目的。学者们花了几代甚至几个世纪的时间才敢于重新审视有机体主义世界观。

同样，从历史角度来看，人们不能不注意到有机体主义者的诗歌怀旧地珍惜其菲尼克斯时代的灵感，激发了反对浮士德时期的过分夸张的、充满感情的言论，如19世纪德国浪漫主义诗歌、哲学以及新英格兰先验论者的文学作品。20世纪后半叶，后现代主义文学、音乐及艺术领域的有机体主义思潮又一次见证了其创造性潜力。几乎整整一代人都在表现西方对科学还原论、环境破坏以及现实机械论定义的专制的不安。

一、有机体主义的古典基础

西方有机体主义思想可追溯到前苏格拉底学派。地中海世界本身就是多元文明的汇集之地，加之地理的多样性，无疑激发起人们对自然和人类现象的探究兴趣。人们对自然和宇宙秩序的推测，与对健康和疾病，贸易和旅行，政治和道德以及地方、空间和时间在人类生活中的重要性更实际的关注相结合。地中海世界仍然是地理学与人类利益、认同、秩序、生态位和地平线之间的密切联系的最好例证 [Semple，1931；Sion，1934；Braudel，（1966）1972]。

赫拉克利特指出，人类最主要的挑战是理解所有自然发展过程背后 *160* 的科学理论或通用准则。在他看来，理性体现在对立事物的联系中：一个方向的变化最终会通过另一个方向的相应运动来平衡。世界上的秩序是"熊熊燃烧着的火焰，在一定程度上会熄灭、消逝"，如海洋与陆地的关系。"人不可能两次踏进同一条河流"，他这句箴言简明扼要地表达了表象变化而保持的团结精神。虽然赫拉克利特对传统的宗教仪式持怀疑态度，但他认为，上帝与那些在它们的变化中始终存在的对立面是一致的，因此能够完全理解它们（Kirk，1974；Kirk and Raven，1962）。

恩培多克勒确定了现实世界四个基本的"根"（火、气、土和水）。在此基础上，爱（统一）和恨（分裂）这两种对立的力量反应强烈 [Sambursky，（1956）1987]。很少有理论像人体体液中的元素及其对应物的学说那样广受赞誉。就像基于人体的类比一样，"元素"这个概念在形式主义和机械主义世界观中都曾被使用（参见第三、第四章）。有机体主义者，如阿尔克米翁 ① （Alcmaeon）的医学派，从中寻找到的

---

① 阿尔克米翁，毕达哥拉斯主义者，第一个对人体进行解剖的人。——译者注

一些线索，是关于人体体液中的配比决定了人类的健康这一秘密的。[1]
希波克拉底认为："人体包含血液、黏液、黄胆汁和黑胆汁。这些物质
构成了人的体质，是影响人类健康的因素。健康主要是指这些成分物质
在强度和数量上有了恰当比例。"（*Nature of Man*，4：262）

良好的健康状态需要恰当的人体体液配比，不同层面的物理环境亦
能改变这种平衡的状态，如温度和湿度。因此，人们认为，在不同的气
候带，甚至在同一气候带的不同季节中，体液的浓度和质量会有所不同。

希腊人的好奇心不仅停留在对地表现象的探索上。他们通过对天体
运动的观察猜测宇宙整体秩序。地中海诸岛屿以及海滨城市的人几乎都
可以看到这样的天文奇观（Semple，1931）。季节变化可能与天空中某
些物体的出现有关。那么，我们是否可以据此猜测运行着的天体对人类
生活也有着一定的影响？一些学者将星体宗教的起源追溯到公元前 6 世
纪的迦勒底人（Cumont，1959），并将宇宙结构与人类社会结构的相似
性归因于苏美尔思想（Kramer，1959）。在希腊和罗马时代后期，占星
学成为宇宙的有机体主义观念的思想来源，即"宇宙环境论"（Thorndike，1955）。格莱肯（Glacken）声称："自然界统一与和谐的观点，可
能是我们从希腊人那里得到的对地理思想影响最大的观念，即使其中没
有与这种统一与和谐的本质完全一致的思想。"（1967：17）

随着后苏格拉底时代不断完善自然研究的分析方法，人们注意到了
隐喻视角的变化。从苏格拉底之前的学者所关注的对立力量的辩证和动
态概念来看，柏拉图和亚里士多德倾向于寻找现象间的平衡、和谐以及
形式的对应关系。还有一种隐喻的转变，即用从有机体主义到形式主义
（最终是机械主义）的方式解释自然与健康（Hudson-Rodd，1991）。
阿那克西曼德、赫拉克利特及恩培多克勒诗意和启发式的语调被苏格拉
底学派和后来的斯多葛学派转换为在逻辑上可分析和实际可操作的类

别。"对立势力之间的冲突"变成"力量的和谐交融"，地球、天堂和人类社会之间的形式对应关系比它们之间潜在能量的相互作用更令人关注。我们也可以用这些术语阐述西方环境决定论的后续：通过摒除"爱"与"恨"这类无形的元素，或人类社会与环境的关系中任何其他超越性力量，不论是以形式主义还是以机械主义去解释人类社会和环境，决定论的阐述都变得合理了。最终，这些阐述会引起有机体主义者与语境主义者之间的辩论。但是，决定论的阐述仍使他们困惑。

尽管这些源自古希腊的学说可能最有效地影响了西方的想象力，然而对于亚洲人而言，人们应该从最丰富的灵感来源中寻找有机体主义世界观。该学说的特性之一是坚持多样性的统——众寓于一，部分寓于整体。与其他特性相比，这一特性引起了更大的矛盾和困惑（Sällström，1986；Duncker，1985）。欧洲和亚洲有机体主义的根本区别可能在于人们可以将"宇宙"（cosmic）和"摩耶"（mayan）的基本神话区分开来。一方面，希腊语中"宇宙"（cosmos）指强加于混乱之上的秩序。它意味着社会、军事和仪式生活中有统一的秩序。大约在毕达哥拉斯时代（公元前530年），这种术语被用于描述自然和物质世界。另一方面，梵语单词"摩耶"（maya）表示宇宙中表现形式的无限扩散。它意味着度量和力量。宇宙神话和摩耶神话都暗示着上帝所创造的万物的进化序列，并认为人类是进化的最高等级。二者之间的差别最可能被归因于对 *162* 创造过程的目的论解释的根本不同。是否正如一神论信仰者所相信的那样存在一个超越的点，而所有的进化都指向它？或者如泛神论者所相信的那样，进化过程中有许多表现形式，每一进化过程都在按照自身内在特性进行，并在多元宇宙中实现自我？西方的有机主义表达了对宇宙和摩耶两种现实方法的偏好，但典型方法应是前者。

在人类知识和理解方面，与后苏格拉底时代西方的"绝对"逻辑相比，有机体主义与所谓东方悖论逻辑有着更为紧密的联系。老子（Lao-tse，"古代大师"）指出"正言若反"，同时赫拉克利特反驳道："他们所不理解的是，万物同源，矛盾寓于自身，与自身本是同质的，如同冲突和谐寓于弓和竖琴之中。"矛盾逻辑最终引导我们了解未知事物；范畴逻辑使我们在概念上认识现实。婆罗门哲学关心的是现象的多样性与本体论的统一性之间的区别。和谐（统一）存在于构成它的冲突立场中；因此，反思集中在现象世界的形式和力量同时对立的悖论上。人们认为宇宙的终极力量超越了概念和感性领域（Aristotle）。在婆罗门教的哲学中，感知的对立反映了感知思维的本质，而不是事物的本质（图 5-2）。[2]

163

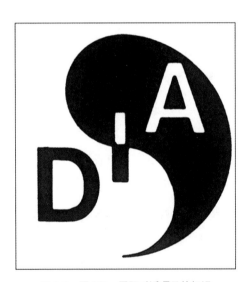

图 5-2　阴 / 阳：国际对话项目的标识

　　当我们审视地理思想和实践时，东西方之间所谓的差异就不那么明显了。在《易经》（*I Ching*）中，人们通过类似的尝试来识别元素并解释自然过程，如水循环（图 5-3）。

164

三线形符号代表的事物

- ☰ 天空，国王，父亲
- ☷ 大地，官员，母亲，妻子
- ☳ 雷声，长子
- ☴ 风，木，长女
- ☵ 水，渠道，井，次子
- ☲ 火，太阳，闪电，次女
- ☶ 山，通道，小石头，小儿子
- ☱ 水的采集，池塘，小女儿

图例：
1. "在山上有一个池塘"
2. "山顶上 有水"
3. "水不断地涌出"
4. "泉水发源于群山之下"
5. "群山之下有湖泊"
6. "水现于木"
7. "水存在于大地中"
8. "这里有一个池塘或湖泊存在于地表"
9. "水存在于地表"
10. "池塘中没有水"（池塘已经干涸）
11. "池塘中的水"（雨水落在池塘中）
12. "风吹过水面"（蒸发）
13. "池塘上升到天空"（意味着池塘中的所有水都被蒸发了）
14. "天空和水分开"（下雨了）
15. "云层上升到空中"
16. "云和雷声"
17. "雷阵雨"

图 5-3 《易经》和水循环[①]

---

① After Shen, 1985.Redrawn by Xiao-peng Shen.《易经》是中国古老的经书之一，可用来占卜。书的内容基于八卦，两个八卦上下组合可形成六十四卦。每一卦由三条或连或断的线组成，所有的卦象都有着一系列意义。尽管这本关于变化的书中并没有出现"水循环"这个术语，但十七个卦象的组合体中有一个或两个卦象皆表示水或水的集合，并给出了对"水循环"的详细描述。

除了一些神秘主义者和西方传统的叛逆者之外，基督教世界的第一个千年几乎没有有机体主义及其悖论逻辑的立足之地。中世纪通常被认为是信仰的时代（Fremantle，1954），其间孕育了基本的形式主义的宇宙概念（参见第三章）。当柏拉图学派和亚里士多德学派的知识传统最终聚集于意大利北部和伊比利亚半岛时，一个冒险的时代诞生了。中世纪晚期和文艺复兴初期，有机体主义的旋律在地中海世界所经历的激烈冲突中再次响起。

二、无边的世界

从 4 世纪到 14 世纪，这一千年被描述为黑暗时代。在此期间，教会权威和封建社会模式对受到奴役的人类群体产生了影响。这也是一个在地理上受限制的社区发展出有机融合的生活方式的时代（Dubos，1972；Bookchin，1974）。当然，这是一个没有民族国家的强权政治和纷乱嘈杂的时代，而这正是阻碍后来几代人在思想世界中拥有有机性的主要原因。拉丁语为科学家提供了一种通用的方言，至少从长远来看，它在地理思想和地理实践方面扮演了传统角色（de Dainville，1941；Broc，1986）。在本笃会修道院 ① 的日常礼拜仪式中，关于有机性的简洁描述以及对协调时钟时间和日常节奏的描述，可能最终提供了工业革命所需的基本规律（Mumford，1934）。中世纪社会的有机性有可能在"封闭系统"中实现：后世可能会发现一个过于封闭和静态的系统，但这是人类与陆地家园相联系的整合方式。

文艺复兴时代的菲尼克斯精神是由一些有着明显的有机体主义世界

---

① 本笃会修道院，天主教隐修院修会之一。——译者注

观视野的空想家引入的。他们的精神更接近前苏格拉底时代，而不是中世纪的导师。虽然他们最初不得不用形式的范畴来表达他们的信息，并且在艺术和建筑作品中确实传递了形式的奇迹，但他们基本的现实图景与形式主义无关。他们的创新不可避免地引发了正统学说捍卫者或新正统学说潜在建设者的激烈反应。有两种截然不同、相互对立的世界观：有机体主义世界观和形式主义世界观。机械主义世界观提供了一种看似合理的选择：如同有机体主义，它展现了整合的现实世界图景；如同形式主义，它的认知主张建立在对知识进行分析而非综合的方法之上（参见第三章）。

对于文艺复兴主义的先驱而言，人可以通过身体和自然整体的类比理解自然界的艺术作品（Barkan，1975；Mills，1982：242）。布鲁诺、帕拉采尔苏斯 [①]（Paracelsus）和达·芬奇的猜测开辟了地球以外的空间，正如柯瓦雷在《从封闭世界到无限宇宙》（*From the Closed World to the Infinite Universe*，1957）中富有表现力地描述的那样（1957）。尼古拉·库萨可能开创了时间和空间的相对论概念（参见第六章），他的弟子布鲁诺却是无限宇宙的诗人（Rocchi，1989）。布鲁诺指出："每一个人都蕴含着一个世界，一个宇宙。"它的创造者确实可以启动这样的过程，即通过物质运动共同创造出无穷无尽的世界："这使上帝的卓越和他的王国的伟大得以彰显；他的荣耀并非存在于一颗星体中，而是存在于无以计数的恒星中；并非存在于一个地球中，有可能存在于一千个星球中，我可以说，存在于无数个大千世界中。"（Koyré，1957：42）

15 世纪的欧洲学者利用在阿拉伯世界中发展起来的科学思考，为世界图景重新注入了活力与变化（Glacken，1967：254—284；Mills，

---

① 帕拉采尔苏斯，瑞士化学家、医学家、自然哲学家。——译者注

1982）。现在，宇宙被视为一个拥有生命、智慧和灵魂的统一体，而不是一些外在的、由善良神圣的工匠所设计的"自然"法则支配的按等级排列的金字塔。它被认为经历了婴儿期、青年期、成熟期和老年期，是拥有皮肤、头发、心脏、胃、静脉和动脉的生命体。米尔斯（Mills）指出，从自然地理学的优势来看，文艺复兴时期的图景有两个有利的方面。首先，宝石的提取过程类似于流产，因为人们相信所有的矿物质最终都将"成熟"并转变为黄金（1982：244）。其次，人们对水循环以及水在整个地球运作中的作用产生了好奇心。达·芬奇写道："地球的身体和众多动物的身体一样，是由相互交错的静脉彼此连接而成的，同时为地球及其他生物提供营养和生命。它们来自海洋深处，经过多次运转、变换，最终不得不回到那些因血管破裂而形成的河流中去。"（1970，2：62；Mills，1982：244）水是如何由海洋被输送到山顶的呢？达·芬奇推测：

> 水以恒定的运动从海洋的最深处循环到最高的山峰，并不遵从重物质的性质。在这种情况下，水的循环就如同动物血液的流动。它们总是从心脏的海洋流动到头的顶部；当大地中的"血管"破裂时，就如同一个人鼻子中的血管破裂，血液会霎时上升并喷涌而出。当水从地球的"血管"中喷涌而出时，遵循的是一般物质皆比空气重的自然法则。因此，水总是落在低地。（1970：158）

这些推测与18世纪血液循环系统的发现产生了共鸣。这源自哈维和赫顿的《地球理论》（Hutton，1795；Nicolson，1960）。达·芬奇仍然是"文艺复兴时期的人"（Renaissance Man）的典范：他不停地绘制地图、展开测量，不断地进行实验和发明创造，一直保持着探索自然运作原理的激情（Gibbs-Smith，1985）。然而，就像伽利略的情况那样，有机体主义元素被机械主义元素取代。作为机械主义的先驱，达·芬奇和伽利略皆是西方历史上较受人们推崇的人物。从 16 世纪晚期至 18 世纪，在知识分子的这出戏剧中，当机械主义和形式主义占据主导地位时，人们终于得以在这一理性及启蒙运动时代收获浮士德的思想果实。17 世纪，学者思想间最普遍的张力源于对自然和人类社会之间的有机性和机械性的思考。格莱肯总结道：

> 在机械主义观点中，整体中各个部分的运作遵循已知的规律法则，整体由各个部分及其相互作用组成。在有机体主义观点中，整体首先是存在的，正如在工作之前，匠人的脑海中就已经有了关于作品的构思。在设计部件之前，整体的设计足以说明各部分及它们之间的运作和反应。在学术研究中，机械主义强调次要因素，排除了决定性因素的积极引导作用，将其归为神学或私人虔诚。在 17 世纪关于自然法则、物质和运动的著作中，人们常常读到抨击德谟克里特、伊壁鸠鲁、卢克莱修等人的内容。这些攻击来自那些有兴趣利用自然法则所体现的新知识为自己谋取利益的党派。古典作家的作品常被引用，以对抗"机械主义观点"的权威，柏拉图、塞内加①（Seneca）和西塞罗等人会不断对其加以佐证。自然是一个基于法律或设计规划的系统，还是一个有既定设计目的的产品？（Glacken，1967：378）

167

机械主义世界观和有机体主义世界观之间的对比可能被夸大了。施拉格尔（Schlanger）声称，在法国，两者之间的差异从没有像德国那样明显（Schlanger，1971：59）。在宇宙的合法性、设计与目的问题上，

---

① 塞内加，古罗马时代著名斯多葛学派哲学家。——译者注

一神论者、泛神论者和不可知论者各有其探索的方向。自然—神学的辩论是在形式主义和机械主义的框架内进行的（参见第三、第四章）。有机体主义从对抗正统的战役中胜出，肯定了宇宙整体中超然力量存在的合理性。他们主要关注现实世界的连贯性和统一性，而不是某个特定的组成部分。这种整体的神秘性（格式塔），加上对自然和人类历史中的精神和物质能量的敏感性，构成了浪漫主义时期，即康德、黑格尔、歌德、柯勒律治[①]（Coleridge）和华兹华斯[②]（Wordsworth）所处的时代。这也是地理作为一门基础学科在德国大学中被建立的时期。在洪堡和李特尔的开创性作品中，两种根本对立的基础世界观之间的紧张关系也是显而易见的，即有机体主义和马赛克。李特尔的《地球学》开创了百科全书式的地区性记述。这些记述是在超然力量的隐喻模式下形成的。洪堡的《宇宙》是有机体主义的原型。

三、宇宙、人类历史与地理学

正如文艺复兴时期的学者希望从形式主义世界观的束缚中解放出来一样，浪漫主义时期的学者也在寻求从启蒙理解的机械确定性中解放出来。在接下来的地理学有机体主义论的发展过程中，有两位学者特别有影响力，他们就是18世纪的赫尔德和19世纪早期的洪堡。两人都深受歌德影响，并且同歌德一样，对自然和社会的理性主义、机械主义的解释持怀疑态度。这些解释是他们受笛卡儿启发的法国同行所宣扬的。歌德批评西方传统将目的论的作用归于自然，尤其是一切事物都是为人类

[①] 柯勒律治，英国浪漫派诗人和评论家。——译者注
[②] 华兹华斯，英国浪漫主义诗人。其诗歌理论动摇了英国古典主义诗学的统治，有力地推动了英国诗歌的革新和浪漫主义运动的发展。——译者注

而被创造的这一观念。格莱肯观察到："在歌德的手中，环境从一种被 *168*
动的生活媒介变为在调节和维持环境的过程中发挥积极作用的创造力。"

　　和巴鲁赫·德·斯宾诺莎 [①]（Baruch de Spinoza）一样，赫尔德声
称，若要使宇宙易于被理解，需要将宇宙构想为一个整体，一个永恒存
在的、自我创造的、自我解释的系统（Hampshire，1956：105）。赫
尔德认为，世界不是一台巨大的机器，不能用机械主义定律去解释；世
界是一个由"动态的、有目的的"力量组成的"活的有机体"，这些力
量相互作用构成了有机体的运动和生长（Berlin，1976）。和莱布尼茨
一样，赫尔德认为，宇宙是由不能简化的物质（单细胞生物）构成的整
体，其中每个个体都保有完整性和独立性，并体现在它们所组成的更
大的整体中："每个人最终都将是一个世界。外部看起来或许彼此相似，
每一个独立的个体的内部却大有不同。"（Herder，1784—1791，bk.7：
chap.1）

　　通过人类的聪明才智与当地环境的对话，社会团体或大众在不断发
展自身的个性和整体性。世界的历史是不同民族人民的故事和他们的想
象力的记录，如神话、隐喻、宗教及生活方式。传统的欧洲文明置于发
展顶峰的线性叙述，无法公正地反映人们日常生活中的时间、空间及
民族特征。赫尔德尤其不相信当时法国百科全书学派所拥护的科学进步
的观念。赫尔德激烈批判了传统的社会和国家类型，如孟德斯鸠的君主
制、贵族制和民主制的三部曲。他希望打破布封和孟德斯鸠的环境决定
论，但也认可后者对气候与社会生活之间联系的见解（Mon-tesquieu，
1950）。赫尔德承认，人类非常依赖自然资源，但若"将人类比作大量
吸水的海绵，抑或闪闪发光的火种"，也是荒谬可笑的。人是一个多元

---

① 斯宾诺莎，荷兰哲学家，近代西方哲学公认的三大理性主义者之一，与笛卡儿和莱
布尼茨齐名。——译者注

的和谐体，是活生生的，所有的能量都在他身边和谐地运作着（Herder，1784—1791，bk.7：chap.1）。

历史意味着不断地运动和变化，但对于每一个民族而言，真正具有推动作用的时刻是其宗教或语言身份被发现的时刻。赫尔德宣称，民族潜能的发展中存在一个可选的时间序列（Herder，1784—1791，bk.4）。从无限多样的可能的成长时期来看，最为适宜的成长速度应由自然环境及人类的"原始天赋"决定。文化贯穿了人类从婴儿、成年至死亡的整个周期。一些人似乎活得"已被遗忘"。以罗马为例，在当时的情况下，人们"行尸走肉般单调地活着，如同发臭的尸体"。[3] 人类历史不应当建立在国家和政府所留下的相关记载上，而应当建立在不同民族的音乐、文学、艺术和科学（按顺序）上。历史学家应设法把自己置身于演员的生活语境中，去理解和传达特定的生活方式、情感和行动方式的连贯性（Berlin，1976）。[4]

这种对世界文明的普适态度的回声无疑激发了福斯特① （Johann Reinhold Forster）家族的探索，同时引发了他们对浪漫主义文学中"原始"人民的好奇心（Forster，1777）。福斯特家族的相关记载和描述使他们成为科学之旅和探索时代的先驱，当然也启发了洪堡（Glacken，1967：501—503）。赫尔德的文化相对论基础存在一种目的论基调，这无疑反映了新教的虔诚主义，同时暗示了历史是由具有超自然力量的神预先决定的："时代在前进，万物的后代也随之而生，即形形色色的人。地球上一切可能开花结果的事物都已绽放；每一种事物都会在适当的季节和适宜的环境里枯萎消逝，并再次繁荣起来。根据普遍的宇宙法则，上帝的工作所追求的是永恒。"（Herder，1784—1791，bk.14：chap.6）

169

————————————————

① 约翰·雷茵霍尔德·福斯特，德国自然学家。——译者注

在世界历史的语境中，赫尔德试图详细阐述这些重要的宇宙法则，而李特尔在世界区域地理中进行着探索。地球被设计为人类的游乐场或育儿室；地貌标志着既定的整体规划，即地理可以是一门进行探索的学科："教育应当力求包含最完整的、最具宇宙性的观点，并将其整合成完美的统一体。我们所了解的地球也应该显示这个统一的整体与人类和其创造者之间的联系。"（Taylor，1951：44）

撇开序言不谈，李特尔的众多作品几乎都不符合有机体主义世界观的表达。从方法论和哲学上来看，李特尔为康德的地理学概论提供了一个更好的例证，即对地球表面的形式描述。洪堡在作品中最欣赏植被的地带性制图。然而，对学科实践的优先次序使他将区域综合研究置于系统调查之上（参见第三章）。

不同于赫尔德和李特尔，洪堡认为，没有必要假设自然和人类历史中存在地球之外的引导力量。"我所受到的主要推动力是认真努力地理解自然事物综合联系中的现象，并将自然作为一个伟大的整体来呈现。这个整体受内在力量驱动而活跃地运作着。"（Humboldt，Cosmos，I：vii）之后在同一作品中，洪堡重申："自然不是一堆死物，正如谢林表述的那样，它是神圣而原始的力量。"（379）洪堡凭借广阔的视野和非 *170* 凡的独创性，横跨启蒙运动和浪漫主义两大思想运动，将科学与人文主义的方法融入自然研究："在对自然的直接观察中，希望我的描述能够使读者找到某种心灵的享受。因为享乐是随着对自然力的内在一致性的不断认知而增长的，所以我在每篇文章中都添加了科学解释与补充。"（Humboldt，*Cosmos*，5—8：1—2，13，283）。

与歌德一样，洪堡对启蒙的科学潜力的分析令人印象深刻，同样使浪漫主义批评家所宣传的价值观令人信服。他塑造了一种超越机械主义及形式主义的世界观。对自然的研究不仅需要比较详尽的种和属的分类

（如亚属），而且需要明了。它比机械主义法则的系统更为纷繁复杂：

> 有机体生物种类以前被赋予"自然系统"这样华而不实的头衔，
> 现在它通过结构的类比向我们展示了一种巧妙的连接排列方式。但
> 这些所谓自然系统不论分类模式如何巧妙，都没有向我们展示有机
> 体生物，因为受不同的纬度和海拔高度以及由一般或特殊的原因造
> 成的气候差异的影响，它们成群地分布在整个地球上。
>
> 必须区分描述性植物学（植物的形态）及植物地理学之间的
> 差异。在地球的自然史上，无数有机组织体被赋予了美化创造的
> 能力。其美化创造过程不是参照"居住区域""位置"或不同的曲
> 折变化的"等温度带"，而是参照内在有机组织发展的分级原则。
> （Humboldt, *Cosmos*, 1：42—43）

洪堡认为，有机性是宇宙的一种特性，它不仅仅指行星地球及其多
样的区域或居民。安第斯山脉、大陆平原或岛屿周边这些引人入胜的
细节只有在被置于宇宙视野中时才有意义。在许多方面，洪堡明确地
表达了 19 世纪早期德国理想主义的世界愿景，这呼应费希特^①（Johann
Gottlieb Fichte）及谢林作品中宣扬的黑格尔哲学的解放热情和精神自
由。在对科学的承诺中，洪堡也缓和了理想主义的过激行为：艺术与科
学在他的方法中是融为一体的（Bunksé，1981）。洪堡的作品赢得了法
国及美国的画家、作家、科学家、历史学家的喝彩。爱默生将他比作"世
界的奇迹之一，如同亚里士多德或恺撒^②（Gaius Julius Caesar）……他

171

---

① 费希特，德国作家、哲学家，古典主义哲学的主要代表。——译者注
② 盖乌斯·尤利乌斯·恺撒，史称恺撒大帝，罗马共和国末期杰出的军事统帅、政治家，
以其卓越的才能成为罗马帝国的奠基者。——译者注

时不时出现，仿佛在向我们展示人类思维的无尽可能"（1869）。19 世纪 50 年代，伦敦和纽约的博物馆展出的弗雷德里克教堂（Frederick E. Church）的风景画，正是受到了洪堡的启发（Bunksé，1981，1990）。

宇宙的尺度和有机体主义的综合力量在 19 世纪被削弱了。19 世纪初期，拿破仑的征战促使许多之前的世界主义者转为狂热的民族主义者，洪堡的同胞亦如此（Leclercq，1963：25）。穆勒写道："国家成为一个有机生命体。"同时，约翰·布伦茨利（Johann Bluntshli）认为，民族国家是"一个有机整体，一种道德—心理有机体，即一个能够综合民族思想和感情的有机体"（Leclercq，1963：27）。从 1823 年开始，《民族心理学》（Völkerpsychologie）杂志出版了关于不同民族心理学的论文。在后达尔文主义时代，科学对"有机体主义"一词进行了更为深刻的分析，从而引发了环境决定论和自然法则间的激烈争论。根隐喻本身具有三个不同的内涵：社会、生物和生态。这三个概念 20 世纪在社会学家和人类学家的辩论中反复出现，尤其是黑格尔 19 世纪早期提出的有机整体概念。正基于此，佩珀才有了对根隐喻的定义及对真理的主张。

四、一致性的真理观

在佩珀的体系中，有机体主义世界观将世界上的事件看作或多或少有所隐蔽的过程。它将世界现实设想为分散的碎片序列，这些碎片互相吸引抑或排斥，直到围绕其内在联系凝聚在一起。通过不断的冲突和竞争的辩证过程，这些联系最终被整合成更高级的统一体，即有机整体。对于这个有机整体，唯物主义和理想主义的解释存在区别。它们都选择了自己的分析范畴。佩珀对渐进式和理想式的相关类别进行了区分：

渐进式的有机体主义：

1. 以经验碎片形式出现。

2. 由于结果恶化而自发地导致事物之间的内在连接或联系。

3. 以此解决事物间的矛盾、分歧对立或中和问题。

4. 形成一个有机整体。

172　理想式的类别假定这个有机整体已经存在

1. 并且隐含于碎片中。

2. 通过一个连贯的整体去超越先前的矛盾。

3. 减少开支，节省和保存所有原始的经验片段并且没有任何损失。

（S. C. Pepper，1942：281—308）

　　根据佩珀的观点，唯物主义者赞成前四类（渐进式），拒绝接受后三类。唯心主义者主要认同后三类，有时忽略了物质范畴。如果整个隐喻要在认知上可信，那么这两方面都是必要的。如果没有唯心主义者的目的论，以及黑格尔对历史从最大限度的破碎化到最终整合统一的描述，那么这个世界的假设将会失去连贯性。有机体主义论的认知主张基于真理的一致性。黑格尔辩证法中的论述—对立—合成发生在思想和生活的戏剧的每个阶段。在其"抽象混乱"中，每一片段都在永无休止地运动，直至被其对立的互补联结所驱动。这种辩证的过程自身分解成一种更高层次的综合。它承认所有碎片的主张，并超越它们以构成更丰富、更具体的整体。这个过程会一直持续下去，直至所有的事物不再四处寻找满足感，同时所有的片段最终都被捆绑在一个绝对连贯的有机整体中。这就是黑格尔的绝对统一体（图5-4）。

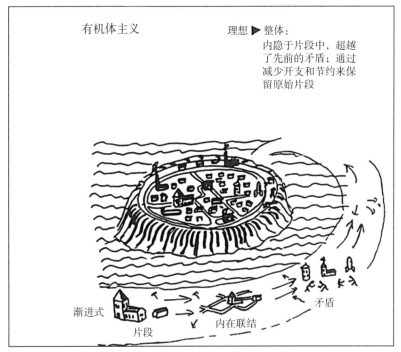

图 5-4 一致性的真理观（After Pepper，1942）[1]

佩珀的叙述侧重于认知主张，并用黑格尔时代的例子加以说明。这在很大程度上使隐喻有机体主义削弱了启发式的吸引力。因其与俾斯麦政治、帝国扩张主义、种族主义和环境决定论的联系，它让拥护民主的人反感。出于对教条主义的坚持，唯物主义者和唯心主义者也都被那些以经验为导向的学者排斥。有机体主义世界观的吸引力在于，不能用所谓认识论或认知主张来解释它的包容性或行为。19 世纪，我们可以在无政府主义者和保守主义者、实证主义者和反实证主义者、科学家和人文主义者的作品中发现有机体主义元素。在很大程度上，它的吸引力可以归因于其所处的物质环境，以及其修辞在 19 世纪欧美语境中所发挥的解放作用。

———————————

① Sketch by Bertram Broberg.

五、有机体主义的诉求

1. 自然与精神家园

18世纪是科学与政治领域的变革时代，许多学者和艺术家从机械学的确定性中寻求庇护，或是从自然界中找寻新的智慧源泉。法国率先规定了实现民主（自由、平等和博爱）的合理方法，德国则宣布了普适（精神）人性。然而，拿破仑战争在一代人的时间里催生了民族国家和民族文化的蓬勃发展。这些民族国家和民族往往把自己的身份主张建立在各自家园（本土）的独特性上，或是帝国扩张的梦想上。从修辞学的角度来看，有机体主义对两者都起到了菲尼克斯的作用：对于前者，它是一种象征性的引导，引导人们从感知的压迫中重新崛起；对于后者，它象征着进一步征服或贵族义务的合法化。跨越国家的界线，随着革命运动不断地扩张和收缩，政治、宗教和公民生活中常常会出现各种分支和派别。

174　　经历了克里米亚战争和美国战争，随着工业的发展和大城市的扩张，欧洲发生了巨大的变化。浮士德式的进步神话不仅加速了大都市技术的发展和经济的增长，而且促使数以百万计的冒险家、空想家、天才及失地农民横跨大西洋探索拓荒者的边缘地带。人们对自然本身的好奇心是与其所在的本土区域相关联的。这不仅是达尔文之后的科学探究对象，也是对地理探索的一种挑战。天山或戈壁，西北廊道或南海，都曾受到地理社会团体、政府及公共媒体的热烈欢迎。19世纪中后期，在自然科学迅速发展之时，历史学家和人类学家针对人类进化的替代理论展开辩论。自然不仅为逐渐稳定的国家的学生提供了学习的空间；也为处于快速城市化进程中的人们提供了极具吸引力的消遣之地，给具有想象力的画家、诗人和仍热衷于浪漫主义价值观的音乐家提供了一片乐土。

"自然"并非总是如同城市美学家所描绘的那样慷慨大方。当时，在大多数欧洲社会中，以务农为主的民众的历史传统、思想方式和生活方式都面临着前所未有的挑战。贫穷、移民、结构改革、威望和权威的重组以及外部影响等，侵入了以前自给自足或合理自治的居住模式，如商品市场。越来越多的工人、失地者和失业者，越来越清晰地表达了他们对正义和平等的诉求。

对于大多数国家而言，普及教育也是一种动力。学校课程此时得到改进。学校还强制规定了离校年龄。北欧国家出现了成人教育项目、农民合作社及民间中学；在法律及实践中，社会各阶层也都表现出自我改善的普遍意愿。地理学成为普及教育这一举措的基本要素。为了满足时代的需要，地理学在青年公民的教育中起着不可或缺的作用。

19世纪末期，由于地理学在学校及大学课程中提出了地位要求，每个欧洲国家都曾面临一些不同的挑战。冒着过度泛化的风险，我们可以概括说：法国在革命后忙于实施改革，德国确立了民族精神，英国建立了日不落帝国，美国则创建了一个开拓者的社会。有机体主义的概念在适应国家利益方面展现出了非凡的可塑性。仅仅将隐喻单一地与信仰或文化、个性或时代相关联是无用的。如果不参考有机体主义所阐释的背景，我们就不能充分理解地理学学科中早期有机体论的吸引力及其表现形式。通过细究19世纪晚期和20世纪早期的物质和文化环境，我们能够揭示大西洋两岸在学科实践上的相似性和差异。

2. 有机体论与地理学的建立

　　19世纪后半叶，在欧洲大学创立之初，地理学成为一门学科。有机体论不仅在地理学者中，而且在通俗的说法中，已经开始具有字面意义和隐喻意义。虽然该学科的创始人发现有机体主义修辞在说服赞助者和受众方面是有效的，但它在实践中的应用充满逻辑和认识论方面的困难（Stoddart，1967）。19世纪到20世纪早期，我们已经可以在历史学家的著作中看到更普遍和更诗意的有机体主义的痕迹。赫尔德对民间历史而非精英历史的环境易感性和周期性进行了解读。这在米什莱的《法国史》(*Historie de France*，1833—1867)、埃利泽·何克律 ①(Elisée Reclus) 的《地球人》(*La terre et les hommes*，1877) 和克鲁泡特金(1885，1898，1902；Breitbart，1981) 的众多作品中得到了呼应。何克律写道："人类生命中的每一时期都与其环境变化相对应。行星特征的不均等性创造了人类历史的多样性。生活与环境相对应。地球、气候、工作习惯、食物类型、种族、亲缘关系以及社会群体的模式，这些都是影响每个人的历史的基本事实。"(1877：42)

　　正如那些赫尔德的思想中所隐含的方法，社会地理学的有机体主义方法也启发了许多激进学者。自由主义者（如人文地理学中的维达尔学派）的历史哲学与赫尔德极为相似（Buttimer，1971），也对不同环境下的生活类型进行了感知式描述。[5] 米什莱宣称"法国是一个人"(1833，29)，并且事实上具有双重人格，即农民和工人的特征。这是法国区别于德国和英国的地方，后两者深受移民的影响（Michelet,1833）。随后，

176 白兰士在对法国及其区域的描述中采用了"人格"一词（Vidal de la Blache，1903）。然而，他对拉采尔的政治地理学中所表达的生命有机

---

① 埃利泽·何克律，法国地理学家、作家。——译者注

体的民族国家等概念持激烈批判的态度。国家的生活地域是从人类群体
与其自然环境之间的自发和互惠关系中产生的，确实可以用有机体的术
语来描述，国家的建筑则不可以（Vidal de la Blache，1896）。法国人
文地理学派强调人类群体的积极性和创造性的作用，认为他们在不同环
境中塑造了自己的生活方式（Vidal de la Blache，1922；Berdoulay，
1982；Buttimer，1971）。白兰士及其弟子的作品中有很多有机类比，
但他们主要侧重解释隐喻意义，而非字面意义（Berdoulay，1982）。卡
米尔·瓦洛克斯（Camile Vallaux）和白吕纳对隐喻本身都持怀疑态度。
瓦洛克斯致力于展示生物有机体与"地球表面"之间的本质差异，甚至
建议彻底取消这个术语（Vallaux，1925）。白兰士坚信有机体主义的诗
意价值，坚信它具有唤起集体意识的力量。白兰士认为，在对人类群体
及其环境之间的联系的好奇心方面，有机体主义能够为人们提供具有描
述性和启发性的视野（Buttimer，1971，1978）。例如，在涂尔干的社
会学理论中，"有机体主义"这个术语更具表面意义和分析性用途；对
于维达尔学派学者来说，它几乎是禁忌。在对拉采尔的人文地理学和涂
尔干的社会形态学的广泛争论中，维达尔派肯定会发现自己在精神上更
接近拉采尔，不过他们也会谴责拉采尔作品中那些隐含环境决定论的内
容（Vidal de la Blache，1913；Berdoulay，1978；Buttimer，1971）。

家园研究具有强烈的有机体主义色彩，已成为整个北欧流行的研究
体裁（Herbertson，1905；E. Kant，1934）。从凯尔特的边缘地区到巴
尔干半岛，从加泰罗尼亚到波罗的海岛屿，这些地理上多元化的外部区
域具有特别的吸引力。那些传教并撰写有关文明与景观文章的学者，神
话般地把有机体主义与那喀索斯联系起来。同时，他们倡导生态意识和
地方感。对于许多人而言，这种对社会和环境的反思也起到了菲尼克斯

的作用，因为他们力图确认人类在自然环境中的身份和生态位，并为受压迫人民的社会正义及政治自治提供地理上的论据。在某些情况下，帝国主义和殖民扩张的时代精神，即浮士德的构成要素，与其菲尼克斯的根源失去了联系。正是这些努力使人们在解释政治和意识形态时找到了浮士德在第一次世界大战之后迅速解体并消亡的根本原因。

177 　　极端主义也出于同样的原因（Eadem ratio extremorum）。虽然有机体可能是描述小尺度的中世纪地方社区特征的很好的隐喻形式，但在开明专制[①]时代，这种隐喻的转换会引起社会的恐惧和厌恶（图5-5、图5-6）。

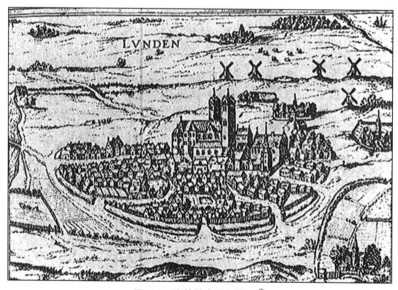

图 5-5　隆德的中世纪社区 [②]

---

① 开明专制，又译启蒙专制，是专制主义或绝对君主制的一种形式。它在思想上否定君权神授，认为人民应该服从君王的命令或法律，而非君王本身。——译者注
② Photo courtesy of Lund University Library.

178

图 5-6　霍布斯《利维坦》中的"有机体社会"[1]

---

[1]　Reproduced by permission of the British Library.

3. 有机体与边境

在北美、欧洲移民向西推进时，有机体主义似乎有着明确的吸引力。在美国，地理学作为一门基础学科，呼应了这种隐喻形式及其世界观。1751 年，法国科学人文主义的忠实拥护者本杰明·富兰克林（Benjamin Franklin）宣称："一个管理良好的国家就像水螅：取走它的一条腿，该处很快就会得到供应；将其切成两半，每个残缺部分会迅速从剩余的部分中生长出来。如果有足够的居住和生活空间，你可以创建十个国家，使之具有相同的人口密度和对等的力量，或者更确切地说，是将国家实力增加十倍。"（Hacker，1947：113）

179　　对于移民来说，跨大西洋航行象征着菲尼克斯式的冒险；对于新社会的未来设计师来说，它被解释为对浮士德的挑战。19 世纪中期，这片冒险之地上的菲尼克斯与浮士德之间的相互作用使其地理学与欧洲大陆的完全不同。北美前沿的戏剧试图保持其菲尼克斯的特征，致力于探索民族解放新道路的传奇故事。用有机体主义者的话说，就是："美国的社会历史如同一张巨幅书页。"弗雷德里克·杰克逊·特纳①（Frederick Jackson Turner）写道："当我们从西向东逐行阅读这片大陆的书页时，我们会发现社会演化的记录。"（1894；Livingstone and Harrison，1981）"原始的美国社会团体为开垦荒地进行斗争，从而培养了具有务实意识的工程师。这个没有时间休息、对游戏或外国文化毫无兴趣的实用型工程师，成为人们想要模仿的理想人物。"（Moore，1957：238）

瑞士移民盖约特是李特尔和黑格尔的拥护者，也是美国首位官方地理学家。他雄辩地阐述了西方"历史的地理进行曲"。哈佛大学的戴维斯的导师谢勒对边境的评估并不乐观。通过研究不同大陆对文明发展的

---

① 弗雷德里克·杰克逊·特纳，美国历史学家。——译者注

适应性，谢勒认为，斯堪的纳维亚、希腊、大不列颠群岛、西班牙及瑞士能够孕育出强大的种族，美国则不适合（Shaler，1894；Koelsch，1979；Livingstone，1982）。乔治·帕金斯·马什曾警告说，若美国人盲目地追随发展的奇特神话，将会对自然造成不可挽回的后果（Marsh，1864）。之后，森普尔从自然的限制和机遇的角度叙述了美国历史。在地中海沿岸地区的研究中，森普尔阐述了古典文化中自然与历史的相互渗透（Semple，1911，1931）。早期美国地理学中强烈的环保主义基调，应该可以用与欧洲大师保持联系的、有影响力的个人职业生涯来解释。[6]我们大多也可以通过大陆本身丰富多样的地貌和多样性的文化风格进行解释。在移民边界向西推进的过程中，这种文化风格明显地凸显了出来（Phillips，1970）。在某种程度上，有机体主义者的方法具有吸引力，它可以支持美国本身的渐进式进化神话。在科学和分析前沿领域，达尔文主义的挑战引起了分歧和争议（Wright，1961；Stoddart，1966；Livingstone and Harrison，1981）。

1869年，美国《科学与艺术》杂志给予《物种起源》（*Origin of Species*）相当肯定的评价，地理学家们的回应却十分冷淡。当时的三位主要人物，路易斯·阿加西斯[①]（Louis Agassiz）、盖约特和马修·方丹·莫里（Matthew Fontaine Maury）谴责了《物种起源》，认为它无益于地理学。他们拒绝的理由主要以神学为根据。[7]马什对自然选择理论不怎么感兴趣，谢勒则半信半疑（Stoddart，1981；Koelsch，1979）。[8]美国地理学创始人中很少有人接受过生物学、植物学及动物学方面的培训，大多学习的是地质学或地文学。约翰·威斯利·鲍威尔[②]（John Wesley Powell）是一位受过培训的地质学家，同时也是一位

180

---

① 路易斯·阿加西斯，美国的生物和地质学家。——译者注
② 约翰·威斯利·鲍威尔，美国地理学家、探险家。——译者注

热衷于民族学的学生。他是极早就对进化论思想表现出热忱的人之一。然而，他谨慎地指出，将生物进化法则用于人类是不恰当的。

戴维斯是地理学有机体主义者方法的积极倡导者。他 1909 年写道："进化的精神，已经被那些在成长过程中逐渐成熟的学生领悟，它可以应用于所有学科。"（1906：6）对于戴维斯而言，著名的"侵蚀循环学说"类似于生命周期，进化论理论则为地理学提供了一条寻找景观因果解释的路径。1920 年，查尔斯·德莱尔（Charles R. Dryer）评论道："20 世纪英语中最著名的地理短语是戴维斯模型的'地形控制和有机反应。'"这一关键的激励主题似乎是普罗米修斯的进步神话，被定义为不断增加对自然与环境的控制。

1874—1875 年，拉采尔访问了美国。对于这个开创性社会显然挥霍无度的资源浪费，他毫不犹豫地表达了自己的震惊。森普尔翻译了拉采尔的《人类地理学》第一卷（1882），书中"将国家比作有机体"的思想在美国并不受欢迎。哈尔福德·麦金德①（Halford Mackinder）的心脏地带理论和阿尔弗雷德·马汉②（Alfred Mahan）的海权论中有一些相关论述，但总的来说，很少有人公开关注地缘政治和生存空间（Lebensraum）问题。这些问题在世纪之交时激起了欧洲地理学家的各种情绪。在这个据称拥有无限资源的大陆上，人们有太多的东西需要探索；有很多理由来庆祝前进的发展，也有很多理由替环保主义者的术语辩护。拉塞尔·史密斯（Russell Smith）的《北美》（*North America*）是当时最受欢迎的教科书之一。它提供的证据表明，美国在所有文明中拥有最有利的区位：它的温度和湿度范围、地形和资源为它提供了一切可以想象的优势（1925）。马克·杰斐逊③（Mark Jefferson）在其著名

---

① 麦金德，英国地理学家与地缘政治学家。——译者注
② 马汉，海权论鼻祖。主要著述有《海权对历史的影响》《海军战略》等。——译者注
③ 马克·杰斐逊，美国地理学家。——译者注

的《文明的轨道》("The Civilizing Rails")一文中颂扬了边疆交流。他描绘了他所定义的奥库曼（oecoumene），即一条铁路十英里以内的土地（1928）。埃尔斯沃思·亨廷顿[①]（Ellsworth Huntington）在20世纪20年代写道："为了我们的目的……我们可以将进步定义为增强支配自然力量的能力。"（1926：136）此外，"美国地理学派一个最鲜明的特点是，它认为自然环境的间接影响与直接影响一样有效，甚至更为明显。另一个鲜明的特点是它认识到健康的重要性，以及能源是决定人类发展进步速度的主要因素"（vi）。

亨廷顿的地理学受到公众的广泛关注，但却遭到了专业同僚的激烈抨击，他们的学术取向正在从具有意识形态内涵的有机体主义中转移出来。种族、人种、犯罪和疾病等问题，先前可能被认为是更适合社会学家和移民机构调查的领域。环境影响人类健康和生产力的假设在普罗米修斯地区显然不受欢迎。有人认为，地理学家应当在宏观空间格局上投入精力，如城市、交通运输路线、工业等，以证明人文地理研究的分支和自然地理一样科学。戴维斯继续使用综合的方法，结果是得罪了两边的同行。地貌学家批判他的理论缺少实证依据，人文地理学家则指责他的神秘主义偏离了有机体的概念（Dikinson，1969：119—122）。亨廷顿、戴维斯和森普尔等学者很好地适应了欧洲的同步发展。在20世纪早期的美国地理学中，他们是有机体主义者的主要代表。

20世纪美国地理学思想中的有机体主义，不可避免地被引入中西部，尤其是20世纪20年代至30年代初的芝加哥大学。社会学家[如帕克、麦肯齐（Roderick D. McKenzie）以及他们的同事]满腔热情地接受了"社会是有机体"这样的思想，并自如地运用着来自植物生态学和生态系统的隐喻。1922年，哈伦·巴罗斯（Harlan Barrows）在美

---

① 埃尔斯沃思·亨廷顿，美国气象学家。——译者注

国地理学家协会的致辞中，试图将人文地理学与人类生态学领域结合起来。这反映了他的芝加哥大学社会学和人类学同事的研究方向，而不是各地地理学家新兴的形式主义视角。这无疑与马什对美国自然资源保护的研究相呼应（Marsh，1864），并引发了学生对环保主义的关注——比如怀特（White，1974；G65）。在美国人类学研究前沿，主要领军人物弗朗茨·博厄斯[1]（Franz Boas）、罗伯特·H. 罗维[2]（Robert H. Lowie）和艾尔弗雷德·L. 克罗伯[3]（Alfred L. Kroeber）在文化群体与自然环境的关系中也找到了有机体的证据。20 世纪前 25 年，美国社会科学家进行的辩论与 19 世纪后期欧洲的拉采尔和涂尔干之间的辩论非常类似（Buttimer，1971；Berdoulay，1978）。自相矛盾的词语常被引用："有机体"与"超机体"（社会学、人类学用语），"生物"与"文化"（Theodorson，1958；Duncan，1980）。社会学中"自然社区"的神秘感，就如同地理学中的"自然区域"，两者皆受到恩斯特·赫克尔[4]（Ernst Haeckel）的"生态系统"概念的启发，解释了有机体主义作为根隐喻的韧性。

20 世纪 20 年代，关于地理学本质的纲领性声明寥寥无几，学者们倾向引用欧洲权威的观点，而不是审视学科认知主张的认识论基础。这种做法常常混淆重要分析的差异，就像斯图达特和麦克塞尔对达尔文、拉采尔进行的论证（Stoddart，1966；Mikesell，1968）。时间、过程、有机性和偶然性的问题鲜少被探讨。正如人们可以预料的那样，其中还涉及其他因素，如使用超过三种的白话语言而导致的翻译困难；强烈

_182_

---

① 博厄斯，现代人类学的先驱之一，也是美国语言学研究的先驱。——译者注
② 罗维，美国著名人类学家，曾对北美平原印第安人做广泛研究。其中，他对克劳族印第安人的研究堪称典范。——译者注
③ 克罗伯，美国人类学家，博厄斯学派代表人物之一。——译者注
④ 赫克尔，德国动物学家，进化论者，达尔文主义的支持者。——译者注

的人格特性；教育机构、贸易和研究；战争的阴影和民族的刻板印象（Dickinson，1969）。这种困惑促使许多美国人彻底放弃了对霸权主义的诉求，转而致力于开发其他可行的方法和实践。这时还存在地理学统一的呼吁，关于归纳推理和演绎推理关系的纲领性声明的呼吁，以及持续论中场域分析重要性的呼吁。然而，作为根隐喻的有机体主义已经失去了吸引力。

在第一次世界大战之后，诸如用环境决定论、"控制"、"影响"、"有机物和无机物之间的关系"，及最重要的"种族"和"领土"等术语来捍卫国家的极权主义思想等，对于大多数美国地理学家来说是令人反感的。在某种意义上，他们对有机体主义的排斥，可以被视为对欧洲大师的排斥，对演绎逻辑和理性模型的排斥，或是对经测试无法操作的修辞的排斥。英裔美国人偏好经验主义，加上美国人利用实用主义解决问题的嗜好，这削弱了美国地理学家对有机体主义的信任。实际上，那些迫切要求地理生态转向的人，如亨廷顿、戴维斯和巴罗，在心里播下了另一种隐喻的种子。其中，一个方向显然是对最终与机制融合的系统分析；另一个方向是务实地处理每一件事情。后一方向是一种只有少数人拥护的语境主义路径。20 世纪 20 年代至 30 年代初，美国地理学家做出的压倒性选择是马赛克，这意味着这些人都将采纳（明确或隐含）康德将地理学作为分布学的定义（参见第三章）。

有机体主义并没有立即从人们的视野中消失。科学史学家和研究 *183* 人类创造力的人经常使用有机体主义方法进行课题研究。但对于乡村社会学家如齐默尔曼（Zimmermann）和弗兰普顿（Frampton），生物学家如芭芭拉·麦克林托克[①]（Barbara McClintock）和凯勒（Keller，

---

① 芭芭拉·麦克林托克，主要从事玉米遗传学的研究。——译者注

1983），工人社区，以及新政^①"回归土地"运动（Nisbet，1953；Bookchin，1974）来说，有机体的概念无疑具有更大的吸引力，比两次世界大战期间对地理学家的吸引力更甚。在纽约美国地理学会（American Geographical Society）中受雅克·梅（Jacques May）的引导，理查德·U. 莱特（Richard U. Light）继续推进对健康和疾病的地理学研究（Light，1944）。对于大多数人而言，形式主义和机械主义的根隐喻提供了更广阔的尺度。20 世纪 60 年代后期，环境意识的觉醒、存在人文主义的最终断言，以及重新发现"生活方式"的古典概念，使有机体主义再次赢得了美国地理学家的青睐。20 世纪 80 年代末期，随着全球环境的挑战在研究视野中的出现（WCED，1987；Mungall and McLaren，1990），地理学家需要重新思考他们早已建立的那些根隐喻，并对宇宙内外再次进行探索。

六、有机体主义、诗意与人类认同

有机体主义作为地理学根隐喻的主要贡献是，它能够激发人们的好奇心、情感能力以及促使人们去发现景观与生活中的凝聚力的意愿。这种宣传能够更好地建立学科自身的认同，并为学者提供自然和人文分支研究的尺度。它还为跨学科观点的交流打开了大门，特别是与历史学和生物学，以及最终与人类学、社会学、医学的交流。从教化层面来说，有机体主义地理学具有极大的感召力。这里必须强调的是，早期许多地理学教师是在野外考察、实验室练习以及监管当地区域研究时进行口头

---

① 新政，指罗斯福在 20 世纪 30 年代实施的内政纲领。——译者注

授课的。地理教育的目标不仅在于促进学生对生活和景观的理解及综合把握，而且希望培养学生的爱国主义情感及对自然现象的敏感性。德国的"家园"研究、法国的"国家"研究、英国的本地区域研究以及斯堪的纳维亚半岛的"地方史研究"是教化的重要组成部分。

这些多元感知的吸引力和综合学习方法的特性使有机体主义不太容易接受理性与应用，尤其是当这两种专业逐渐努力屈从于实证主义术语 *184* 所定义的科学理性的规范和约束，同时服从政治权宜之计的命令时。就理解而言，有机体主义可以转化成机械主义的术语，从而获得分析的严谨性和制定法则的潜力，但也会失去对现实整体图景的统一感和凝聚力。在应用尝试方面，有机体主义思想展现出具有启发性的诗意，如花园城市、区域发展规划以及帝国情结。然而，这种修辞依赖于情感、审美以及道德的诉求，常常导致理性的遗失和几乎不关注宇宙整体动态的权力等级制度的合法化。

除非考虑这些观点在西方历史的不同时刻出现的背景，否则这些实践都是不能被理解的。在地理学所涉及的人类关注点中，有机体主义最能说明的无疑是认同。地理学能够揭示人类认同（地方、区域、文化、国家）与景观及资源（生态位）密切相关的程度。在这里，我们陷入了两难境地：相同的修辞和学科引导学生产生对自己家乡的认知和感情，后来却被沙文主义和极权主义政治利用。在西方历史的不同时期，世界作为有机整体的思想在文化、政治及精神生活的创造性方面发挥了菲尼克斯的作用。一旦这种思想被扩张政权的政治目标利用，或者其修辞被促进地球人类圈有机整体中任何相连的特殊关注点利用，它的完整性就会受到损害。前帝国主义国家的地理学家如今批判有机体主义是帝国主义、种族主义和许多其他邪恶活动的合法化说辞（Eisel，1976；Schultz，1980；Harvey，G34，1984）。对于那些所谓外围国家、后殖民时期以及地球政治边缘地带的学者来说，有机体主义有着非同一般的隐喻意义。在他们现存的景观中，即在他们自己文明的神话故事和符号中，许多人已经发现了真正意义上的认同、秩序、生态位及尺度（Bonnemasion，1985；Chapman，1985；Karjalainen，1986）。20世纪后期，随着地缘政治变革的势头越来越强，过去的经验教训可能确实值得反思。

在科学的世界中，20世纪80年代也见证了相互关联的真实生活世界中新意识的出现。诺贝尔奖获得者普利高津在他的自我生成系统的设想中宣布了科学与人文主义的新联盟，以及所有研究领域中知识与含义的新的整合："对于古人而言，自然是智慧的源泉。中世纪的自然被归到了上帝那里。到现代，自然已变得如此沉默，以至于康德认为科学与*185* 智慧、科学与真理应该完全分开。在过去的两个世纪里，我们一直生活在他的二分法中。现在，是时候停止了。"（Prigogine and Stengers，1984：98）

詹姆斯·洛夫洛克（James Lovelock）的《盖娅》（*Gaia*，1979）十分认同并呼吁将陆地中的现实世界看作有机体的根隐喻：

古代的信仰和现代的知识在情感上相融合。带着这种对过去知识体系的敬畏之心，宇航员们用他们的眼睛直接地观察，而我们通过间接的视野看到了地球在黑暗的太空中闪耀着光辉和美丽。然而，不论这种情感如何强大，都不能证明地球母亲的生命。就像宗教信仰一样，它在科学上是不可测的，因此我们不能在其语境下进一步展开合理化的解释。（vii）

第六章

作为事件语境舞台的世界

他们还在为失去恩人难过，可一踏进这座城市，就发现大地在 他们脚下震动。海在港口翻滚，巨浪把抛锚在那儿的船舶击得粉碎。街道和公共场所尽是火焰和灰烬。房屋倒塌，甚至连地基也被颠倒过来，有三万的男女老少全都被埋在废墟之中。水手吹着口哨，连咒带骂地叫道："一定能在这会儿捞点什么东西。"

"这个现象的充分理由是什么呢？"潘格罗斯（Pangloss）问道。

"这一定是世界末日。"老实人哭泣着说。

水手想捞点财物，于是不顾生命危险冲进废墟。在那儿，他找到了些钱。他用这些钱买酒，喝得烂醉如泥。酒后醒来，他又在倒塌的废墟中和半死不活的呻吟声中向碰到的第一个肯卖笑的姑娘买欢。潘格罗斯拉着他的袖子，对他说："朋友，这是不对的。你违背了理性。现在不是时候。"

"见上帝去吧！我是一名水手，我出生在巴达维亚：在去日本的四次航行中，每一次我都踩了十字架①。你的理性找错对象了！"

老实人被一些碎石砸伤了。他躺在街上，几乎被埋在瓦砾中。

---

① 17世纪，欧洲船只在进入日本港口时，船员必须用踩十字架表明自己不是基督徒。——译者注

他对潘格罗斯说："唉！给我一些酒和油，我快死了。"

潘格罗斯答道："地震不是什么新鲜事，南美洲利马的一个小镇去年也遭受了同样的冲击。"同样的原因，同样的结果。从利马到里斯本的地下一定有一大股硫黄流。

老实人说："没有什么比这更有可能了，但是看在上帝的分上，请给我一些酒和油吧！"

哲学家反驳道："你是什么意思，有可能吗？我坚信这个事实已被证明。"

老实人失去了意识，潘格罗斯从附近的井中给他取了一些水。[①]

——Voltaire，（1759）1959：29—30

187 伏尔泰的《老实人》讽刺了 18 世纪传统的观念和生活方式，这一风格后来在刘易斯·卡罗尔（Lewis Carroll）的《爱丽丝漫游仙境》（*Alice in Wonderland*）和圣埃克絮佩里的《小王子》（*Little Prince*）中得到了呼应。在异国他乡旅行的故事和事件不论是真实的还是虚构的，在西方文学中都有很高的地位。"旅行"本身就是一个隐喻。从个人生活到国家生活、社会生活和帝国生活，旅游激发了人们对经验世界的洞察。不论远近，地理学家在旅行时都会思考语言、方式和风格的问题，这有助于他们理解外国或异域情调。希罗多德和后来的探险家重述了他们在旅途中的冒险和在不同地方的遭遇。赫卡泰奥斯（Hecataeus）和托勒密则提议用一种通用语言和网格系统来传递地理信息。自古以来，地理学领域就有很多托勒密和希罗多德这样的学者。一些人概述了景观、模式和过程，另一些人关注特定地方和事件的独特性。

---

① 译文参考《老实人》（伏尔泰著，傅雷译，23~24 页，合肥，安徽文艺出版社，1992），略作修改。——译者注

语境主义的特征是把世界描绘成一个自发的、可能独一无二的事件发生的舞台。它在佩珀的世界假设中位列第四。事件以其特有的复杂性、可能的独特性和偶然性引起了人们的注意。人们寻找的是对特定事件的整体理解，而不是把它们整合到某种形式、过程或有机整体的先验模式中。在地理学中，舞台似乎是描述语境主义方法的最合适的隐喻。这是一个令人难以捉摸的世界观，它对现实的解释有时会与其他世界观的解释重合。它分析现实的综合方法与有机体主义存在相似之处，但拒绝融入统一的整体。像马赛克一样，舞台也代表一种碎片化的世界观。与其他世界观不同的是，它不信任固定类型，寻找分析潜在的扭曲。其贯穿始终的主题是"尽我所能"，任何试图在该根隐喻的起源中追踪线性序列的尝试都不适合它。如果说机械主义与革命有关，形式主义与现状有关，有机体主义与保守派和激进派之间的紧张关系有关，那么语境主义最典型的特征就是与自由的政治生活立场有关（H. White，1973）。

佩珀将语境主义和美国实用主义相提并论。美国实用主义是一种充满活力的哲学，有时是对前沿社会天真的乐观主义。实用主义对现实的任何和所有可能的解释都是适宜的，它试图通过吸引"意志顽强"的经验主义者和"意志薄弱"的理性主义者，寻求超越继承得到的方法中相互矛盾的主张 [W. James，（1907）1955：22]。威廉·詹姆斯（William James）把它与人本主义等同。事实上，它在反叛传统和质疑有用的、可行的问题解决办法上确实有一种解放的语调："实用主义使我们的理 *188* 论变得灵活，并使每一个理论都能发挥作用。它本质上并不是什么新事物，和许多古代哲学趋势都是一致的。例如，它和名义主义一样，总是诉诸细节；和功利主义一样，强调实用的方面；和乐观主义一样，鄙视在口头解决方案、无用的问题和形而上学方面的抽象主张。"（James 1955：46）

佩珀对语境主义的阐述是在 20 世纪前四十年的参照框架内进行的。为了便于说明，他引用了约翰·杜威、乔治·赫伯特·米德（George Herbert Mead）、阿尔弗雷德·舒茨（Alfred Schütz）和美国象征互动主义学派成员的作品。从那时起，史无前例的事件和意义深远的语境转型就已经发生了。五十年后，从混沌动力学爱好者和社会工程师对理论确定性的设想，到后现代主义的唯我主义和荒谬主义，以及对语言、知识、权力的批判思考，舞台激发出百家争鸣的景象。根据佩珀假说的指引，这种语境主义方法的一些经典基础和周期性表达在整个西方历史中是可追溯的。

一、从诡辩到实用主义

普罗泰戈拉在专著《论真理》（*Truth*）中说道："人是万物的尺度，你认为它是什么，那它就是什么；你认为它不是什么，那它就不是什么。"对哲学和所有关于宇宙本质的先验理论持怀疑态度的诡辩家否认客观真理的可能性。他们认为，现实总是通过感知者的镜头来过滤的，人的感知能力是衡量现实的尺度。为什么要为哲学和真理的徒劳追求而烦恼？这是为了更好地学习谨慎和更有效地谋生，也是为了作为国家公民发挥作用。显然，诡辩家是富有魅力的老师，他们的学说特别吸引年轻人，因此至少最初被上一代人认为是具有颠覆性的。

苏格拉底分享了诡辩家对哲学的怀疑论，并赞扬了他们的教育目标。在国家和赞助者的货币补偿方面，他认真地表示了反对。对教师来说，专业培训并不是一个充分目标，培养人智德并重的全面发展才应该是教育的目标。虽然被后世誉为卓越的哲学家，但苏格拉底从来没有把

绝对真理当作学习的目标；相反，学习是为了达到人类理解的极限。 *189*

在伯里克利时代的雅典，诡辩家颇受欢迎，因为他们宣扬教育和修辞学对实践生活的价值，并积极找机会贬低哲学家及其对物理学和形而上学的思索。到了柏拉图的《理想国》（*Republic*）时期，形势发生了逆转，甚至极负盛名的诡辩家伊索克拉底（Isocrates）也声称自己是哲学家。现在，轮到柏拉图质疑一切了。他用绝不谄媚的语气说："这就像一些刚脱下锁链，并获得财富的秃顶、身材矮小的补锅匠。他洗了个澡，穿上新衣服，然后利用自己师傅女儿的贫穷和凄凉，向她提出令人讨厌的求婚。"（Republic，vi：495E）

早在公元前5世纪，佩珀标记的语境主义世界观的特征就出现了。第一，人们对哲学的普遍理论和真理论述持怀疑态度。例如，赫拉克利特的理论认为，宇宙总是处于不断变化的状态中。普罗泰戈拉就是用这个例子来证明对知识的追求是徒劳的。第二，强调日常生活的现实意义。它在修辞学、商业和政治方面的成功表现，提供了一个比逻辑和道德更合理的价值标准。在辩论过程中，优雅的修辞被认为比证明一个案例的认识论基础更加重要。第三，有迹象表明，所谓诠释学意识指现实的概念是通过个体感知者的镜头过滤出来的。根据这种意识，我们得出了两种截然不同的含义：普罗泰戈拉关于个人适宜生活方式的选择；苏格拉底对批判反思、自我思考以及最终意识到无知的选择。

在古罗马统治的和平时期以及后来的罗马帝国时期，人们都表达了对传统方法的批判。卡托（Cato）、普林尼、尤维纳利斯讽刺了后来的罗马帝国的生活方式，正如阿基米德（Archimedes）在希腊所做的那样。公元1世纪初，尤维纳利斯出版了《讽刺》（*Satires*），讲述了"人类生活的杂乱无章的故事：他的誓约、他的恐惧、他的愤怒、他的欢喜、他的快乐和来来往往的旅行"。在尖锐的诗句中，尤维纳利斯揭露了一个衰落帝国的虚荣与浮华、傲慢与偏见、时尚与不公正，以及面包和马戏①（Carcopino，1960）。从蒙田到罗马教皇，从塞缪尔·约翰逊（Samuel Johnson）到奥斯卡·王尔德（Oscar Wilde），从巴尔扎克到斯特林堡（Strindberg），在西方随后的许多政权中，讽刺的声音始终与尤维纳利斯的风格相呼应。在这些因其艺术风格和诗性而广受赞誉的著作中，知识渊博的历史学家能够在反映不同时期的社会互动中发现那喀索斯的迹象。事实上，宣传经常以讽刺和怀疑的口吻来表达自己，揭露被人视为理所当然之事的虚伪和形式主义，最终为其他选择扫清道路。这些文本之所以能够出版，是因为它们在所有的讽刺和批评背后隐藏着理想的人文主义模式，偏离它所揭露的现实、回归这种模式可能是作者的主要创作动机。

190

　　当然，有些人会寻求更宽阔的视野，用以解释日常事件的戏剧性。有机体主义者经常分享这种探索。为了更全面地了解事件，人们需要尽可能大的空间、时间和文化视野以观察事件的发展过程。[1] 尽管如此，语境主义者还是解释了事件的因果关系，强调了人类历史的不可预测性和自发的偶然性。[2] 蒙田努力指出人们普遍持有的科学知识观念存在的易错性和易变性。他写道：

> 　　托勒密是一位伟人，他确立了我们这个世界的边界：所有的古代哲学家都认为他们有丈量世界的能力……看呀！在我们这个时代，新大陆被发现了。它不仅仅是一个岛屿或者一个特定的国家，而是一个和我们之前所认识的大陆非常相似的地方，正如我们看到

---

① 尤维纳利斯曾对因观看处刑表演而兴奋不已的罗马市民写下著名评论："市民只热衷追求两件事，面包和马戏。"罗马市民已经不满足于人畜鲜血横流带来的兴奋感，还想看到更加残酷刺激的格斗场面。罗马市民的这种需求背后，其实隐藏着政府长期征兵和沉重赋税所带来的巨大压力。国家为了加强管束，就在罗马竞技场提供免费的食物和表演，让市民宣泄平时累积的郁闷。这种政策被称作"面包和马戏"。——译者注

的那样……但问题是，如果托勒密的理性基础曾受到蒙蔽，那么现在去相信后来人所说的话是不是很愚蠢？是否更有可能的是，这个我们称之为世界的伟大机体和我们想象的世界并不完全是一回事。（*Essays*，bk.2：chap.12）

诡辩家在西方文学、修辞学、政治学和教育学方面的遗产很少表现在文字资料中。正是由于处于既定体制的边缘，批判的声音才引起了人们对当下的关注，对传统理论实践结果的关注，对思想和行动、秩序和实践、科学和政治生活中显而易见的矛盾的关注（O'Neil，1982）。几个世纪以来，普罗泰戈拉的精神总在衰落的时刻被表达出来，有时是作为文化形式主义的挽歌，有时是对父母那一代根深蒂固的确定性的讽刺，有时预示着人类思考方式和存在方式的新选择。它将在 19 世纪末 20 世纪初美国实用主义者的生活中获得新生。

霍尔格雷夫（Holgrave）在《七个尖角阁的房子》（*The House of the Seven Gables*）中悲叹道："难道我们永远摆脱不了过去吗？它像巨人的尸体一样躺在我们眼前！我们为它的可笑而笑，为它的可悲而悲。"（Lewis，1955：18—19）梭罗（Thoreau）把英格兰看作"一个带着许多行李到处旅行的老绅士。这些都是长期积攒起来的无用的东西，但他没有勇气烧掉"（Lewis，1955：21—22）。纳撒尼尔·霍桑（Nathaniel Hawthorne）的《地球大屠杀》（*The Earth's Holocaust*）预示着所有欧洲贵族服饰、制度、文学和哲学的颠覆。美国是一个可以让人重生的地方，让人远离那些已经被欧洲恶魔侵扰的城市 [Hawthorne，（1844）1972：887—906]，同时因"真正"的信仰而重生。用约翰·温斯罗普（John Winthrop）的话说，就是"建立堡垒抵抗反基督的王国。耶稣会正在这个过程中掌控这些领地"（Eliade，1969：95）。

191

到 19 世纪末，回归自然和清教徒信仰的人间天堂之梦已经转变为世俗进步的浮士德式神话。至少在哈佛大学和芝加哥大学，实用主义运动中出现了一种更偏向工具性的态度。它对真理和存在采取极端经验主义的态度，抛弃了抽象原始的原则和封闭的系统，转向具体性、充分性和行为。威廉·詹姆斯总结道：

> 简而言之，"真理"就是我们思考方式的权宜之举，就像"权利"只是我们行为的权宜之计。权宜之举几乎存在于所有的方式中。在长期和整体过程中的权宜之计，那些能轻易满足眼前所有经验的事物并不一定能同样完美地满足所有更深层面的经验。众所周知，经验是不断演变的方法，从而使我们当前的范式得以优化。

> 我们必须生活在当下。我们现在得到的真理，到了明天，可能会被称为谎言。托勒密的天文学、欧几里得的空间几何、亚里士多德的逻辑学以及学术的形而上学在几个世纪以来都是权宜之计。人类经验已经突破了这些限制，现在，我们称这些事物只是相对真实的，或者在经验的边界之内是真实的。"绝对地"是错误的，因为我们知道这些限制是随意的。过去的理论家和现在的思想家可能已经超越了这些限制。（1955：145）

查尔斯·桑德斯·皮尔士（Charles Sanders Peirce）受过实证主义的培训，在 19 世纪后期提出了实用主义的术语。作为哲学家和物理学家，皮尔士在美国海洋与大地测量观察所工作了三十年（Wiener，1949）。他抨击理性主义和经验主义学派"终极基础"的信条，指出："任何知识都不可能受先验知识影响而产生。"（Peirce，1931—1935，5：259）"无法分析的、无法解释的以及非智力的事物，在我们的生活中不

192

断涌现。"（5：289）皮尔士批判性地反思了科学实证主义者的事业，试图将关注的焦点从科学理论的方法和逻辑结构转移到逻辑研究上。他预期人们会对科学思想的社会建构有更普遍的认识，声称特定研究模式的制度化决定了认知有效性的可信度。那么，为什么不检验知识建构的方式呢？科学本身就是一种"生活方式"（7：54）。[3] 如果现实被定义为所有可能的真实陈述的总和，如果这些陈述是符号的表征，那么为什么现实的结构不能被解释为与语言的结构相关联？

同代的唯实论者和唯心论者对实用主义及真理的工具性方法的批判，与柏拉图对伊索克拉底的批判一样严厉。实用主义影响着后来一些学科的发展，特别是对社会学、哲学和景观分析的发展影响深远。约翰·杜威的工具主义知识理论在后来美国几代的教育政策制定者身上留下了深刻的烙印。乔治·赫伯特·米德社会知识建构的开创性思想获得了地理学和人类学读者的热情拥护（S. Smith，1984）。实用主义以折中的态度对待固有的理论，目的是在现实主义和理性主义之间保持中立。它不再考虑认知方式和存在方式的传统差别，强调过程而非形式，以及所有理论的不确定性和易错性。正是在这种精神背景下，佩珀描述了语境主义的认知主张。

二、具有可操作性的真理观

语境主义者根据不断变化的现时事件来看待生活中的一切。分析的范畴源于事件本身的常识经验，即语境中的行动。人们用动词"做"或"创造"时，其所描述的事情在本质上的复杂性就表现得如同戏里的情节。混乱和变化被认为是事物正常的状态。任何对世界完整或最终的分析都是不可能的，像机械主义那样阐明现实的"要素"和"结构"的想法被认为是荒谬的。从语境主义者的视角来看，宇宙是偶然性和随机性的事件。人们可能会从特定事件的性质和结构出发进行推测，但通常情况下，只能从整体的角度来观察特定事件的性质。能吸引人们注意力的是性质而不是分析的凝视。除了这些折中的性质之外，结构在细节和关系上是可辨别的。对事件整体和综合的把握，需要在事件的语境下协调不同的链条和纵横交错的参照。同时，它需要具有对独特事件的"性质"或特征的识别能力。如果这种说法"有效"，也就是说，如果它对某一特定事件给出了合理的解释，那它就会被认为是正确的。根隐喻所依据的真理理论被称为具有可操作性的真理观。

性质是指事件的总体内涵，是一种整体的理解，包括三个主要类别：

1.事件的传播（其"似是而非的现在"）：每个事件都定义了自己的时间和空间参照，"触及"过去和未来。例如，定性（持续）时间和示意性（时钟—日历）时间是有区别的。在现实事件中，当下所有的结构对事件的性质都有直接的影响：实际时间是性质向前或向后的传播。

2.变化：绝对的永恒或不变被认为是虚构的。所谓永恒的事物往往被解释为历史的连续性，这种连续性并不是一成不变的。

3.融合：任何在体验上看起来简单统一的事物，实际上都是融合的结果，即细节的特质与整体性质融合在一起，如气味或色彩。通常，存在不同程度的融合度。融合得越紧密，统一性越高。"好""漂亮""合适"等特质都是融合的结果。语境主义者坚信，这不是心理学上的合理化，而是本质的活跃结构的反映。这些性质赋予经验所有的本质意义。

结构是通过组分、组分的语境和指称来表达的。结构由组分构成，并存在于语境中。组分之间的连接决定了语境，而语境在很大程度上决定组分的性质。结构、组分和语境之间没有明确的界限，因此，元素分析本质上是失真的。唯一的合理分析是实用主义的，即寻求特定问题的解决办法。

（1）组分和（2）语境在展开的事件中交织。它们一起与（3）指称相关联，其中至少有三种类型：

a.线性指称有一个始点、一个转换方向和满意的结果。可以看到，这些指称是前—后活动。

b.收敛指称涉及的几个初始点收敛于一个满意点。线性指称和收敛指称都可能出现中断，这会扰乱所有组起初设定的方向。完全中断也可能带来新奇和惊喜。

c.工具指称可能隐含着被中断的线性指称和次要指称，其结果往往是复杂的、远远超出了既定事件范围的结构。

语境主义者认为，对隐私事件的深度考察会不可避免地将其带入公众世界。我们可以在社会事件和人类感知中观察到本质的相互渗透。因此，知识是互相关联的。一个人并不能知道"性质"，但可以在感知之外推断它的结构。这种关于结构关系的知识包括基于社会经验的图式，如地图、符号系统和图表。它们是某个时期科学的一部分，并随着某一时期的变化而变化。

正如佩珀所概述的，具有操作性的真理观有三种不同的阐释。第一种阐释是"成功的工作理论"。它通过假设的工作原理来检验一个命题的有效性。第二种阐释是"验证假说理论"。其中，真理不是建立在行为成功的基础上，而是建立在假说和最终结果之间的关系上。实用主义者和他们的实证主义导师一样，不会宣称真正的假说本身能洞察自然的本质。第三种阐释是"定性确认"。它假定符号的含义体现在其所引入的性质中，认为组分的性质决定了语境的性质。结构感知表明，验证行为的结构一定程度上是由感知者的活动所携带的组分构成的。因此，不管在何时，科学和哲学拥有的假设都应该能够洞察自然的结构。

三、欧美的地理学流派

对于美国实用主义者而言，作为舞台的世界充满着无限可能。人类的智慧在这里面临着挑战，要在不浪费精力进行形而上学的辩论或哲学反思的情况下把它们处理妥当。对于欧洲人来说，这样的隐喻可能会在世纪末引发不同的联想。昨天的真理不容易被忽视，今天的真理也受到了极大的挑战。如果北美语境主义者自认为正处于新时代的曙光之中，那么他们的很多欧洲同行正经历着帝国的衰落——并且很快就会在1914 年解体。在那些没有向西移民的人中，有些人对启蒙运动中的理性（如韦伯主义）重拾信心，从而恢复了机械主义和有机体主义的世界观；其他人则支持激进的经验主义或者逻辑实证主义。在法国和德国，就像在哈佛一样，关于生命和思想的演化、自由意志和决定论以及意识形态对科学行为影响的争论异常激烈。地理学家纠结于环境影响的问题，哲学家则为生物进化争论不休。亨利·柏格森（Henri Bergson）是人类自由的有力捍卫者，他的思想启发了后来的阿尔弗雷德·舒茨、莫里斯·梅洛 - 庞蒂（Maurice Merleau-Ponty）。柏格森认为自由是生活的事实。如果人类科学的研究能够与生命科学的研究有机地联系起来，我们不仅可以直观地感觉到这一点，而且可以通过经验证明它。

> 在我们看来，知识理论和生活理论是不可分割的。生活理论虽
> 不是应知识批判主义而生，但必须接受对知识的批判，因为它发现
> 了理解所蕴含的概念。无论是否愿意，它都可以把事实置于现有的
> 框架下，并认为这就是基本的事实。因此，它获得了一种方便的，
> 甚至是实证科学所必需的符号象征。但是，它并不是直观的对象。
> 在生活的一般演变中，知识理论也不能代替智慧，因为知识理论既
> 不能教我们如何构建知识框架，也不能教我们如何扩大或超越它
> 们。知识理论和生活理论这两种探究是必要的，两者应该相互衔接，
> 并通过循环过程永远地互相推动。（Bergson，1911：xiii）

理论可以被看作惯例、象征现实的便捷方式，是对同时发生的社会
和物质环境的反映 [Poincaré,（1914）1955]。通常被称为"传统主义"
的哲学流派与美国实用主义有许多共同之处，但两者的基本假设迥然
不同。物理学家沃纳·海森堡（Werner Heisenberg）和尼尔斯·玻尔
（Niels Bohr）指出，物理科学的探究过程甚至引入了特殊的工具。海森
堡称之为观察者和物体之间"不可避免的涟漪"：

> 当物体完全地被孤立时，你无法获得关于物体的任何知识。该
> 理论继续断言，这种扰动既不是完全不相关的，也不是完全可观察
> 的。经过一系列艰苦观察，人们发现物体保留的一些特征（最后观 *196*
> 察到的）处在未知的状态，或是不能被精确了解的状态。这种事物
> 的状态被用来解释为什么不能对所有物理对象进行完整、无间隙的
> 描述。（Schrödinger，1967：135）

然而，维也纳学派①的众多先驱者不愿忽视 20 世纪初科学（和政治）所面临的本体论问题。消除对存在论问题的担心是让人犹豫的，这些问题面向 20 世纪早期的科学（和政治学）。欧洲人似乎不愿意将真理和存在问题托付给美国同行所拥护的认识论的相对主义。"实际上，真理存在于信用体系中。"威廉·詹姆斯在 1907 年写道：

> 只要没有什么挑战，我们的思想和信念就会顺利"通过"，就像没有人会拒绝钞票一样。但这意味着某处存在面对面的验证。没有它，真理的构架就会像没有现金储备的金融系统一样崩溃。你接受我对一件事的证实，我接受你对另一件事的证实，我们通过彼此的信用进行交易。被某些人具体证实的信念则是整个上层建筑的支柱。（143）

北美的实用主义者由此可能会轻率地把赌注放在真理命题的可操作性上。也许正是这种不愿将思想与存在问题混为一谈的态度，促使詹姆斯认为他们的工作是接近人文主义的，有些人仅因"毫发之差"而错过了它：

> 第一个概念以最混乱的纯粹经验形式出现，向我们提出了问题。第二个概念以基本范畴的方式出现。它很久以前就已深入我们的意识结构，实际上是不可逆的，定义了答案必须遵循的一般框架。第三个概念以最符合我们当前需求的形式出现，给出了解答的细节……我认为这是人本主义概念的本质……无论是其他的，还是

① 维也纳学派，一个逻辑实证主义学派。该学派的中心主张有两点：一是拒绝形而上学，认为经验是知识唯一可靠来源；二是认为只能通过逻辑分析的方法解决传统的哲学问题。——译者注

通用的那个，它本身是否具有明确的内部结构，或者如果具有某种结构，这种结构是否和之前我们预测的相似，这都是人文主义尚未触及的问题。它认为，现实是我们自己知识发明的积累。我们总是在不断进步的交易中寻求"真理"，总是努力用新的名词和形容词来工作，同时尽可能少地改变旧的……从定义的意义上说，法国的柏格森和他的门徒，即物理学家韦博斯（Wilbois）和勒罗伊（Leroy）都是十足的人本主义者。米豪德（Milhaud）教授似乎也是其中之一。伟大的数学家庞加莱（Poincare）与它仅因毫发之差而失之交臂。在德国，齐美尔（Simmel）的名字本身就意味着最激进的人文主义者。马赫（Mach）及其学派，赫兹（Hertz）和奥斯特瓦尔德（Ostwald）必定被归入人本主义。（236）

庞加莱的研究科学方法和威廉·詹姆斯的人本主义定义之间的"毫 *197*发之差"，反映了大西洋两岸的语境主义者的作品所特有的存在问题（本体论）的不同研究方法。[4]传统主义显然在维达尔地理学派的著作中得到了强烈的呼应（Berdoulay，1978）。这个学派在历史地理学领域开创了语境主义敏感描述的先河，很少有学派能与它相比。例如，费曼·布罗代尔发表在《年鉴》（*Annales*）、《经济》（*Economies*）、《社会》（*Sociétés*）、《文明》（*Civilisations*）上的关于地中海的不朽著作，以及受此方法启发的著作（Rochefort，1961）。在19世纪末20世纪初的几十年里，地理学的语境主义思想在大西洋两岸有着截然不同的发展路线。

地理学在作为一门学术学科被初创时，其赞助者和受众的背景也是截然不同的。在欧洲和美洲，主要的根隐喻是有机体主义和马赛克。早期欧洲学派探索语境主义方法的尝试最终往往以其他隐喻的语言和散文风格表达出来。J. G. 格拉诺的《莱茵地理学》和朱尔斯·西恩（Jules Sion）对区域精神面貌的探索，引发了基于对传统主义形式的好奇心而进行的更深入的观察，如感知区域或国家的本质和形式（Granö，1929；Sion，1909）。白吕纳探讨了地理学中的精神因素，皮埃尔·德方丹指出了人类感知和利用自然的文化多样性。当最终被纳入文本时，这些观点成为关于生命起源的系统概括的要素（Brunhes，1902；Deffontainne，1933，1948）。阿尔弗雷德·鲁尔（Alfred Rühl）对自然资源价值的历史和文化差异的诗意观察同样被作为经济地理学替代方法的依据（1938）。无论语境主义具有怎样潜在的诗意吸引力，区域边界的定义、土地利用政策以及自然资源保护等采用这种研究方法的案例往往需要解决问题的意识。欧洲解决问题的语境与美国的截然不同。

欧洲重要地理学家对该学科明确参与实践问题表示担忧。尽管地理学家正式参与了主要国家的殖民探险活动，然而地理学会的成员们仍不断呼吁让地理学成为一种学术追求和一门学科。但是，实用主义的目标从未远离北美地理学先驱的视野。1859 年，李特尔和洪堡逝世的那一年，美国地理学会副主席汤普森（J. P. Thompson）博士说道："地理科学一度被认为是枯燥但必要的信息，现在被认为与人的生理、心理、社会、历史和道德发展密切相关。"（Thompson，1859：98—107）在大西洋两岸，地理学探索的诱惑吸引着新成员和赞助者。汤普森认为："每一次精心策划的地理考察，都会较其成本获得上千倍的商业回报……商业必须随时调整自己以适应气候和物质分配的伟大法则。这些法则是地理学所确定的、为其提供指导的报告。"（Wright，1952：44—45）

追溯实用主义哲学对美国地理实践的影响并不容易 [Wright（1947）1966：124—139]。威廉·詹姆斯的朋友纳撒尼尔·谢勒把地球当作高度"人性化"的舞台、一个开放的世界。在这里，人类的创造性知识能够解决所有问题（1894，1904；Koelsch，1979；Livingstone，1982）。谢勒把边疆的开拓看作不断展现人类智慧和技能的冒险故事，提倡对被认为是"大美利坚沙漠"的科迪勒拉（Cordilleran）地区的潜在资源进行详细的地理研究：

> 我们古老的地理学将美国沙漠描绘成与亚非的荒芜之地一样贫瘠且不适宜居住的地区。在某种程度上，早期探险者之所以有这样的印象，是因为他们是从大陆东部森林茂密、水源充足的地区进入这片土地的……总之，沙漠之名被用到该地区是很不恰当的，它也许更适合被称为"干旱地区"。或者，我们可以更贴切地称之为"降水稀少的地区"。（Shaler，1894，1：145—146）

谢勒对盎格鲁—撒克逊文化优越性的信念以及对文化特性的生物学解释倾向，几乎没有给与具有操作性的真理理论相关的相对论观点留有余地。虽然他的学生威廉·莫里斯·戴维斯成为美国学术圈的领军人物，但谢勒从未创建重要的流派。谢勒的天赋很大程度上在于宣传和教化：学生争相倾听他的观点，阅读他的著作。后人备受鼓舞地去从事理解和应用研究，如托马斯（W. L. Thomas）的《人类在改变地表中的角色》（*Man's Role in Changing the Face of the Earth*，1956）。

在以实用主义为导向的社会中，地理学被视为一门科学。刚开始的两代人倾向于追随欧洲的先行者——德国人和英国人，而非法国人（Blouet，1981）。拉尔夫·布朗（Ralph Brown）和约翰·科特兰·赖特的历史著作中存在把世界比作舞台的根隐喻的要素。实际上，作为一 *199* 位美国地理学家，赖特最能说明这一世界观提供的多方面可能性，及其对地理学研究范式和实质性重点的影响：

　　整个广泛科学领域的发展不是为了直接制定普遍的法则，而是为了理解特定条件和过程。地质学和地理学尤其如此，其首要目标是解释特定地区的具体土地形态，岩石构造，聚落形式，贸易路线的起源、属性和关系。如果根据成功阐明普遍法则的程度而不是投入研究中的工作质量来评判研究的科学价值，那么地质学和地理学的大部分研究都是不具有科学价值的。（1966：61）

赖特的文风充满了隐喻，特别是在表述地理学思想时。例如，他借用气候的术语来描述美国的传统思想和时代精神的变化：

　　确实，在清教徒时代，美国对地理学的理解正如印刷品（特别是在新英格兰）所表现出来的。它吸收了周围知识氛围中的虔诚，就像毛巾吸收了新英格兰雾气中的水分。从那时起，知识氛围逐渐转向世俗化，反映在除神学性质之外的研究中，公开表达虔诚的"潮湿"成分逐渐减少，尽管是间歇性的减少。（1966：253）

他接着描述了美国后内战时期的"神学干旱"和20世纪不断增长的"数学湿度"：

　　在数学湿度增加的同时，神学干旱可能会加剧。自清教徒时代以来，美国空气中弥漫着的虔诚湿气已变得干燥，越来越多地被数学和统计学的蒸气取代。在它们的影响下，幼苗茁壮成长，变成了茂密的雨林和杂乱的丛林。（1966：287）

对认知方式和存在形式的多元化的态度、敏锐的历史感以及富有启发性的文学风格，这些都是赖特的人本主义追随者极为欣赏的特性。人们能在迈尼希（Meinig）、洛温塔尔（Lowenthal）、鲍登（Bowden）、段义孚和其他研究环境感知的先驱者的著作中发现这种浓烈的语境主义色彩。

四、地理学与舞台：意义、隐喻和环境

20 世纪地理学发生语境主义转向的原因是多方面的。对外国土地 *200* 的探索和测绘实际上已经完成；目前，国家和地区的公共服务机构或其他机构的专家们正在执行进一步的清查和文件编制的任务。20 世纪的地理学家发展了与他们的导师不同的实践风格。他们寻求世界广大地区之间宏大的概括和比较，并倾向于将研究好奇心的视野局限于与他们本国相关的更狭隘的议题内。他们觉得有必要把自己的实践与科学方法的正统观点、受公众赞誉的学术风格结合起来。总的来说，战争与和平、经济增长与萧条、世界人口与政治格局的转变淘汰了许多经典文本，或使它们在意识形态上令人难以接受。也许最重要的是，到 20 世纪中叶，一些帝国主义学派的霸主地位被终结了。

回顾过去，地理思想和地理实践的语境意识呼应了 20 世纪知识方法意义深远的转变，即从"旁观者"到"参与者"的转变（Rorty，1979；Toulmin，1983）。美国地理学家进行哲学反思的证据很少，但一些重要作者的思想已然萌芽 [Barrows，1923；Sauer，1925；Hartshorne，1939；Wright，（1942）1966]。主流学派坚持进行经验性的实地研究，偶尔也会对形式或功能、模式或过程的方法论偏好产生争论（James and Jones，1954；James and Martin，1979）。那些强调地

球表面区域差异（马赛克）的人与强调空间系统功能动力学（机制）的人之间的紧张关系日益加剧，毫无疑问，战时经历和战后浮士德式期望的发展与规划无疑加剧了这种紧张关系（PG：186—195；Gould，1985）。

在 20 世纪 60 年代之前，大多数地理学家会将自己定位于现实的"观察者"。他们旨在对现象进行客观的描述和解释。如果有讨论，也都是在认知论的角度处理的知识问题（理解）。到 20 世纪 60 年代初，人们越来越意识到人类对现实的感知已经被不同文化群体、不同研究机构和不同实践议程过滤了（Wright，1966；Lynch，1962；Lowenthal，1961）。知识的"社会建构"成为一种流行的探究途径；人们开始质疑应用地理学究竟在解决什么问题或关注谁的利益（Kates，1969；Hag-erstrand，1970；Zelinsky，1970；Buttimer，1974；Mair，1986）。在特定情况下，这引发了关于"局内人"和"局外人"之间的权力、语言、利益冲突的争论（Antipode，1985；Racine and Raffestin，1983）。一些人试图将实证主义确定为反派，认为其阴谋使该学科直接受到利益集团的束缚（Samuels，1971；Seamon，1980）。也有一些基于概念的争论。继几个世纪的正统观念之后，毫无疑问，强烈呼吁存在主义现象学、实用主义和其他来源的时机已经成熟。从实用的角度看，不存在其他条件相同的情况（Schutz，1944，1973；Hagerstrand，1970；But-timer，1974）。与其他领域一样，认知论问题让位或转变成了社会学问题，早期（观察）阶段的"基础"问题变成了"辩证"问题（Stoddart，1981；Ley，1983）。

20 世纪 70 年代末，第三个阶段开启。和社会科学家一样，地理学家也意识到，处于不同环境中的人既是参与者，也是观察者、局内人或局外人。人们逐渐意识到在西方复杂的社会经验中过滤传统思想和实践的无数方式。现实被解释为事件、镜子、面具、反映语境文本的舞台——在这个剧场里，对科学的主观和客观、规范性和描述性、内部主义和外部主义的解释自相矛盾，这被认为是过时的（Gregory，1981；Sugiura，1983）。一些人表示需要语言和符号来促进不同文明间更加开放的对话；其他人则对这种梦想的徒劳性进行了更为复杂的论证。

这种诠释学所关注的浪潮仍在继续，但20世纪80年代后期也见证了观察的回归和对公共生活中的伦理及干预性人道主义关注的增加。除了人口和政治模式的戏剧性重组外，大规模、紧迫的环境问题和全球变化都向地理学家提出了更多需要注重实地观察的挑战。分析技术、计算机信息系统和卫星图像的快速发展改变了潜在的达·芬奇的研究尺度。随着现实主义和实用主义的哲学张力再次吸引到观众，学科正统相较于理论的显著性（Rowntree，1988；Ley，1989）和最终的问题解决（Kates，1987）变得不那么重要了。

在这些不同的转变中，美国地理学语境主义者一致追求的潮流在历史和文化分支上是显而易见的。那些受柯林伍德（Collingwood）理想主义景观研究方法启发的人和其他人一起试图重建过去的地理学，想通过生活在其中的人的眼睛观察景观（Mead，1981；Guelke，1985）。J. B. 杰克逊（J. B. Jackson）将其延展到当代景观，认为"每个景观都是社会最初形成并继续生活在这里的反映"（1952：5）。那么，为什么不把"阅读"景观作为文本，以便根据人类居住者的价值观进行解读？"要理解生活中的景观，首先需要关注当地的乡土风情以及日常生活环境。汽车旅馆、特许经营的快餐店、当代美国家庭寻找适应新的移动和娱乐的生活方式，这些都是具有本国乡土意义的印第安人和希腊农民生活中的真实案例。"（Jackson，1976：19）

20 世纪七八十年代，这一流派重新活跃起来（Salter，1978；Meinig，1979；Rose，1981；Sugiura，1983；Lewis，1986；Rowntree，1986）。景观被认为是多种话语形式的"沉淀"，为各种解释提供了空间（Norberg-Schulz，1980；Olwig，1984；Cosgrove，1984；Daniels，1988；Berdoulay，1988）。它吸引受到维科或赫尔德启发的人探究文化上不同的符号转换模式（Dainville，1964；Mills，1982），并且吸引人们对作为产品的景观文本和符号进行符号学探究（Choay，1981；Marchand，1982）。

在语言和权力、符号学和象征主义等问题上，20 世纪后期的地理学家无疑在与结构主义者互动中迎来了最具挑战性的时刻（Gale and Olsson，1979；Gregory，1981；Dematteis，1985；Rose，1987）。正如德里达（Derrida）的著作所建议的，继承意义的解构试图解读特定文本可能产生的多重的和相互的冲突（Derrida，1972）。20 世纪 80 年代，贡纳·奥尔森雄辩地论述了人文地理学的现代弊病是"事物让步于过程，稳定让步于变化，确定让步于模糊，名词让步于动词，存在让步于形成"（Olsson，1984：73）。与上一代人对认识论的确定性及其作为复杂机制的世界形象的根深蒂固的信念形成鲜明对比的是，这种方法揭示了人类的命运是"生活在监狱中这一窘境"（84）。

在地理学上，对这种语境主义者浪潮进行评估可能还为时过早。它的影响不仅体现在认知风格和对研究实质焦点的选择上，也体现在职业意义模式上。语境主义的主要成果之一是对宣传和批判性反思因素的重新评价。在明确支持以科学为基础方法来研究理解和应用的专业中，地理学长期忽视或轻视反思元素。本体论问题被再次讨论，话语模式本身成为批判性反思的对象（Folch-Serra，1989；Karjalainen and Vartainen，1990）。实质上，人们对人类与环境的关系、地方和景观对人类创造力及健康的意义等问题重新产生了研究兴趣（Hudson-Rodd，1991）。由此，环境重新具有了生命、文化认同和历史遗产的重要意义——经过了几代人，人们才重新发现，将关注的空间视为白板可以检验各种经济或技术合理性模型。在短短的几十年时间里，研究理解和应用的主流方法也发生了变化。那些轻率天真的、混乱的描述性和规范性话语，是战后应用地理学某些冒险活动的特征，现在对受众和赞助者来说都不太合适。虽尚未取得丰硕的成果，但人文地理学从业者已有一些新的（或重新发现的）认识成果。这些成果对未来的人类及地球家园的研究具有深远的意义。

地理知识学：文化相对主义的认知是解释自然、资源、社会、空间和时间的方式。人们对"地理感知"差异的好奇心导致了大量关于环境感知和行为的文献。

时间性：在地理好奇心的不同阶段意识到时间和空间不可分割的联系。不同于历史地理学家对人类事件的"偶然性"的坚持，人们对日常环境经验所涉及的不同时间尺度重新产生了兴趣（Hägerstrand，1971；Martensson，1979）。

相对性：对观察者和被观察者之间的连锁反应的认识（Heisenberg/Bohr）提高了研究工具本身的意识——在概念和分析上有选择性地进行集中探究。

机构与结构：学术生活方式社会层面的意识已引发对历史和社会学学科实践的探索，对范式的讨论，以及对科学规范和特例的定义。也许最重要的是，人们在学术和市场的日常生活行为中意识到镜子和面具的存在。

诠释学：对设计和研究中的文化偏见以及由此得出的结论的认

204

识导致了意识形态、知识和权力的争论。对于某些人而言，这或许是对诠释学界的认可。研究者已开始承认他们是现实的参与者而不是观察者。

地理学家和科学家、哲学家和历史学家之间的互动激发了这些新意识。到目前为止，语境主义的方法吸引了更多的人文地理学而非自然地理学的实践者。20 世纪 90 年代，全球性关注再次为重新整合地理学的人文和自然分支提供了机会。人们日益认识到国家和区域之间的相互依存关系——不仅在经济和技术层面，也在所继承的生活方式的生物生态重要性方面（Buttimer et al.，1991；Zonneveld，1986）。随之而来的是知识视野在时间和空间上的延伸，对过去和未来的关注。那些努力把这些意识融入实践的人仍然面临一些挑战。其中三种是需要创造力的。第一，如何阐述普罗泰戈拉的名言——"人是万物的尺度"。第二，如何把"语境中的事件"或"作为文本的景观"的叙述与更广泛的人类和世界联系起来。第三，在当今人类圈、生物圈和地球圈相互作用的全球危机中，如何确定西方世界所能提供的潜在信息。

将个人或地方的经验与更普遍的地区和文化经验联系起来的挑战仍然是根本性的（Daniels，1985，1988；Rowntree，1988；Sterritt，1991）。有些人认为认知和理解的目标是永远不可调和的。也有人认为，知识总是由社会建构的，因此应该用民族志而不是认识论的术语来理解学科实践的模式。一个还是多个、表意的还是法理，这类争论持续出现在人文地理学中（Ley，1989）。

语境方法的倡导者强调事件和关注语境（物理的、生态的和功能的），并寻找潜在的通用方法、理论来解释所有可能的事件，或者寻找事件之间的关键区别。从某种意义上说，托勒密精神和希罗多德精神之间的区别已经具有了新的意义。一方面，是那些蔑视普遍规律的地方文化和地方完整性的守护者；另一方面，是未来通用系统的潜在管理者。后者将指导和规划我们这个脆弱的、受威胁的星球上的人类活动。

当研究的焦点停留在特定事件或时期时，语境主义的方法产生了最好的结果。它能够使人们认识到思想、实践与一般的社会环境的复杂交织。在这些环境中，思想和实践受到约束。要更好地理解特定的"现在"，人们就会面临失去历史脉络或者跨文化对比可能性的风险。虽然人文主义精神会为这种日益增长的语境敏感性感到高兴，但也希望确认跨文化理解和历史深度的价值（Harris，1978；Daniels，1985；Folch-Serra，1989）。最后，就像社会科学和人文科学领域的同事，地理学家也倾向于用人类中心的术语来定义"语境"，侧重于人类构建的法律、结构和围绕事件与人工环境的参考框架。维科对新科学的呼吁已广为人知。当今地理学家面临的最严峻挑战是如何将自然和生物物理环境融入语境描述中，同时避免环境决定论的复苏。

五、那喀索斯、黄昏与舞台

几个世纪以来，人类社会的文化多样性给学者和传教士、帝王和商人带来了无尽的困惑。书面记录中有很多例子，其中学术选择显然与赞助者和受众不断发展的时代精神相一致。环境决定论有时占主导地位，有时是等级分类的。通常，人们是根据偏离自身文化范式的程度来评价其生活方式和文化的。对理所当然的世界图景提出质疑总是一件危险的事情；退休后，人们可能会因为外围、探险船、流亡或乡间别墅提出这样的问题。[5] 从唤起人们对某种理想社会模式的怀旧之情到设想另一种模式，人们的目标可能会有所不同，如遵循在世界其他地方发现的"更简单"（或者技术不太复杂）的路径。

从历史的角度来看，那喀索斯不仅创造了文化相对主义意识（不同环境中的人通过不同的方式建构他们的世界），而且产生了一种批判的自我理解意识。这引起了人们极大的兴趣。历史上许多伟大的讽刺作家都是由于前者而成功的（尽管有时是追溯性的），只有极少数是由于后者而成功的。几个世纪以来，在世界马赛克、机械主义和有机体主义的分类框架下，各大帝国都积累下了关于人类文化多样性的民族志叙述；只要它们能够以受众或赞助者的语言被表达出来，而不是将想象延伸至远超出它原本世界的既定惯例之外，这样的叙述就会产生愉快的对话和富有启发性的教学。正是在文化相对主义意识与批判的自我理解意识相结合时，人们意识到了传统思维方式的根本变化。作为舞台的世界最终意味着没有文化会根据其资源、技艺、物质形态上的美感、手艺、音乐风格或者人口统计学来进行分级。在世界这个舞台上，所有的文化都有展现自己风格的平等机会。

对语境、语言、文化和科学思想之间的多样化联系的认识，当然不是美国人的发明，更不是20世纪的发明。这里我们所概述的其他世界观也没有被忽视语境。在西方思想史上，人们对语境中事件的好奇心以特有的方式出现在文明的暮色地带，出现在长期稳定的思想和生活的确定性开始崩溃的时代，至少也出现在一些人瞥见可能的替代方案时。这些反思特征更多来自政权的边缘而不是中心，也来自边缘或偏远地区的探索者。

任何景观的边缘——山谷的边缘、峡谷周边河流的弯曲处等——都会使观察者期望的事情变得有生机。被边缘地区、地球过

渡地带吸引是人类好奇心的重要组成部分。这些能引起兴奋的边缘
就好像我在现在所走的地方感受着鸟儿在重力下嬉戏；或像量子力
学所说的，临界点跨越了波和粒子的边界，决定着它是成为波还是
粒子，占据了能打败几何学的时间的边缘。（Lopez，1986：110）

作为舞台的世界可能被认为是最适合那喀索斯朝圣者的世界，同时
为菲尼克斯提供了涅槃重生的空间。语境主义者有时会因传统信仰与现
实生活、景观之间难以捉摸的矛盾而感到不安。同样，人们也常常对思
维方式产生怀旧情绪，并且更关注与自然世界或者人类（在知觉、情感
或者实践上）的直接接触。沿着西方主流的边界走向纯粹的理性和理论
确定性，人们怀念前苏格拉底哲学对思想与物质（理性／自然）相互作
用时融合和完整性、动态性和突变性变化、物质与人类意识的内在力量
及精神的把握。这种创造力和精神将在后苏格拉底时代被超然的神性和　207
科学真理取代。布鲁诺无限宇宙的诗学面对的是学术本体论的固定范畴；
蒙田的自传式散文提出了在宗教和文化上目光短浅的问题；梭罗的《瓦
尔登湖》（Walden）像洪堡的《宇宙》那样呼吁将自然作为人类知识和
生活方式选择基础的来源。[6]

洛佩兹写道："在一天结束的放松时刻，在某个夏日夜晚的寂静
中，世界摆脱了它的范畴，对未来的坚持只能在渺茫的欲望中暂停。"
（1986：66）这种世界观至少能够成为浮士德式抱负的一部分，但它也
许会否认诱惑者在浮士德式戏剧最后一幕中的胜利。语境的转向孕育了
无政府主义以及工具主义的经验法则。它在 20 世纪的繁荣体现在对文
化相对主义的理解、科学的相对论以及对现实的社会建构中。它也揭露
了关于宇宙及人类居住者的传统学说的谬误，重现了赫拉克利特"人不
能两次踏入同一条河流"的观念。

在西方人的思维和生活方式中，对语境敏感性的呼吁预示着菲尼克斯的发现时刻、更高层次的知识整合以及对人类和地球的理解。从尼古拉斯·库萨到尼尔斯·玻尔，物理学、天文学和生物物理学都取得了显著的进步。解放同样得到诗人和人类学家的肯定，从蒙田、维科到格尔茨（Geertz）、洛佩兹，他们都肯定了人和地方的独特性以及美学、信仰、快乐、痛苦、热情、理性在人类旅程中的重要性。从毕加索（Picasso）、凡·高（Van Gogh）到哥德尔（Godel）、埃舍尔（Escher）和巴赫（Bach），艺术家和数学家进行的独立探索也都早于语言和人类交流被发现的时间（Hofstadter，1979）。黑暗和光明、休息和行动之间有节奏交替的黄昏与昼夜现象，为作为舞台的世界隐喻提供了最好的语境。

大约 10 世纪到 11 世纪，随着罗马帝国统治"和平千年"的逐渐消亡，来自欧亚大陆和北非的民族突然侵入地中海地区。这使一个重大的问题开始发酵。在所谓黑暗时代的后期，从科尔多瓦（Cordoba）到克朗马克诺斯（Clonmacnoise）的学者和圣人带着非传统的思想游历欧洲。阿拉伯人和凯尔特人的哲学、医学和地理学中的元素最初是微量元素，但最终改变了罗马（和柏拉图）基督教世界根深蒂固的确定性。如果没有这种发酵，没有对事件和地方语境的好奇心，文艺复兴时期的菲尼克斯可能永远不会出现。随后，人类圈这一新观点出现了。它肯定了人类个体的完整性、宇宙的潜在缩影，以及发挥其最大潜力的权利和责任。后来，当人们在 18 世纪的启蒙运动中对使用机械操纵宇宙持乐观态度时，语境主义者的质疑产生了对自然的重新发现、对生物圈的重新认识，以及通过对自然事件如何实际展开的仔细观察所获得的智慧。经过几乎一个世纪的帝国扩张主义、环境破坏主义和极权主义的暴行，20 世纪的语境转向产生了人类和其他生物之间新的社会形式，并特别强调了社会技术领域在建设人类家园模式中的关键作用。20 世纪末，人们发现返回希腊困境的是人类圈本身，即语言的模糊性、理性和非理性在思想世界中的持久互动，以及它与自然、人类家园的关系。

现今，语境敏感的地理学家面临一个尖锐的问题。舞台和有机体一样是适合宣传和教化的根隐喻。除了象牙塔和应用研究的矛盾之外，研究和教学的社会组织也反映了国家赞助的存在。例如，只要结果容易被转化为政策和行动背景下可理解的术语，对环境危害或灾难等问题进行语境层面的分析就是受欢迎的。在政治层面上，易懂的理解被作为民主任命党派的有用的工具。虽然舞台在寻求事件整体描述方面有望成为指导性隐喻，但它在描述性和规范性论述方面的转换需要对真理和存在采取相对主义的态度。每个问题都有自己特定的解决方案，即为应用提供理解的可操作的真理理论。没有人认为这是一种解决方案的范例或模型，因为它并不适用于该国相关区域内其他类型所有可以被想到的问题。这种特殊的真理操作方法对作为舞台的世界根隐喻是至关重要的，然而很难与后边界环境中政策和规划的政治结构式专业知识的公开目标相协调。

如果伏尔泰的《老实人》（1759）是冉冉升起的现代主义新星面临的挑战的缩影，那么博尔赫斯（Borges）的《沙之书》（*The Book of Sand*，1977）就是 20 世纪后期唤醒它的挽歌的缩影：

> 我信手翻开。里面的文字是我不认识的。书页磨损得很旧，印 *209*
> 刷粗糙，像《圣经》一样，每页两栏。版面分段，排得很挤。每页
> 上角有阿拉伯数字。页码的排列引起了我注意，比如说，逢双的一
> 页印的是 40、514，接下去却是 999。我翻过那一页，背面的页码
> 有八位数。像字典一样还有插个钢笔绘制的铁锚，笔法笨拙，仿佛
> 小孩画的。
>
> 那时候，陌生人对我说："仔细瞧瞧。以后再也看不到了。"

我记住地方,合上书。随即又打开。尽管我一页页地翻阅,铁锚图案却再也找不到了。我为了掩饰惶惑,问道:"这是不是《圣经》的某种印度斯坦文字的版本?"

"不是的。"他答道。然后,他像是向我透露一个秘密似的压低声音说:"我是在平原上一个村子里用几个卢比和一部《圣经》换来的。书的主人不识字。我想他把圣书当作了护身符。他属于最下层的种姓;谁踩着他的影子都会觉得晦气。他告诉我,他那本书叫《沙之书》,因为它像沙一样无始无终。"

他让我找找第一页。

我把左手按在封面上,大拇指几乎贴着食指去揭书页。白费劲:封面和手之间总是有好几页。仿佛是从书里冒出来的。

"现在再找找最后一页。"

我照样失败。我目瞪口呆,说话的声音都变得不像是自己的:"这不可能。"

那个《圣经》推销员还是低声说:"不可能,但事实如此。这本书的页码是无穷尽的。没有首页,也没有末页。我不明白为什么要用这种荒诞的编码办法。也许是想说明一个无穷大的系列允许任何数项的出现"。

随后,他像是自言自语地说:"如果空间是无限的,我们就处在空间的任何一点。如果时间是无限的,我们就处在时间的任何一点。"[①] (1977:118—119)

---

① 译文参考《沙之书》(博尔赫斯著,王永年译,124~125页,上海,上海译文出版社,2015),略作修改。——译者注

这与皮尔士、詹姆斯、杜威、佩珀的勇敢思考相去甚远。美国实用主义可操作的或工具性的真理理论仍然根植于隐含的对知识基础的信仰中。因此，佩珀的语境主义只能为探索作为舞台的世界提供部分指导。窗子已被打开，承认事件语境的根隐喻已经掀起了一场强风暴。它几乎侵入了西方思想和经验的所有领域。一些人开始根据马赛克、机械主义、 *210* 有机体主义的模型重新布置和设计家具。另一些人认为，房屋本身就是能被风吹倒的东西。在思想和生活中区分现实与幻觉的共同标准已经不复存在，除了让一切飞走，他们别无选择。如果马赛克、机械主义和有机体主义这三种世界观的传奇故事能够用它们从古典到现代的旅程来描述，舞台的传奇故事就不可避免地指向后现代主义的戏剧性困境。

现在，世界舞台上演奏的不和谐的旋律可能加速了菲尼克斯、浮士德和那喀索斯之间周期性的紧张关系。既然语境敏感性差不多已成为科学协议的必要条件，人们就必须面对这几个困境。自 20 世纪 40 年代以来，戏剧性的事件和同样戏剧性的语境变化给解释的前景蒙上了阴影。例如，20 世纪中叶，人们对普遍常识和自然法则的乐观假设本身就备受争议。普遍存在的虚无主义粉碎了希望的视野。这些希望是以第一次世界大战前的实用主义作品为特征的，并在某种程度上贯穿了战争年代。20 世纪的最后几年见证了生活和思想的功利主义、操作指导的回归。在这种社会风气中，正统和教条主义越来越受欢迎。有些自相矛盾的是，在学术界，对于许多人来说，真理世界变成了博尔赫斯的《沙之书》，变成了一个相对论和相对主义的舞台，变成了赫拉克利特的流和黑洞的世界。在这个世界里，几乎所有被继承下来的关于现实的观念都与解释学循环不可分割地交织在一起。

结 论

最后的希望：那喀索斯的觉醒

前面的章节记录了我们对赫利孔山诸神的深入探访。我们起初的希
望是，一旦在传说的形成过程中深切地意识到菲尼克斯和浮士德之间的
张力，那喀索斯就能够凭借一种全新的自我理解从朝圣之旅中走出来，
并随时准备探索更广阔的生活和思想视野。这一朝圣之旅始于对知识整
合的探索，特别是重新建立起自然地理学和人文地理学之间的联系。在
这个过程中，我们从对各种职业道路的反思中找到了不少共同点，它们
使不同科学和人文学科领域的专家的相互理解成为可能。作为结语，这
一部分将总结这些解释性主题阐明整合问题的方法，以及它们对地理学
实践的启示。

从历史的视角看，"整合"这个术语最好被理解为动词而不是名词，
过程而不是状态。它在各个领域的生活和思想中辩证地反对个体化或分
散的趋势。意义、隐喻和环境这组主题为发挥语境的优势，初步解释这
个过程创造了条件。这个框架并不关注个体（作者）及其性情，而是强
调对实践、思维方式和实质性的研究兴趣。这样一来，人们从三个主要
领域或层面考察地理学的整合就成为可能：学科组织和专业实践（结构
层面）、知识传统（概念层面）以及相关性（社会层面）。根据本研究考
察的几乎所有职业故事，贯穿这三个层面的核心问题是完整性与整合。

结构层面的问题，如各分支学科地位和相互作用以及各种实践的相

对优先位置等，可以通过宣传、教化、理解和应用等不同类型的职业意义来阐明。毕竟，地理学家、研究团队和院系正是在这个层面上为学科
212 发展日复一日地做出贡献，与赞助者和受众进行协商。行政和管理方面的利益团体可能会发现，将地理学的专业知识整合到由时代政治私利所决定的整个劳动分工中，将为确立各类实践的优先次序提供便利。学科实践的完整性要求灵活性。这种灵活性针对的是被改变的教育需求和大量新的研究挑战。在理想情况下，个人、部门或研究团队应在被给定的资源、目标和环境中，根据这些需求的变化承担设计和调整其议程的责任。

在概念层面，整合的过程提出了认知模式的问题：是否存在可以为所有地理学分支的探究提供智能核心理论的体系或方法库。在这个层面上，根隐喻的方法为评估对现实世界的整合与分散图像之间的相对优势和劣势提供了可能。显然，有机体主义和机械主义的整合倾向促进了更大尺度的研究，并明显提高了地理学的学术地位。马赛克和舞台的分散倾向则促成了基于地方和区域尺度调研的更多有关生活和景观的细致描述。当其成果被置于另一种根隐喻的批判之下时，任何一种根隐喻的真理主张的完整性都会受到威胁。无论何种根隐喻被标榜为该学科正统认知模式的唯一基准，地理学思想的整体性都会受到威胁。

在社会层面，整合指向地理学对其时代和环境的公共（环境或社会）问题的实际或潜在参与。认同、秩序、生态位和清单为对不同类型环境的关注提供了有用的关注焦点。每一个兴趣点在"局内人"和"局外人"看来都存在重大差异。更重要的是，当被整合到国家或区域分析与政策调控的框架中时，地方、区域、议题和资源的完整性常常受到威胁。

在这个项目的早期，整合的问题似乎真的可以被视为管理上的挑战，学者关注的可能主要是完整性的问题（Buttimer，1985b）。科学探

究的过程总是寻求更高（更好地整合）的理解水平，同时关注与社会紧密相关的议题。仅仅依靠某一特定的整合知识的模型，或者让研究的好奇心与某一特定的社会背景完全整合，这都意味着僵化。目前看来，地理学作为一门学术性学科，只有在有足够的空间释放整合分散之间的张力、实现稳定与创新以及安全与冒险之间的辩证统一时，才能在三个层 *213*面的实践中保持创造力和追求完整性。因为一旦完成整合，无论是在制度结构、范式的确定性方面，还是在公共相关性方面，学术精力就会被投入常规运作的任务中。某一意义或所有意义上的整合一旦在我提出的研究框架中成为既成事实，对于知识的创造性而言可能就等同于死亡之吻。[1]

　　这种将整合作为管理挑战而将完整性作为学术挑战的概念区分，在逻辑上源于第一章对职业意义的解释，其张力能在个人性情、个体才能以及由人们的工作的结构所确定的优先性中显现出来。尽管这样的区分适用于一般的层面，但如果我们近距离观察当代大学的环境，就会发现复杂得多的图景。与以往时代不同，现在无论是大学的内部还是外部，都在制度安排上存在一个真正的弗兰肯斯坦①（Frankenstein）。其存在的唯一价值在于协商学术实践的条款。无论初始的意图有多好，花费在协议和程序上的时间和精力都不可避免地偏离了研究者在最初选择知识分子生活时想要追求的工作内容。管理专业所倡导的功能性专业化带来的是肢解而不是统一。它远没有促进整合，反而在事实上带来了学术生活和思想的碎片化。

　　外部影响因素通过其在研究资助中的筛选作用，强化了在学科实践感知价值和意义上的作用。应用逐渐占据主导地位以及对理解的持续性限制倾向，使教化和宣传的基础遭到破坏并变得琐碎。优先性的变化是

---

① 弗兰肯斯坦，科幻小说《弗兰肯斯坦》的主角，意指怪物。——译者注

一个复杂的故事，但在 20 世纪后半叶，它主要受到研究资助体系政治经济考量最为有效的引导。想想学者们为撰写和筛选研究资助提案所投入的时间和精力。很少有人质疑促进科学和提高研究质量的基础性价值，否则他们不会选择学术职业。但是，现今社会思潮和结构之间强烈的张力已经不能再用"局内人"和"局外人"来描述了，也不能再用学术与管理者利益的对抗来形容了。更确切地说，我们发现自己陷入了自己创造的迷宫，并经常迷失其中，即使怀有最高尚的初衷。

　　学术生活与国民经济公共部门的这种日益整合，是当今人文主义者呼唤思想自由的根源之一。虽然世界地缘政治的现实状况表明，国家间的边界非常容易被侵蚀，但研究实践已更加牢固地被列入并依赖于国家预算。这给地理学带来了特殊的问题，因为该学科的研究兴趣在理想状态下应该基于全球视野。与历史和人文学科的同行一样，当代地理学家同样需要拓宽时间的视野。政策研究偏爱短期的、面向当下的和有严格边界限定的项目，这对最终产生能引致系列发现或满足未来全球生存挑战需要的学术成果具有负面作用。市场的力量通过对学术作品传播的影响，强化了文化和地域偏见，从而影响了新思想的有效性。20 世纪后期的趋势表明，一部作品的学术内容或刺激性价值远不如预期销售水平重要。

　　如果想要摆脱对地理学思想和实践仅仅采用结构主义的或共时性的解释所导致的幽闭恐惧症，历史视角是必不可少的。由菲尼克斯、浮士德、那喀索斯组成的第二个主题三部曲有助于我们对学科实践已改变的语境进行历时性观察。地理学实践深受国民情绪和国家命运变化的影响。只要受国家自信或利他主义的推动，地理学家就能轻松地在某一综合的领域内持续开展研究。但在国家形象衰落的时刻，人们会对学科认同和世界图景产生怀疑。超越国界之后，我们可以发现普罗米修斯的影子。

同样，曾一度促进帝国扩张（政治、商业和知识）并保持经济发展和合理规划美景的浮士德精神，为了人类的利益，时至今日仍在继续构筑制度形式的迷宫，从而扩大了所谓公共部门不同层级的官僚体系。在后现代时期，那喀索斯无疑向往着菲尼克斯。

　　人类在地理认识方面的每一个新发现，都预示着自我形象、希望和恐惧的变化。正如第六章所说，在西方思想史上，菲尼克斯时刻是在那喀索斯对人类及其地球家园的理解达到新层次的所谓黎明的渴望之后出现的。古典希腊文化从整体上探索了创造的本质，观察了思想、社会、自然和神之间的联系，并宣称理性是人类独特的品质。在中世纪的欧洲，希腊人、犹太—基督教和阿拉伯人想象力的整合产生了由各种形式拼接成的、马赛克式的世界图景。文艺复兴提出了人类尊严的议题，把人类称颂为宇宙的缩影，并认为理性的科学探究能够解释这一议题；由此，它放松了基督教教条主义的束缚，拓宽了中世纪基督教世界的地理视野。文艺复兴的浮士德力量在科学和技术的启蒙时代收获颇丰。此时，*215*想象力被引向将世界看作机器的图景。浪漫主义、对科学的叛逆、对启蒙运动合理性的总结以及将世界视为有机整体观点，使自然作为原始的和神圣的力量重新受到重视。20世纪的语境转向呼应了许多以前和现在的转折，揭示了思想和生活中错综复杂的交织状态，特别是社会在构建人类与世界关系中的作用。思想本身就应被视为一种社会的产物。20世纪后期，学者们不再认为自己只是世界的观察者；相反，他们认为自己是自发事件舞台的参与者。

　　上述每一个阶段都存在清晰可辨的解放的锐气——通常以摆脱正统观念、思维结构、政治或物质条件的束缚为目标，偶尔会用先知般的论调叙说未来的可能性。[2] 上述每一阶段也都见证了建立结构和机构的意愿，以便将自身浮士德式的遗产和未解决的矛盾遗留给后代。在随后理解和超越这些结构的尝试中，新菲尼克斯黎明之前的那些黑暗时刻包孕着对那喀索斯的热切期望。

　　20 世纪后期，批评性反思的触发因素比比皆是：思想和生活中弥漫着的浮士德式障碍带来的挫折感；在许多被理想主义驱动的社会运动中，言辞和行动间具有讽刺意味的矛盾带来的幻灭感；也许还有对斯宾格勒（Spenglerian）西方必定衰落的预言挥之不去的恐惧。考虑到这些触发因素的传承性，我们自然应该期待有关"已实现的理想"的庸俗自恋的评论、理由充足且源源不断的讽刺以及精辟的问题剖析。这样的体验本身能够唤起人们对那喀索斯另一面的渴望，如同朝圣者朝可能出现菲尼克斯的新的方向凝望。

　　对西方故事的回顾揭示了人类在认知地球和世界方面取得的不可否认的进步，也展现了尽管经历了灾难和堕落，但仍能满足不同时代结构性需求的恢复性活力，以及 20 世纪普遍存在的阻碍思想和生活自由流通的不适感。经历了反思和那喀索斯阶段，从原子的核心到宇宙的奥秘，人文精神渴望更深刻的领悟。人文主义和科学主义认知模式之间的显著差别通常保持不变。这两个领域的学者都声称关注更广泛的图景，只是基于不同的角度：科学家仍然希望整合知识；人文主义者则强调存在的整体性。

216　　在当代地理学中，这两种截然不同的整合图景是并存的。它们根植于两种完全不同的认知模式：科学理性的模式和神话时代的模式。这两种知识概念体系之间的相互敌对（或漠视）与该领域自然和人文分支的制度性分离问题相比，可能是更深层次的问题。即使它们被安置在同一屋檐下，甚至至今仍在许多院系里共存，也并不一定意味着存在许多交流，甚至是表面上的整合实践。那些想要成为研究质量监督者的具有压倒性的共识是，在学科探究中，科学理性的模式应该保有霸权。随之而来的是一个奇怪的悖论：一方面，人们倾向于用文字、唯物主义和还原论的方式来描述地球；另一方面，对其他研究，人们倾向于采用全面的、概括的方法进行规范性研究。尽管在科学解释和技术衍生品方面取得了种种成就，但这种实用主义的模式使我们对其他文明的各种环境经验视而不见。

对于人文地理学家来说，特别是对于社会科学系科的教员来说，对地球表面的探索意味着获取有关资源、人口和栖息地的清单，以及空间组织和循环系统的精妙模型。也就是说，他们将地球作为潜在的、可利用的、可控制的生存空间。自然地理学家，尤其是附属于自然科学系科的地理学家，已从构造、侵蚀、水文或物候学系统等方面，在其他因素不变的情况下，对那些相同的景观进行了解释。这意味着，当所谓环境问题终于浮现出来并成为公众关心的议题时，无论是"人文"地理学家还是"自然"地理学家，都不能自如地应对它们。其他文明和其他环境中的人生动的日常生活所蕴含的对待自然的精神、情感、道德和符号意义仍然被相对忽视甚至误解。

对西方文明而言，在公元后第二个千年的最后几年，可能的确应该反思其希腊哲学和犹太教—基督教神学这一双重基础，记起自己曾经遗忘的照顾大地女神盖娅的责任了，同时以开放的姿态去理解其他文明的神话和以经验为基础的解释。这种开放需要以跨文化的视角反思神话和符号主义。与古希腊和古罗马神话相对应，澳大利亚原住民用以下故事讲述世界是如何形成的：

开始时，世界一片静谧，黑暗无边。贫瘠的山脊上没有植物，也没有活着的或运动着的东西。没有风吹过山顶。没有声音来打破这沉寂。但世界并不是死的。它在沉睡，在等待生命和光亮的轻轻 *217*

触摸。有生命在山脉的冰窟里沉睡。在浩瀚空间中的某个地方，彝神（Yhi）被从睡梦中唤起，等待着伟大的灵魂拜艾梅（Baiame）对她耳语。

然后，耳语来了，它唤醒了世界。女神的睡意消失了，就像外衣滑落到她的脚下。她睁开眼睛，黑暗就被眼睛的光芒驱散了。她的身体焕发出光芒。无尽的黑夜消逝了。纳拉伯平原（Nullarbor Plain）沐浴在光芒中，展现出毫无生机的不毛之地。

彝神飘落到地面，开始了一场到东、南、西、北各个方向的巡游。她走得很远，她的脚所踏过的大地都在狂喜中跃起。青草、灌木、乔木和花朵生长出来，朝向光源生长。彝神的足迹来来回回，直到整个地球都被植物覆盖。

太阳女神彝神完成第一桩愉快的工作后，就在纳拉伯平原上休息。她环顾四周，知道那伟大的灵魂对她的劳动成果是满意的。

拜艾梅说："创世的工作取得了好的开端，但这只是一个开端。这个世界很美丽，但它需要跳跃的生命。把你的光芒也照到地球的洞窟中吧，看看会发生什么。"（Reed，1980：11）

一个更为传统的科学的解释可能是这样的：

归根结底，为了生存，生命体将采用所有的手段和方法来获取能量或逃避被转化为（其他生命体的）能量。如果我们对生命体起源的重构是正确的，那我们必然得出这样的结论，即它们是一种被动的存在，漫无目的地漂浮在由各种富含碳却没有生命的分子组成的海洋中。通过纯粹的随机运动方式，生命有机体偶尔会接触到非生物分子。这两个实体通过化学键附着在一起，随后还出现了规模的扩大和结构的复制。这种纯粹被动的维持生命的方式只在短期内有效，但只要环境中有充足适宜的碳化合物，这一方式就是可持续的。只有当原始的能源资源耗尽或当地的生活空间变得拥挤时，竞争才会开始。在这个阶段，达尔文的进化论成为取而代之的法则。

如果没有光合作用，生命可能在进化的早期就从地球上消失了。光合作用是获得维持生命所需能量的唯一方法，因为它利用了太阳辐射这一取之不尽的能量源泉，使生命体拥有了持续运转的基础。

在绿色（含有叶绿素）植物中，光合作用是利用太阳能将二氧化碳和水转化成富含能量的碳化合物的过程，同时释放出作为副产品的氧气。用化学公示表示的简化的反应过程如下：

$$6CO_2 + 12H_2O \text{——太阳辐射——} C_6H_{12}O_6 + 6O_2 + 6H_2O$$

完全化合时，碳化合物和氧气产生了支持动物新陈代谢的能量。在将氧气和食物进行化合方面效率最高的生物体在生存斗争中会受到青睐，能够取代适应性较差的生物体。（Stokes, 1973：222—223）

218

和所有对土地和生命的解释一样，这两种解释都为地理学有关地方的研究提供了养分，但它们都不能为完全的、整合的解释提供所有必需的成分。我们的确可以想象到其他解释，但是只要将这些集合起来就能构成一个完整的图景吗？我们要站在何种探究的立场上才有可能将这些解释都关联起来？

西方的历史表明，超越想当然的思想和实践模式的冲动几乎都源于科学以外的因素。例如，建立一个国家，从压迫中解放出来，或是对更美好的世界的憧憬。许多人都觉得盖娅似曾相识。对于人文和自然地理学的研究视野而言，盖娅仍具有诗意的吸引力。[3] 和原住民故事中的彝神一样，关于鲜活且富有弹性的星球的思想为纳拉伯似的（荒芜的）学术平原带来了黎明——那里曾被帝国主义的科学与技术冰封。当然，它也对合作探索认同、秩序、生态位和视野等人类长期关注的兴趣点提出了大量挑战，并再次确认了地理学家在促进各国人民更好地相互理解方面所能发挥的作用。

回顾过去，对于人类思想而言，菲尼克斯时刻就像人类圈的启蒙之星，突破了浮士德式的围墙以及管理利益集团试图控制人类思想的框架。它表明对人类地球家园的全新理解会带来人类对自身的全新认识。在挑战学科生态位的传统限制的过程中，地理学家勇于向内审视，在环境感知和经验中探索文化的差异。在那里，他们遇到了勇于向外探索的人文学科的同行，后者正在自由地探索传统上只有自然科学和神学才涉足的领域［Matthiesson，（1979），1987；Lopez，1986；Eco，1986］。合作探索人类栖居模式中蕴含的创造力和智慧之谜的时机已经成熟。学术界正在形成物理学和生物科学的新联盟以及它们与人类科学之间的新联盟（Lovelock，1979；Prigogine and Stengers，1984）。人们再也不能把"物质"看成无生命的或由复杂的盲目作用力生成的自然状态；相反，人们正在探索已经被写入宇宙本质中的复杂动态的智慧（Lovelock，1979）[4]，以及人类和地球上其他生物之间的基本联系（Kohak，1984；Lopez，1986）。

219　　　20 世纪后期的人类地图表明，欧美及源自古希腊和地中海地区的人文主义遗产不过是不断演化的人类圈中的一角。与文艺复兴之前的地中海世界相比，人类地图的变化无疑是显著的（Eco，1986：59—68）。由于技术和贸易的转变，当代世界的权力地图已经在根本上呈现出全新的维度。如果我们勇于超越自身继承的正统观念，或者至少批判性地反思自身精神和文字之间的张力，那么信息爆炸，人员、商品和思想的跨大洲流通，都将为思想和生活创造新的可能性。技术和贸易的转变是文艺复兴时期先驱者的想象力必须面对的挑战。他们中的许多人都是万事通类型的宣传家，渴望同时跟上几个人类发展领域的新进展。无论是在人类个体之间，还是在作为个体的人自身内部，如果人性的各个方面不被认为是相互充实的，那么将回顾所得视为"革命"几乎是不可能的。

这对当前地理学实践的启示是显而易见的。我们的每种实践都被要求达到专业化水平，并且需要与其他实践进行协作。通过对所传承的结构和外部强加的优先次序进行剖析，我们可能会清楚目前碎片化的成果是如何形成的。但如果假设只需要结构性的改变就能为未来的实践方式扫清障碍，这无疑暴露了想象力的匮乏。对于学术共同体而言，人文主义解放的希望将从内部开始。我们应批判性地评估传承的优先次序，勇敢地尝试用新的方法去精心转化和利用知识所蕴含的能量。

沟通和相互理解这一人类圈特有的议题是当代人文地理学家所面临的极大挑战。他们需要为此付出的努力包括情感、意志、认知才华、技术创新以及对媒介的构思。最终，它将有助于心灵和精神的拓展，以应对 20 世纪后期人类在地球家园栖居所面临的社会和生态领域的双重挑战。政治动物今天面临多元文化背景中的人们在空间上的并置带来的挑战：让这些人经常无意识地运动和融合成为创造新的政治和社会生活的出发点，而不是通过社会工程来解决问题。"生态"这个术语在最初的意义上（源自房子，意思是家）呼唤将生命视为一个整体功能的意识。现今，反对环境破坏的齐声抗议确实引起了关注，但若以浮士德式的方式解决问题，寻求改善的过程更有可能带来的是碎片化，而不是各种力量的凝聚。凭借人类在社会和生态经历中获取的跨文化的和历史的证据，*220*

地理学家大有可为。与人文主义思想在历史上所扮演的解放者的角色相适应，他们至少可以重申这样一个基本信息，即人类理性在没有希望的情况下无法发挥作用。盖娅的人类世界（人类圈）需要被理解为更为复杂的戏剧，而不只是生态与经济理性之间的战场。更重要的是，它应该被理解为人类这个迫切需要重新发现栖居艺术的物种的家园。

西方世界以人类为中心的观点已经受到了猛烈的抨击。那些批评通常暗含其他选择，如对自然的推崇、社会统筹或利用人性和自然实现其目的。也许西方国家并非高估了人文主义，而是严重低估了它。人文学科的复兴，作为生命世界不可分割之一部分的人类主体性的确立，以及外围和先前被边缘化地区创造力的再次显现，都彰显了当前人文地理学发展的新潜能（Folch-Serra，1989）。要从全球的视角关心人类和地球是一种挑战，在平面化的背景下理解人类世界的生态和社会内涵也是一种挑战（Teilhard de Chardin，1955，1959）。对跨文化和比较研究的需求意味着对迄今为止地球和人类居住者进行历史考察的时间尺度的延伸，也隐含着对大地女神盖娅潜在未来的考察（Needham，1965；Fraser，1975）。一旦意识到被传承下来的习俗具有的优势和局限，西方学者将积极主动地寻求不同地方的人就自然、空间和时间的人类经验开展的相互尊重的交流。毕竟，地球上多元文明之间的相互理解不仅是象牙塔学者的诗意梦想，而且是我们当下迫切需要完成的社会使命。

地理学研究中人文主义的复兴，可能预示着某一潜在的菲尼克斯会从昔日浮士德式的框架中浮现出来。它将影响学科实践的方法论、认识论或意识形态等各个方面。作为一种看待生命的立场，人文主义欢迎具有创造潜力的个体和团体以负责任的方式应对地球表面的问题。人类的创造力也不仅仅局限于知识领域，它涉及情感、美学、记忆、信仰和意志。作为菲尼克斯，地理学的人文主义转向应该拒绝被浮士德式的结构控制、命名和索求。它可以激励自然、经济、文化或社会地理学的从业者，但不应在力求成为一个特殊的分支学科上投入太多的精力。

　　本书认为，人文主义是生面团中的酵母，而不是与地理学研究的大杂烩相分离的面包。即使是能从西方传统中被复原出来的解放活力，也　*221*可以使地理学在许多当代科学和人文学科中发挥酵母的作用。人文主义的文艺复兴呼唤某种普适主义，而不是分离主义。它既要求在专业领域中表现卓越，又要求关注整体图景。它鼓励对我们这个时代可能出现的野蛮行为保持敏感性，并要求我们以优雅的言辞和负责任的行动去寻求治愈或克服野蛮行为的方法。被植入当代大学课程社会结构中的思想和生活的碎片化，并未通过书面上对中世纪乌托邦的诉求或对万能之人的颂扬而被克服。20世纪后期需要属于自己的菲尼克斯。

附 录

对话项目录音（1978—1989）

1977—1978 年，安·布蒂默和哈格斯特朗发起国际对话项目，旨在探索科学与人文专家之间以及专业专家与公众之间交流的其他途径。通过录像采访，资深和退休学者以及专业人士分享了各自的职业经历，也对具体问题和时期进行了小组讨论。这些构成了对话项目的核心。我们会为来自不同学科和非学术领域的听众播放录音，以促进人们对共同关注的问题的讨论，并唤起人们对专业知识和生活经验之间的关系的批判性思考。1978—1989 年，许多来自欧洲和美国的人参与了该项目，并录制了 150 多份录音，其中包括一些其他国家的同事捐赠的录音。我们分析了这些录音的内容，以期发现不同学科学者思想和实践的共同点，以及 20 世纪学者的职业生涯中"内部"和"外部"影响之间的张力（参见第一章）。这些录音是研究知识和经验、理论和实践、创造力和语境的宝贵档案资源。在这里，我们列出了七个不同主题下的参考代码和缩写标题。[①]

地 理

G 01 Cross-cultural Perspectives on Geography: Aadel Brun-Tschudi (Norway), Olavi Granö (Finland), Wolfgang Hartke (Germany), Torsten Hägerstrand (Sweden), Gerrit Jan van den Berg (The Netherlands), Anne Buttimer (Ireland)　　　　1978
VT (English)　　　　　　　　PAL　　　　　　Color　　　　　51 min.

[①] V= 视频录制；A= 音频录制；T= 转录本；T(GN)= 发表在《地理学实践》(Geographers of Norden) 上的文本。如果录音是用英语之外的语言录制的，则每项都要注明。除非另有说明，所有磁带和转录本均可从瑞典隆德大学图书馆的媒体服务处索取（瑞典隆德路 22100 邮政 3 号信箱）。

224 G 02 The Environment of Graduate School in America: Marvin Mikesell, Leslie
Hewes, Preston E. James, Clyde F. Kohn, E. Cotton Mather　　　　　　1978
VT (PG)　　　　　　　　　　NTSC　　　　　　Color　　　　　　60 min.

G 03 American Geography in the Fifties: George Kish, Duane Knos, Fred Lukermann,
Richard L. Morrill. William Pattison　　　　　　　　　　　　　　1978
VT (PG)　　　　　　　　　　NTSC　　　　　　Color　　　　　　60 min.

G 04 William William-Olsson　　　　　　　　　　　　　　　　1982
VT　　　　　　　　　　　　PAL　　　　　　　Color　　　　　　56 min.

G 05 Karl Erik Bergsten　　　　　　　　　　　　　　　　　1978
V (Swedish)　　　　　　　　TPAL　　　　　　B & W　　　　　43 min.
(English)

G 06 Wolfgang Hartke　　　　　　　　　　　　　　　　　　1979
V (French)T (PG)　　　　　　PAL　　　　　　　B & W　　　　　45 min.

G 07 T. Walter Freeman　　　　　　　　　　　　　　　　　1979
V T　　　　　　　　　　　　PAL　　　　　　　Color　　　　　　38 min.

G 08 Aadel Brun-Tschudi　　　　　　　　　　　　　　　　　1979
V T　　　　　　　　　　　　PAL　　　　　　　PAL　　　　　　28 min.

G 09 Torsten Hägerstrand　　　　　　　　　　　　　　　　　1979
V T　　　　　　　　　　　　PAL　　　　　　　Color　　　　　　61 min.

G 10 Anne Buttimer　　　　　　　　　　　　　　　　　　　1979
V T　　　　　　　　　　　　PAL　　　　　　　Color　　　　　　49 min.

G 11 William R. Mead　　　　　　　　　　　　　　　　　　1979
V T　　　　　　　　　　　　PAL　　　　　　　B & W　　　　　56 min.

更多内容，请扫描下方二维码查看

注 释

绪 论

1. "人类"这个词源于印欧词根（Dh）"ghem"，拉丁词"humus" *235* 意为地球。其他衍生词包括希腊语"khthon"，意为地球；俄罗斯语"zemlya"，意为土地；波斯语"zamin"，意为地球、土地。后缀形式（Dh）"ghemon"表示地球人（拉丁词"humanus"）。"人类"一词正是在"地球栖居者"的词源意义上贯穿全书的（Heidegger，1971）。

2. 参见海德格尔（1954，1971）；布蒂默（1976）；塞蒙和穆格劳尔（Seamon and Mugerauer，1985）。

3. 两份背景文件向参与者解释了该项目的基本理论（Buttimer，1978，1979；Buttimer，1983a）。

4. 1980年，布蒂默和哈格斯特朗提交了一份关于该项目进程的中期报告，1986年印发了一份关于该项目进程的总结报告，其中描述了1978—1985年访谈的小插曲（Buttimer，1986）。附录中录音清单的完整版，目前存放在隆德大学图书馆。

5. 这一主题三部曲很好地诠释了1982年里约热内卢国际地理联合会上应用地理学的"梦想和现实"。它为隆德的水文学家和神学家提供了关于水的象征意义的整体视角（Buttimer，1984a）。这是我在1983年太平洋岛国人口政策研讨会上构思的框架。在这个框架内，我努力将"移民和身份"的挑战转化为移民情况中主客之间的潜在对话和相互理解（Buttimer，1985a）。该框架也有效地阐明了 1983 年曼斯泰（Münster）地理研究所的地理"感知"研究浪潮（Buttimer，1984b），以及 1984 年巴黎国际地理联合会大会第 20 届会议"20 世纪地理学的思潮和意识形态"（Journaux，1985；110—112）。

6. 一些职业生涯描述中的隐喻是旅程而不是目的地，是探索解决方案而不是现成的答案：描述中反复出现河流、树木和林中漫步（参见第一章）。

7. 在即将出版的《乘着北极光》中，我阐释了这两种解释性的三部曲——意义、隐喻、环境，以及菲尼克斯、浮士德、那喀索斯——是如何共同阐明瑞典的地理思想和实践的。该案例研究在本书中被称为"NL"。

8.《地理期刊》（*Geojournal*）特刊（vol. 26，no. 2，1992）刊载了有关古代中国、日本、印度、西班牙、新英格兰和北极等不同文化世界中的地理思想史的文章。该卷中的其他文章强调了殖民地文化中的"学术""官方"和"民间"地理之间的紧张关系，如 18 世纪的危地马拉、19 世纪的澳大利亚和 20 世纪的拉脱维亚。

236

第一章　意义、隐喻与环境

本章的主要材料是 1978—1989 年国际对话项目中的访谈和论文。录音采访参考附录中列出的编号。如果是抄本，我会提供页码。《地理学实践》（1983a）中收录的论文用"PG"表示，《创造力与语境》（*Creativity and Context*，1983b）中收录的论文用"CC"表示，《诺尔登地理学家》（*Geographers of Norden*，1988）中的论文用"GN"表示。

1.《地理学实践》（Buttimer，1983a）的评论家们提出了不同的观点。一些人对个人生活经历的细节感到欣喜，另一些人则对缺乏"解释"感到不安。关于生活旅程的环境方面，人们可以写很多书。意向主义者和结构主义者之间的争论和冲突充斥着思想史期刊的版面（Lilley，1953；Bernal，1965；Mendelsohn，1977；Elzinga，1980）。当今，通过对语言、知识和权力的论述来超越这种矛盾的尝试变得更加空洞（Wittgenstein，1969；Giddens，1979；Foucault，1980；Gregory，1985；Wolch and Dear，1988）。在思想和理论争论不断的时代，自传体叙述提供了反映个人与世界之间复杂多样的互动关系的新鲜素材。

2. 解释性工作以下列方式进行。初始阶段，我们向隆德和瑞典其他地方的观众展示录像采访，并就其内容进行讨论。之后，我们在克拉克大学的研究生研讨会上播放了一些录像带，邀请学生在进行讨论前写下评论和疑问。然后，我们将这些讨论中出现的问题的概要（以书面形式）传达给受访者，受访者需要直接回答这些问题，或撰写解答这些疑问的自传文章。有几个学生同时选择了以上两种方式。在此过程中，新的文本可以补充书籍和文章中的信息。七年来，在美国、法国、爱尔兰和瑞典的课程和研讨会上，我们对这些文本的解释遵循同一教学程序。每个学生都被分配了一段特殊的人生旅程，以便更仔细地观察。这要求他们不仅要研究该作者的自传和十份精选出版物，而且要仔细研究该作者职业生涯展开的背景。在研讨会结束时，每个学生都需要对学者的思想和实践做出解释，并通过深入了解自己的职业选择来写一篇总结自己的实践收获的文章。

3. 这种解释框架最初是作为本书的一部分设计的，可以图解和阐明瑞典地理思想和实践方式。它们将被包含在姐妹篇中（参见绪论）。

4. 当然，样本是有限的，几乎都来自欧美学校。我们最初的目标是 *237* 制定一套主题，以便进行跨文化和比较研究。因此，拟议的主题应被视为通用主题，尽管这些主题在此是以更有限的方式被定义和说明的。

5. 本书中使用的表示"宣传"的拉丁语等同于希腊语中的"po（i）esis"（πσ，"制造"，"形成"，"创造"）。

6. 图 1-2、图 1-4、图 1-7、图 1-8 不应被视为整个瑞典地理的典型特征。将样本缩小到教师意味着排除了瑞典地理学的几个著名的贡献者，也排除了这些人后来的作品。20 世纪，讲师们负责教授大学课程。他们可能对未来几代学生的地理图景产生了最直接的影响。NL 包含本研究的更多细节以及可以适当解释这些和其他概况的背景。

7. 对文本的解释分三轮进行。首先，两位研究助理独立阅读了所有的论文和评论，分别从意义、隐喻、环境和尺度等方面对内容进行了分析。其次，在 1986 年秋季隆德大学举行的博士研讨会上，博士生和地理学同行重复了整个过程。最后，1984—1986 年，我们邀请哥德堡大学、乌普萨拉大学和斯德哥尔摩大学地理系的同事对这些资料进行批判性评论。他们的答复有助于揭示学科实践发生重大变化的根本原因。

8. 我们判断了每个主题中四个选定类别的相对突出程度，然后量化这些判断，得到每篇论文主题中每个类别的突出程度，并以百分比值表示。我们压缩了研究结果，将主题中每个类别的突出程度作为被给定的十年内所有论文的百分比值。当然，所有的论文都有相同的权重。也就是说，这十年内所有论文类别的突出程度的百分比值，都是通过将该类别的个别百分比值相加，再除以该类别的论文数量得到的。该样本中只有三篇论文是在 1910 年以前发表的，所以被合并在一起，尽管它们跨越了十多年的时间。

9. 第二部分的引言详细介绍了这种方法。布蒂默（1982）的著作中有将此模式转换为地理思想和实践的早期尝试。

10. 在地理学中阐明这种根隐喻的权威著作是德吉尔（1923）、赫特纳（1927）、哈特向（1939）、索尔（1941）、德容（de Jang，1955）、邦奇（1962）、狄金森（Dicknson，1969）和萨克（Sack，1980b）的纲领性论述。最近关于创造力的研究再次肯定了形式隐喻在新思想产生过程中的持久价值——不论是在艺术、物理、文学领域，还是在数学等领域（Mandelbrot，1982）。

11. 我们可以在笛卡儿、孔德、萨伏那洛拉（Savonarola）、涂尔干和马克思的著作中找到有关机械主义的经典例子（S. C. Pepper，1942）。

12. 另外，是"有机整体"。从英美人和撒克逊人对它的使用来看，佩珀对"有机体"一词的犹豫是可以理解的。然而，从地理的多种语言和多元文化的本质来看，有机体的隐喻似乎确实是合理的，本书将它与"有机主义"交替使用。

13. 冯·洪堡的《宇宙》、维达尔·白兰士的人口研究、森普尔的《地中海地区地理》（*Geography of the Mediterranean*）等研究中都有这种根隐喻的地理例证。邻近的建筑和规划领域中有对有机体概念的表述，如帕克、博格斯和麦肯齐发表在《城市》（*The City*）上的文章，霍华德的《明天的花园城市》（*Garden Cities for Tomorrow*，1897），芒福德的《技术与文明》（*Technics and Civilization*，1934），普利高津的《自我调节系统》（*Prigogine and Stengers*，1979），整体医学（Dossey，1985）和盖娅假说（Lovelock，1979）。

14. 年鉴学派社会历史学家的案例研究中有舞台隐喻的例证。例如，费布尔和布洛赫的著作（Febvre，1922；Bloch，1931），20 世纪20 年代的芝加哥城市社区研究（Park，1925）。最生动的是简·雅各布斯对哈德逊街的描述（1961），以及后来对城市化和区域发展的分析（1984）。我们可以从舒茨和乔治·赫伯特·米德的著作中找到这种语境主义方法的基础概念（Schütz，1962，1973）。事实上，正如最近的

238

一篇文章所指出的，这种风格似乎是当今人文地理学的特征（S. Smith，1984）。

15. 参见第一章的注释 7、注释 8。

16. 对职业经历视觉呈现的各种尝试无疑十分有助于教化。研究资深学者职业生涯的学生很容易发现其与自己的相似之处。例如，20 世纪 80 年代，一名二十岁的学生惊讶地发现，一个五十年前的人面临的挑战与他这一代人面临的挑战类似。威廉姆斯·奥尔森在瑞典应对 20 世纪 30 年代的挑战的独特方式给年轻同行的职业洞察力的增强带来了希望，提供了灵感。

17. 树木本身就暗示着有机的流动：树枝暗示着新想法或新项目的开始；生长的树干也能够适应不断变化的环境的影响。有些分支可能会被截断，这取决于作者的精力或他 / 她的想法在同龄人或雇主中的接受度；另一些分支可能会开出各种各样的花，结出各种各样的果实。

18. 在任何一个特定时刻，如职业转变、迁移或面临新的科学挑战的时刻，树干上年轮的横截面都可以揭示那些语境和参考框架的各个方面。语境主义者乐于阐明这些方面。就像有机主义者一样，他 / 她也会为得到某种综合解释而高兴——在整个事业生涯中是有机主义者，在特定的职业事件上是语境主义者。

19. 形式主义者可能喜欢对作者知识和实践方向的所有可见的指标进行分类和映射。例如，他们会在职业生涯的连续观察点上，仔细地记录思想和实践（隐喻和意义）的方向。机械主义者可能会寻求内部力量和外部力量之间可能存在的因果联系。这些力量在特定文本的生产中是显著的。他们试图唤起人们对特定职业阶段或产品的"生态学"又或系统动力学的好奇心，尤其是对范式变化的好奇心。

239   20. 例如，历史学家倾向于选择正交轴（向上或向下）表示日期信

息。经济学家倾向于使用 x 轴表示时间。在其他情况下，人们用圆圈或螺旋表示时间。

21. 参见第一章的注释 7、注释 8。

22. 参见第一章的注释 7、注释 8。

23. 其他领域中也有很多类似的例子，如医疗实践。参见国际对话项目采访的斯泰屈（Sterky，H4）和斯蒂芬斯（Stephens，H6）。

第二章　西方人文主义戏剧

本章内容曾发表在《美国地理学家协会年鉴》（*Annals of the Association of American Geography*,80：1（1990）：1—33）上,题为《地理学、人文主义与全球关注》（"Geography, Humanism, and Global Concern"）。

1. 路西法被驱逐出天堂，亚当被驱逐出伊甸园，但新的亚当救赎了人类；基督被钉死在十字架上之后又复活了。

2. 当然，普罗米修斯神话有不同的版本。马洛的《浮士德博士》设想了一个远比歌德的《浮士德》更具宿命论的结果。两者都可以在地理思想史和实践史中找到共鸣。马洛版本中的要素在当代一些有关环境危机的声明中是显而易见的。歌德的版本对今天的西方人来说更加开放，更具启发性。雪莱的《解放了的普罗米修斯》则更鼓舞人心。

3. 在这样一幅包罗万象的素描中，西方历史不同时期内部以及其相互间重要的细微差别不可避免地被掩盖了：我们不应该从字面上评判神话故事。

4. 皮科受过法律教育和亚里士多德哲学教育，精通阿拉伯语、阿拉姆语和希伯来语。他运用卡巴拉教理论阐释基督教神学。1486 年的《集祷经》（*Oratio*）中有十三篇文章被教皇委员会宣布为异端邪说。皮科在佛罗伦萨的柏拉图学院避难，1493 年被教皇亚历山大六世赦免。

5. 路德猛烈抨击《基督教士兵手册》(*Manual of the Christian Soldier*)："伊拉斯谟是所有宗教的敌人，他是基督真正的敌人，是伊壁鸠鲁和卢西恩（Lucian）的完美复制品。每当我祈祷时，我都祈求对他施以诅咒。"（de Santillana，1956：27）

6. 马拉姆（Mallarme）重新唤醒了赫拉克利特的世界观，即世界是永恒的、不可预测的和潜在无意义的运动的观念。与此形成鲜明对比的是爱因斯坦的名言："上帝不玩骰子？"爱因斯坦用类似的比喻表达自己对绝对有意义的信念，即对最终可以解释宇宙的信念。在相对论和相对主义的讨论中，这两种关于人类理性和真理前景的对立观点经常被忽视。

7. 以 1968 年 5 月的事件为例，这一现象对当时几乎所有欧美学生都具有重大意义。革命者猛烈抨击了壁垒——毛派、存在主义者、马克思主义者、法律系学生，以及具有其他哲学倾向的学生。他们像菲尼克斯一样热衷于人类自由和社会交往，而在同一座城市的街道上，具有同样菲尼克斯般革命意识的哲学家们正忙于拆解（解构）人类主体性的概念。虽然社会革命的积极分子可能会讨论萨特、毛泽东甚至阿尔都塞（Cohn-Bendit and Duteuil，1968），但他们显然对当时列维 - 施特劳斯、海德格尔和福柯的门徒所阐释的对个人主义、自由和积极斗争的深刻批判漠不关心（Foucault，1966；Aron，1967，Dufrenne，1968；Derrida，1972；L'Arc，1980）。20 世纪 60 年代的法国哲学（有些被简单地解释为马克思、尼采和弗洛伊德的日耳曼文本的拉丁化）培养了人们对人类和世界的观点。这些观点与 1968 年 5 月的"首领"所倡导的观点截然相反。我们能否断言，这两种类型的菲尼克斯（理解和应用）被吸收或转化为两种截然相反的浮士德式发展？这两种发展，一种是提升人的能动性的主体地位，另一种是提升结构的主体地位。尽管阿尔都塞通过交易分析、结构理论、符号学等视角，勇敢地试图超越这种二元论，但这种基本张力依然存在。

8. 兰波德（Rimbaud，1873）的《心中的呐喊》（*cri de coeur*）是安德鲁·格鲁克斯曼（André Glucksmann）《大思想家》（*Les maîtres penseurs*，1977）的前声："哦，科学！一切都被包括在内：身体和灵魂的圣餐，医学、哲学、女盥洗室的补救措施以及流行歌曲的编排等，王子们的娱乐消遣和他们过去禁止的游戏。地理学、宇宙学、机械学、化学！……科学，新的贵族！前进！世界在变化，为什么它不能回头？"

引　言　隐喻的方式

1. 隐喻（from *meta-*，"over" or "to change"，plus *pherein*，"to carry"）表示事物之间的类比或关系。这并不意味着事物是完全相同的，而是意味着它们与其他事物的关系是相似的。严格地说，隐喻有多种形式。转喻（from *meta-*，"to change"，plus *onoma* or *onyma*，"name"）是使用与对象密切相关的名称来替代对象的通常名称的过程，如"五角大楼""渥太华""皇冠"。代称（from *anti-*，"instead of"，plus *onoma*，"name"）与此类似，个人的姓氏作为通用术语被用于取向或功能类似的人，如麦金托什（Mackintosh）、麦克亚当（Macadam）、施乐（Xerox）或胡佛（Hoover）。提喻（form *synekdechesthai*，"to receive jointly"）是一种部分代表整体的隐喻，如"帆"代表船只。在本章中，这个术语是在其最一般的意义上被使用的，即涵盖所有形式的符号转换。

2. 这种方法试图打破在实证主义时代变得如此戏剧化的科学与哲学之间的僵局，勾勒出一种更为多元的知识态度。

3. 怀特用文学比喻的概念（隐喻、转喻、提喻和反讽）来捕捉作者对历史领域的"预设"方式。他认为，在这些主要的比喻中，作者可以结合逻辑论证、叙述风格和意识形态意涵达到解释效果。

第三章　作为马赛克拼图的世界

241　　1. 翁贝托·艾柯宣称，普菲力欧斯《亚里士多德范畴篇导论》中的元素仍影响着许多当代关于意义的理论："中世纪经久不衰的活力不一定源自宗教假设。我们这个时代的一些思辨和系统方法中隐藏着许多中世纪精神，如结构主义。"（1986；70）

2. 阿奎那出生在伦巴第诺曼（Lombard Norman），接受爱尔兰、丹麦和撒克逊学者的教育，并深受迈蒙尼德（Maimonides）、阿威罗伊（Averroes）等犹太学者和阿拉伯学者的影响。他崇拜唯名论者大阿尔伯特，试图跨越唯实论和唯名论之间的鸿沟。他的知识生活的概念（宣传和理解）也没有排除对实际事务的关注（应用）。他毫不犹豫地向塞浦路斯国王提出了有关城市理想规划的建议。

3. 在《地理概论》（Geographia Generalis）的传统解释中，米尔（H. R. Mill，1901）、凯尔蒂、豪沃思（J. Scott Keltie and O. J. R. Howarth，1913）以及狄金森（1933）都认为，目的只是吸引学生注意力的特殊地理学并不重要。它的数据基于经验和观察，而不是一般原则，因此不太"科学"。贝克驳斥了这些解释（Baker，1963：105—118），并引用原著说明，事实上特殊地理学是该学科的组成部分。它"不仅最值得人类研究，而且在文学界和日常生活中也都是至关重要的"（117）。

第四章　作为机械系统的世界

1. 17 世纪的哲学家们被一种可以解释地球现象多样性的普适定律深深吸引了，不愿接受"机械之神"的概念。罗伯特·博伊尔（Robert

Boyle）试图证明"一个人沉迷于实验哲学有助于他成为好教徒，而不是只有经受折磨才能成为虔诚的基督徒"。他举了如下例子："首先，一台如此巨大、如此美丽、如此精心设计的机器，总而言之，如此令人钦佩的机器，就像世界一样，不可能仅仅是偶然的结果，也不可能是原子之间的剧烈碰撞和偶然碰撞的结果。其形成一定有某种极其强大、明智和有益的原因。其次，这位最具影响力的作家、世界大师（如果可以这么说的话）并没有放弃这一幅值得他拥有的杰作，而是继续保存着它。它调节着地球和其他庞杂的世俗物质的快速运动，使它们不会因为任何明显的不规则性而扰乱宇宙的宏大系统，并将其压缩为一种混乱或者困惑、堕落的状态。"（Boyle，1690：29—30）一个世纪后，戈德史密斯断言："当伟大的自然作家开始创作时，他选择以第二种原因来运作。他停止对权力的运用，并赋予物质一种性质。通过这种性质，自然的全球经济可以不经其直接帮助而继续下去。这种性质被称为吸引力。无论是陆地上的物体还是天上的物体，它们都具有这种相近的吸引力，而且会随着物质数量的增加而增强。"（Goldsmith，1808，1：10）

2. 1953 年，约翰·斯图尔特（John Stewart）在综合教育基金会上 *242*
发表演讲时表示："将宪法的主体比作严格的'场论'原则……虽然《权利法案》（*the Bill of Rights*）并不太切合实际，甚至可以说包含了相应的'量子条件'。在政治和物理学中，群体规律性和个体自发性之间的对比是微妙而矛盾的。社会原子或微粒参与的行动对大众来说是具有破坏性的或不可能的。但是直到我们这个时代，物理学家才发现这一点！"（Warntz，1964：156）

3. 佩珀机制主义的描述基于 1940 年以前的证据，即在力学和工程学发生巨大变革之前。

4. 佩珀指出，这种对法律和基本性质的孤立意味着一种不符合机械主义的世界观——它陷入了形式主义。"因此，离散机制是内在的矛盾。"
（211）

5. 在大爆炸时代，这些预测所需的信息是无法被获取的！

6. 20 世纪后期，研究环境感知和认知的地理学家对此有充分的认识。人们试图识别出这些图像，并将"意象地图"、图像与物理环境的模式联系起来。一方面，他们在感知者的属性、意图或社会参照中寻找主要解释；另一方面，他们在环境本身的物理特征中寻找主要解释（Kates and Wohlwill, 1966）。无论人们倾向于行为主义还是意向主义方法，无论人们是否使用"知觉过程""系统"这样的表达，目前尚无证据表明机械主义能够提供一个令人满意的关于环境知觉的解释（Saarinen et al. , 1984）。

7. 正如多萝茜·萨克（Dorothy Sack）所指出的，与吉尔伯特 20世纪早期的美国地理学研究相比，戴维斯在地貌学方面的相对优势是无法用纯粹的认识论的基础来解释的［即乔利·贝金赛尔（Chorely Beck-insale）关于封闭与"开放系统"认知立场的对比假设］。她的解释强化了我的假设，即在学科基础建设的年代，宣传和教化对受众和赞助者更有意义；在浮士德阶段的学科故事中，理解和应用更有意义。吉尔伯特也许已经超越了他的时代，因为普通观众能欣赏他的分析和实践艺术（D. Sack，1991）。

8. 早在达尔文的《物种起源》（1859）之前，权威和确定性的竞争目标就已经在欧洲科学家的视野中发挥了作用。17 世纪晚期和 18 世纪早期的记录实际上揭示了科学得益于一种态度，约翰·科特兰·赖特后来将这种态度称为"敬地情结"和"自然神学"。它支持了科学研究，特别是在改革后的土地上。从伯纳特的《地球的神圣论》（*Sacred Theory of the Earth*，1684）、约翰·雷的《造物中的神的智慧》（*Wisdom*

of God Manifested in the Works of the Creation，1690，1759）、赫顿的《地球理论》（1795）到阿诺德·盖约特的《地球与人类》（*Earth and Man*，1856），这些无疑证明了宗教信仰的诗意力量为人们科学地理解地球提供了思路。

9. 第一次世界大战见证了许多帝国领地内长期存在的秩序的瓦解或崩溃，这在许多方面类似于中世纪晚期的世界观的崩溃。帝国的黄昏时分是典型的语境主义转向，体现出批判性的反思。这通常意味着那喀索斯在渴望新的菲尼克斯。　*243*

10. PG 第 186～195 页试图阐明战后早期美国地理学的意义、隐喻和环境。

11. 可以认为，形态发生场类似于已知的物理学领域，因为它们本身不仅能被直接观察到，也能对物理变化进行排序。引力场和电磁场是无形、无声、无味的空间结构，只能通过各自的引力和电磁效应被探测到。为了解释没有任何明显的物质联系的物理系统在一定距离内相互影响的事实，这些假设的场被赋予了穿越空白空间的性质，甚至构成了空白空间。在某种意义上，它们是非物质的；在另一种意义上，它们是物质的组成部分，因为只能通过对物质系统的影响而为人所知。这也扩大了人们对物质的科学定义，使其被包含在内。同样，形态发生场也是空间结构，只能通过它们对物质系统的形态产生作用而被探测到。如果物质的定义进一步扩大到包括形态发生场，那么它们也可以被视为物质的组成部分（Sheldrake，1981：72）。

12. 这是否是 20 世纪末的普罗米修斯挑战？即最终推翻了两千多年前的卢克莱修式的格言"没有什么可以无中生有"，切断了它对热力学第一和第二定律的呼应。

第五章　作为有机整体的世界

1. 正如格拉肯指出的："希腊人最常见的抱怨、胸部疾病和疟疾都为这些体液提供了证据：黏液、血液（发烧时出血）、黄胆汁和黑胆汁（疟疾时的呕吐）。"（Glacken，1967：11）

2. 在悖论逻辑中，现实只能在矛盾中被感知：一个人不可能仅仅通过思考就能理解宇宙的统一性。掌握世界的唯一方法是通过统一的体验，即一种可以与爱的强大力量相媲美的体验。一套完全不同的伦理标准出现了：正确的生活方式不一定源于正确的认知方式；相反，可能源于统一的体验。与西方传统主要强调教条、科学解释和正式的道德准则相反，佛教传统寻求普遍的宽容，强调改造人而不是改造自然。

3. "毁灭的种子埋在植物的心脏；虫子咬断了它的根，它赖以生存的汁液也腐坏了。因此，这棵大树最终一定会倒在地上。"（Herder，1968，bk. 14：chap. 4，244）

4. 基于血缘关系和情感团结的"民族灵魂"（Volkstum）这一表达，后来成为被严厉批评的焦点。当时，赫尔德的思想与其他思想流派联系在一起。正是这些思想流派使民族国家和扩张的帝国得以具体化。然而，正如曼纽尔（Manuel）所说："思想家应该在一些自封的大法官面前为其思想的后续命运承担道义责任的想法彻头彻尾地荒谬。"（Herder，1784—1791：xvi）以赛亚·伯林（Isaiah Berlin）也试图为赫尔德的这种地缘政治解释开脱。他引用了一些话。例如："吹嘘自己的国家是最愚蠢的自夸。国家是一个充满坏植物和好东西的野生花园，罪恶和愚蠢、美德和荣誉交织在一起。对家庭、语言、自己的城市、自己的国家、自己的传统的天真依恋是不应该受到谴责的。"但是，激进的民族主义是令人憎恶的，战争是罪恶的。"所有大规模战争本质上都是内战，因为人类是兄弟，战争是一种可恶的自相残杀。"（Berlin，1976）

244

5. 勒普的《欧洲人》(*Les ouvriers européens*，1829—1951) 全面调查了"谎言—陷阱—家庭"(场所—工作—社会组织)三部曲中的日常生活情景。这个有机的概念后来激发了盖迪斯 (Geddes) 的《山谷部分》("Valley Section")、埃比尼泽·霍华德的《明天的花园城市》、齐默尔曼的《乡村社会学》、芒福德的《技术与文明》中的探讨。

6. 并非所有的环保主义者都能被贴上有机主义者的标签。严格地说，有机体主义和社会有机模型在社会学家中比在地理学家中更受欢迎。19 世纪，很少有隐喻"像社会有机体的形象那样引人注目或令人信服。社会被视作一个有生命的、自我延续的、完整的和可适应的整体"(Coleman，1966)。地理学家似乎很乐意把这样的问题留给乡村社会学家或建筑师，他们更喜欢开阔的开放空间。此外，北美的地理学家可能很难找到他们的欧洲同事用有机体隐喻所描述的国家、故乡或地区 (PG：62—65)。

7. 这种摒弃以及后来北美"创世论者"和"进化论者"之间的斗争，看起来确实很奇怪。达尔文是一个特别细心的自然观察者，接受他的理论并不意味着摒弃造物主。在《物种起源》的总结中，他指出："最高声望的作者似乎十分满意于每个物种都是独立创造的观点。在我看来，它更符合我们所知道的造物主在物质上留下的了不起的法则。"(Darwin，1859：488)

8. 后来成为约翰·霍普金斯大学校长的丹尼尔·科伊特·吉尔曼 (Daniel Coit Gilman) 是最早推崇达尔文主义思想的人 (Wright，1961)。1876 年，他邀请托马斯·赫胥黎 (Thomas Huxley) 在约翰·霍普金斯大学发表就职演说，并在那里营造出思想开放的学术氛围。弗雷德里克·杰克逊·特纳就是在这种氛围中度过了他的一些成长岁月。对于芝加哥学派来说，张伯伦 (Chamberlain) 扮演了类似的角色。

第六章　作为事件语境舞台的世界

1. 有机主义也提供了文化相对主义的欣赏和批判性自我理解之间的关键联系。在似乎完全可以通过系统分析模型来解释语境时，语境主义者可以发现自己与机械主义者的共同点，即认为事件可以被描述，也可以通过环境系统被解释。毕竟，生物生理学、经济学或社会文化定义的时间和空间的使用准则，可以被解释为"因素"、潜在的说明、同时发生的或至少与事件相关联的。当人们燃起希望，认为人类对自然资源的感知、评价和利用中普遍可识别的模式能够被捕捉时，形式主义就变成了具有心理地图、文化区的可靠路径，马赛克根隐喻也能够为其提供可靠的路径。

2. 这一特征可能有助于阐明语境主义与存在主义的共同点，后者主张人类个体可以进行自由选择。

3. 实际上，皮尔士提出了一个关于现实的语言学概念。该概念在维特根斯坦、罗蒂等人的新实用主义作品中得到了进一步的发展。

4. 阿尔弗雷德·舒茨的生平和著作深刻注解了这一问题。

5. 从零散的证据来看，欧洲中世纪晚期可能正是非传统思想得以出现的时刻。也许，正如艾柯所说，欧美的后现代主义表达了对中世纪的怀旧之情。艾柯以其特有的泰然自若，提出了回归西方主义根源的假设："一种文化风格和一种在黑暗暮光中诞生的流派。"他的论证是典型的语境论证：当时和现在"语境中的事件"被证明是非常相似的（Eco，1986）。

6. 作为有机体的世界图景和作为舞台的世界图景具有同样的综合目标。前者在全球或宇宙范围内寻求普遍化，后者在特定事件的性质中寻求整体性。

结　论　最后的希望：那喀索斯的觉醒

1. 例如，应用地理学成为战后欧洲国家和地区规划的重要组成部分，这一事实可能被视为点石成金的例子。

2. 即使在 20 世纪后期，许多这种解放倡议也都是徒劳的，因顽固当局的压制或大多数人的默认现状而被忽视。历史的教训表明，人们永远都不应该放弃希望：菲尼克斯可能要经历好几次涅槃，才能最终使人们听到它的信息。

3. 这种隐喻的诗意吸引力与将盖娅简化为分析操作（理解）和（应用）术语的强烈倾向之间的张力，在当今的菲尼克斯和浮士德中得到了充分体现。

4. 盖娅假说无疑驳斥了这样一种观点，即以不同方式进化的生命只是在简单地适应地球环境变化（Lovelock，1979：152）。

参考文献

Ackerman, E. A. 1963. Where is a research frontier? *Annals of the Association of* 247 *Amerucan Geographers* 53: 429—440.

Adams,F. D. 1938. *The birth and development of the geogical sciences.* London: Baillière Tindall & Cox.

Aeschylus. 1961. *Prometheus Bound, The Suppliants, Seven against Thebes. The Persians.* Trans. Philip Vellacott. Harmondsworth, Middlesex: Penguin Classics.

Ajo, R. 1953. *Contributions to"social physics": A programme sketch with special regard to national planning.* University of Lund, Lund Studies in Human Geography,ser. B, no. 4. Lund: Gleerup.

Alexandersson, G. 1956. *The industrial structure of American cities: A geographic study of urban economy in the United States.* Stockholm: Almqvist & Wiksell.

Althusser, L. 1965. *For Marx.* London: Routledge & Kegan Paul.

Amadeo, D., and R. G. Golledge. 1975. *An introduction to scientific reasoning in geography.* New York: Wiley.

Andrzeyevski, G. 1962. *Ashes and diamonds.* London: Weidenfeld Nicolson.

Antipode. 1985. *The best of Antipode, 1969-1985.* Antipode 17.

Aristotle. 194I. *The basic works of Aristotle: De Partibus Animalium.* Ed R. Mckeon. New York: Random House.

Aron, A. 1967. *Les étapes de la pensée sociologique.* Paris: Gallimard.

Atkinson, J. L. IgoS. The ten Buddhistic virtues (Juzen Hogo): A sermon preached in 1773 by *Katsuragi Jiun. Transactions of the Asiatic Society of Japan* 33:2.

Augustine, Saint. [418—420]1972. *The City of God.* Trans. H. Bettenson. Harmond sworth, Middlesex: Penguin Books.

Bachelard,G. [1958] 1964. *La poétique de l'espace . Paris: Presses universitaires de France.* Trans. M. Jolas as The poetics of space. New York: Orion Press.

Bacon, F. [1620] 1863—1872. *Norum Organum.* In *The works of Francis Bacon*, ed J. Spedding, R. L. Ellis, and D. D. Heath, 8: 38—69. New York: Herd & Houghton.

Bailey, C. 1926. *The Greek Atomists and Epicurus.* Oxford: Clarendon Press.

Baker, J.N.L. 1963. *The history of geography*. New York: Barnes & Noble.

Baker, O.EM. 1917. *Geography of the world's agriculture*. Port Washington, N.Y.: Kennikat Press.

Ballasteros, A. G. 1984. Cambios y permanencies en la distribucion espacial de la poblacion espanola(1970—1981). *Anales de geografía de la Universidad Comply tense* 4: 83—110.

Barfield, O. 1952. *Poetic diction*. London: Faber.

248　Barkan, L.1975. *Nature's work of art: The human body as image of the world*. New Haven: Yale University Press.

Barrows, H. 1923. Geography as human ecology. *Annals of the Association of American Geographers* 13: 1-14.

Baudry, J. 1989. Interactions between agricultural and ecological systems at the landscape level. *Agriculture Ecosystems and Envronment* 27:119—130.

Baum, G. 1975. *Journeys*. New York: Paulist Press.

Bennet, R. J., and R J. Chorley. 1978. *Environmental systems: Philosophy, analysis, and control*. London: Methuen.

Berdoulay, V. 1978. The Vidal-Durkheim debate In *Humanistic geography: Prospects and problems*, ed. D Ley and M. Samuels, 77-90. Chicago: Maroufa Press.

——.1981. *La formation de l'école française de géographie*. Paris: Bibliotheque Nationale.

——.1982. La métaphore organicist: Contributionàl'étude du langage métaphorique en géographie. *Annales de géographie* 507: 573—586.

Bergson, H. L. 1911. *Creative evolution*. New York: Holt.

Berlin, I. 1976. *Vico and Herder: Two studies in the history of ideas*. London: Hogarth Press.

更多内容，请扫描下方二维码查看

译后记

值此岁末年初之际，我应其他译者的要求，写一点文字，以回忆我们的翻译历程。

还记得那年冬天，我在寒假前接到北京师范大学出版社编辑胡廷兰学妹的电话，约我翻译安·布蒂默的大作。我当时心怀忐忑，却又不忍拒绝。心怀忐忑，是因为自知能力有限，未必担得起翻译大咖之作的重任；不忍拒绝，一是因为我与学妹多年未联系，她亦是我的室友的妻子，于情不忍，二是因为曾有幸在周尚意教授的引荐下，在科隆与安·布蒂默教授有过一面之缘，并听闻过此作，感觉它对地理学家的研究具有重要的启示价值，很值得被引荐给中文读者，帮助地理学家特别是人文地理学家获得更多的理解和认同。

我自知难度很大，因此丝毫不敢怠慢。在最初的一年多时间里，我利用给本科生、研究生授课之机，组织大家一起研读，一起翻译。在此过程中，我院不少优秀的本科生、研究生贡献了许多智慧，也使我对该书翻译可能面临的困难有了更深刻的认识。初稿完成后，我个人很不满意，不愿意就此交差。在此阶段，友人生病、离去的噩耗亦传来。这使我不愿继续翻译下去，耽搁了不少时日。

2018年6月的某天，上课前，我接到北京师范大学出版社尹卫霞编辑的电话，催促我在加紧完成任务和放弃之间做出抉择。因为还承担着援疆任务，我确实萌生了弃意。但周尚意教授坚持将此书译成中文的坚定信念鼓励了我，她也帮我和北京师范大学出版社做了不少沟通协调工作。我的博士研究生左迪、李亚婷，硕士研究生文英姿、Suvalova Yulia、张纪娴、纵旭等，也都表示愿意继续支持和参与本书的翻译。我和我的团队重新全力投入此项工作。

本书的翻译是集体工作的成果。我承担组织协调工作，在翻译和校对过程中主要负责序、致谢、绪序、第一章和结论，左迪主要负责第二章、第二部分的引言、第三章、第六章以及附录，李亚婷负责第四章、第五章。在第一轮翻译中，华东师范大学的司桂霞老师以及文英姿、Suvalova Yulia、张纪娴、纵旭等人为第一、第三、第四、第五、第六章的顺利翻译做了许多工作。左迪还承担了大量与北京师范大学出版社的协调、沟通工作。谨在此向他们表示衷心的感谢。同时，我也向北京师范大学出版社坚持将此书翻译成中文的决心表示敬意，向尹卫霞编辑等直接参与本书编校出版工作的同仁致以敬意和谢意。

译者水平有限，虽付出了极大的努力，但难免仍有许多不妥之处，敬请广大读者不吝指正。

孔　翔

2018 年 12 月 31 日于上海

北京市版权局著作权合同登记号：图字 01-2015-1982

本书中文简体翻译版授权由北京师范大学出版社独家出版。未经出版者书面许可，
不得以任何方式复制或发行本书的任何部分。

图书在版编目（CIP）数据

地理学与人文精神／（爱尔兰）安·布蒂默著；左迪，孔翔，
李亚婷译．—北京：北京师范大学出版社，2019.12
（人文地理学译丛／周尚意主编）
ISBN 978-7-303-25143-8

Ⅰ．①地…　Ⅱ．①安…　②左…　③孔…　④李…
Ⅲ．①人文地理学　Ⅳ．① K901

中国版本图书馆 CIP 数据核字（2019）第 206244 号

营　销　中　心　电　话　010-57654738　57654736
北师大出版社高等教育与学术著作分社　http://xueda.bnup.com

DILIXUE YU RENWEN JINGSHEN

出版发行：北京师范大学出版社 www.bnup.com
　　　　　北京市西城区新街口外大街 12-3 号
　　　　　邮政编码：100088
印　　刷：北京玺诚印务有限公司
经　　销：全国新华书店
开　　本：787 mm×1092 mm　1/16
印　　张：21.75
字　　数：280 千字
版　　次：2019 年 12 月第 1 版
印　　次：2019 年 12 月第 1 次印刷
定　　价：96.00 元

策划编辑：尹卫霞　　　　　　　责任编辑：梁宏宇
美术编辑：李向昕　　　　　　　装帧设计：李向昕
责任校对：康　悦　　　　　　　责任印制：马　洁